Sai Baba

O homem dos milagres

CB010604

Howard Murphet

Sai Baba
O homem dos milagres

Tradução
HERMÓGENES

Revisão Técnica
PALMERIM SOARES DE SÁ

17ª EDIÇÃO

NOVA ERA

CIP-Brasil. Catalogação-na-fonte
Sindicato Nacional dos Editores de Livros, RJ.

M96s
17ª ed.

Murphet, Howard, 1906-2004
Sai Baba: o homem dos milagres / Howard Murphet;
tradução: Hermógenes. - 17ª ed. - Rio de Janeiro: Nova
Era, 2024.

Tradução de: Sai Baba, Man of Miracles
ISBN 978-85-7701-080-6

1. Sathya Sai Baba, 1926-. 2. Gurus - Índia - Biografia. I.
Título.

06-3496
CDD - 922.945
CDU - 929:294.5

Título original norte-americano
SAI BABA, MAN OF MIRACLES

Direitos exclusivos de publicação em língua portuguesa para o mundo
adquiridos pela EDITORA NOVA ERA um selo da EDITORA BEST SELLER LTDA.
Rua Argentina 171 - Rio de Janeiro, RJ - 20921-380 - Tel.: 2585-2000
que se reserva a propriedade literária desta tradução

Impresso no Brasil

ISBN 978-85-7701-080-6

Seja um leitor preferencial Record.
Cadastre-se no site www.record.com.br
e receba informações sobre nossos lançamentos e nossas promoções.

Atendimento e venda direta ao leitor:
sac@record.com.br

SUMÁRIO

NOTA DO AUTOR

Este livro é dedicado a três classes de leitores: a primeira, leitores para os quais as maravilhas, os mistérios e os milagres da vida despertam um profundo interesse; a segunda, a dos buscadores de iluminação espiritual, que ainda não encontraram aquilo que procuram. Muitos, em ambas as classes, jamais ouviram falar de Sathya Sai Baba da Índia, jamais presenciaram seus milagres ou conhecem sua grande influência. Estes últimos estarão mais inclinados a duvidar. Por este motivo, tentei apresentar todos os fatos o mais objetivamente possível, diminuindo ao mínimo o envolvimento devocional. Outros livros já trataram do mesmo assunto, ou seja, o fenômeno do milagre, mas nenhum, estou certo, descreveu tantas coisas sobre um santo milagroso, *ainda vivo*, cujos milagres já foram testemunhados por tantas pessoas. Essas pessoas, na sua maioria, são profissionais sérios, podendo ser contatados a fim de confirmar e descrever as incríveis e fantásticas experiências de Sai Baba.

Como o elemento devocional é mínimo, a terceira classe de leitores, os devotos de Sai, provavelmente achará que a apresentação de tais feitos milagrosos é por demais simples. No entanto, peço a esses mesmos devotos que se lembrem que uma literatura puramente devocional somente poderá interessar aos próprios devotos. Como a intenção é atingir um campo mais vasto, trato tal assunto de forma bem simples. Mas, sinceramente, espero que mesmo os mais ardentes devotos de Sai Baba, para os quais o extraordinário já se tornou lugar-comum, venham a encontrar algo que lhes interesse; talvez algum novo aspecto, evidência ou interpretação do grande poder de Sai. Pois tal poder é um insondável oceano do qual o homem pode saber não mais que uma pequena fração. Neste volume, gostaria de compartilhar com você, leitor, o fruto de longo trabalho, resultado de uma experiência altamente enriquecedora.

E agora desejo expressar minha gratidão, em primeiro lugar, ao próprio Sri Sathya Sai Baba, por tudo o que ele tão generosamente me mostrou e revelou pessoalmente. Palavras me faltam neste momento, por isso, simples e rapidamente agradeço a bondade daqueles que tão gentilmente me forneceram fatos e me contaram suas maravilhosas experiências, e também agradeço a todos os que me permitiram usar seus nomes a fim de testemunhar uma verdade mais forte que a própria ficção.

Finalmente, meus mais sinceros agradecimentos a meu amigo, Sr. Alf Tidemand-Johannessen, que muito me ajudou na realização deste livro, e também minha gratidão a quem me ajudou a preparar e verificar o manuscrito: minha esposa.

H. M.

PREFÁCIO DA EDIÇÃO BRASILEIRA

Quando, em janeiro de 1975, visitei a Índia pela primeira vez, pude observar uma devoção fanática a Sai Baba em inúmeras pessoas. Em todos os lugares, residências e estabelecimentos comerciais, se via a foto do Santo Homem, que os devotos consideravam, sem nenhuma dúvida, o próprio Deus encarnado. A figura não mostrava um homem dotado de charme espiritual. Ao contrário, em mim nada repercutia contemplar um de seus retratos. Contavam maravilhas, mas tomei tudo como excesso de entusiasmo fanático, como expressões de ignorância comum a toda religiosidade popular marcada de crendice, como manifestações de um misticismo distorcido pela superstição.

Aqui no Brasil, fui surpreendido pelos relatos, sublinhados de admiração, feitos por dois parapsicólogos italianos, para os quais Sai Baba representava um desafio às explicações científicas mais recentes. Comecei a desconfiar que meu julgamento pecara pela superficialidade. E nasceu-me o desejo de vê-lo mais próximo para reavaliar.

Estava em Bangalore, a 9 de janeiro de 1979, como líder de um grupo, quando, a pedido, e para surpresa enorme de nossa guia, nos chamaram para participar do *dharshan* (a graça de ter uma visão do Senhor) que diariamente Sai Baba dá a seus devotos. Os portões de Whitefield (comunidade onde vive) estavam abertos para nós. Surpreendeu a todos a majestade e a beleza dos prédios, bem como a ordem perfeita de tudo. Filas enormes de devotos, todos sentados no chão: de um lado as mulheres; do outro, os homens. Era notório o número maior de ocidentais. Senhoras, senhores, jovens de ambos os sexos sentados em silêncio e revelando profunda unção, numa expectativa austera própria de quem vai tomar parte num ritual divino. A atmosfera estava densa de amor, devoção, paz e beleza. Tomei meu lugar e preparei a câmera fotográfica. Talvez eu fosse o menos devoto de todos, pois estava ali movido por curiosidade. Queria apenas testemunhar um espetáculo de fanatismo, ou algum acontecimento inusitado que pudesse justificar tamanha adoração, principalmente por parte de tantos europeus e americanos, que me pareciam pessoas sadias e lúcidas.

Um sussurro se levantou na pequena multidão. Todos olhavam para um portão a uns 150 metros, de onde surgia Sai Baba. A pequena figura, vestindo uma longa túnica avermelhada, vinha andando suave e elegantemente, cercada por meia dúzia de senhores. Primeiro percorreu o lado das mulheres. Veio depois para nosso lado. Parou diante de mim a pouco mais de um metro. Olhou-me exatamente quando disparei a câmera. Fitando com evidente amor e mesmo compaixão dois europeus à minha frente, nada falando, apenas esvoaçando a mão esquerda no ar ao lado e à altura aproximada da cintura, apanhou algo no invisível. Com a mão fechada, segurando algo, estendeu o braço na direção dos dois homens, os quais, com as mãos em concha, receberam, com emoção, o que Sai Baba deixava cair. Espichei a cabeça, cheio de curiosidade. Queria saber o que seria aquilo tão valioso que ele evidentemente materializara ou transportara.

Era um pó cor de cinza. Meu instinto de pesquisador dominou meu acanhamento, e enquanto um deles ainda estava maravilhado com a dádiva recebida, pedi-lhe licença e, mesmo sem a receber, coloquei meu indicador sobre sua mão e tomei um pouco do pó na ponta do dedo, que levei à boca. Não tive dúvida: era cinza. O outro homem, intensamente comovido, levava a mão à fronte, cobrindo-a com a cinza.

Continuando seu percurso diante dos devotos, Sai Baba parava na frente de alguns. Muitos deles lhe passavam envelopes e ele os ia acumulando na mão. Alguns procuravam tocar-lhe os pés.

Bem diferente da minha foi a reação de Maria, minha mulher. Disse que à simples visão de Sai Baba, que, ao seu ver, andava como se flutuasse, algo vibrou profundamente dentro dela, tocando-a. Desde aquele instante ela se fez devota de Sai Baba.

Foi-nos oferecida uma oportunidade que todos consideram uma graça: o grupo seria recebido em audiência particular pelo Santo Homem, às 17h. Há pessoas que passam semanas e meses no *ashram* (comunidade espiritual) à espera de um chamado para uma entrevista pessoal. Não era algo que se pudesse rejeitar. Mas era-nos impossível ficar, pois duas horas e meia depois deveríamos deixar o hotel e embarcar para Madras. Na época, na alta temporada, passagem de avião e vaga em hotel não se podiam conseguir de última hora. Agora que fiquei sabendo que Sai Baba realiza todos os milagres e faz possíveis coisas impossíveis, fico um pouco arrependido de não ter aceito a oportunidade rara. Nossa guia passou o restante da viagem a me perguntar: "Why, Professor?" (Por que Sai Baba permitiu tudo isto?)

Dentro do ônibus, na viagem de volta ao hotel, fizemos um debate sobre nossa experiência. Alguns expressaram suas reservas sobre o quanto seria ele uma divindade a ser adorada ou mais um prestidigitador ou mágico muito hábil em fazer truques, e com eles conquistar a adoração de incautos consumidores de milagres. Para mim, embora tivesse sido o único a assistir algo objetivo sobre seus poderes, a produção de fenômenos paranormais não justificava todo aquele espetáculo de fanatismo. Há vários exemplos de grandes mestres que, embora possuidores dos *siddhis* (poderes paranormais), se recusaram a impressionar e a fazer seguidores mediante a exibição de tais poderes. Foi nestes termos que expressei o que pensava do que havíamos visto naquela manhã.

Esta forma de ver as coisas, porém, não encerrou para mim o caso Sai Baba. O fenômeno Sai Baba continuava dentro de mim, quase como uma inquietação. Seria somente um bom ilusionista a impressionar incautos ou seria o que milhões hoje acreditam ser, uma Encarnação Divina, um Avatar?![1]

Busquei informações. Li artigos. Fiquei sabendo que aquela cinza que ele freqüentemente materializa e oferece tem realizado curas extraordinárias, e se chama *vibhuti*. E que seu maior milagre é transformar as pessoas, não somente por seus sermões e suas bênçãos, mas pelos numerosos estabelecimentos de ensino que tem construído e mantém em toda a Índia. Descobri que maior do que o espetáculo dos milagres é sua infinita compaixão universal. Howard Murphet, com este livro que você lê agora, demonstrou-me o quanto foi precipitado, superficial e equivocado meu julgamento de Sai Baba.

Desfez-se em mim a impressão de que seus devotos eram almas simples, consumidoras de milagres, dominadas pela igno-

---

[1] O próprio Deus encarnado na Terra. Veja Capítulo XX: Avatar. (*N. do E.*)

rância e pelo fanatismo. Fui encontrar relatos simplesmente extraordinários feitos por autoridades da comunidade científica, do mundo da filosofia, da religião, da política, da arte, da educação, das finanças... Não resisto à tentação de transcrever algumas opiniões inequivocamente válidas sobre Sai Baba:

Juiz da Suprema Corte da Índia, diz Sri V. R. Krishna Iyer: "*Bhagavan* Baba ou Sri Sathya Sai Baba é a Graça à nossa geração. Onde Ele anda é solo sagrado; onde senta é santuário; onde Seu nome é cantado e afinado a cósmicas vibrações é divina Sua presença... tem os poderes da Natureza Suprema, porque vive em consciência cósmica."

Alguns declaram ser Ele o Avatar, isto é, Deus encarnado numa forma humana.

O Reverendo Roberto Earl Pipes, ministro batista e conselheiro do Departamento de Educação, Saúde e Bem-Estar dos EUA e conselheiro pastoral e psicoterapeuta, ousa dizer algo de extrema gravidade: "Jesus Cristo, em sua iluminação, foi manifestação de Deus na forma humana. Sathya Sai Baba é Deus, o Criador, o Preservador, o Destruidor e o Iluminador da própria vida, manifestando-se suprema e universalmente em forma humana."

Professor de Matemática na Universidade da Califórnia e autor de numerosos trabalhos sobre lógica-matemática, C. C. Chang afirma: "Minha experiência pessoal com *Swami* (Sai Baba), conforme relato neste artigo, deu-me a impressão de que Ele é o Avatar desta era, e que está cumprindo exatamente o que vem nos dizendo, isto é, que está transformando o mundo para melhorar a humanidade. A significação e excepcionalidade deste advento são absolutamente ciclópicos."

"O Senhor chegou. Assumiu a forma humana" – escreveu o Dr. Samuel H. Sandweiss, professor-assistente de Clínica Médica na Universidade da Califórnia e autor do livro *Sai Baba: o homem santo e o psiquiatra*.

"Deus veio como o Avatar Sai, para servir-nos, salvar-nos e tomar-nos para Ele. Renunciemos a nossos brinquedos e ouropéis, nossos orgulhos e mesquinharias, mergulhemos em Seu Amor, até que nos dissolvamos e nos tornemos *Um...*" — é o pensamento de N. Kasturi, produtor da All India Radio, historiador e autor de *The Story of Our Lord*.

Outro que vê em Sai Baba uma Encarnação Divina é o Dr. Al Drucker, engenheiro aeroespacial, conselheiro da Força Aérea Americana, da NASA e da Academia Nacional de Ciência dos EUA, um pioneiro em medicina holística. Pronunciou-se nestes termos: "Ele age devagar, como uma semente plantada no âmago espiritual de nosso ser abissal. Muito antes de que nós mesmos soubéssemos de Sua existência em forma humana e de Sua missão mundial, e antes que reconhecêssemos Seu imenso efeito sobre nossas próprias vidas, Ele já está nos guiando, conformando, preparando, protegendo (...) o Avatar vem para conduzir uma perdida humanidade sofredora de volta à grande estrada de Deus..."

Os teólogos cristãos, diante de afirmações como estas, embora pronunciadas por pessoas intelectualmente apuradas, eruditas, responsáveis... dificilmente não se armam para contestar. É possível que citem com veemência João 14:6, "Ninguém vem ao Pai senão por Mim", que tem nutrido a pretensão de exclusivismo e facciosismo religioso. Só os cristãos, isto é, os seguidores de Jesus, chegariam ao Pai. Só Jesus é salvador. Tudo mais é errado.

Se tomarmos ao pé da letra ou pelos olhos da matéria os ensinamentos evangélicos, somos levados a erro. Eis o porquê da advertência: "A letra mata; o Espírito vivifica." Só os que usam o olhar com "olhos de ver" conseguem não cometer o equívoco de reduzir o Cristo a um simples fundador de religião. Ele é o *Logos*, o *Atma*, "a Porta". Não é um simples ser humano. É "Deus em nós" (Emmanuel). E é somente por Ele que podemos ascender ao Ser Supremo, ao Pai. Esse mesmo Princípio Divino, que nos vincula ao Pai, que entre nós é chamado Cristo, entre os hindus é Krishna. Sai Baba seria esse Princípio, não apenas aquele homem que eu mesmo vi.

Teólogos e sacerdotes cristãos como o Reverendo Robert Earl Pipes, conforme citado antes, bem como outros que citarei a seguir, libertos de preconceitos e de apegos às seguranças dogmáticas, se expressam com clareza contundente:

"Agora, em retrospecto, me parece que nestes dois anos, Sathya Sai Baba se tornou parte integral de minha própria consciência. Na teologia cristã não existe exatamente uma contraparte do conceito hindu de *Avatar de Deus*. Mas tenho constatado que Sathya Sai Baba é um Ser realizado, advindo de uma outra tradição religiosa, e que é *uno com Deus*, como os santos da tradição cristã, ao mesmo tempo um exemplo das divinas virtudes bem como um *manifestador do Espírito Santo*." O autor destas graves afirmações é o bispo anglicano Reverendo Canon John Rossner, MA, BD, STM, Ph.D., FCHS, professor de Religiões Comparadas na Universidade de Concórdia (Montreal), fundador e presidente do Instituto Internacional do Homem Integral, com o qual convivi uma semana em Marbela (Espanha), durante o Congresso "Yoga para la Paz".

Rossner se convenceu de tal maneira da veracidade dos milagres de Sai Baba que, em sua defesa, durante uma entrevista coletiva à imprensa de Bangalore (1977), diante de seus companheiros de trabalho, sendo um deles o astronauta Capitão Edgard Mitchell, se levantou contra a pessoa que convidara toda a equipe da exposição ("Yoga and Psychical Discoveries"). O homem tivera a infeliz idéia de suspeitar de Sai Baba e declarar aos jornais que Marilyn (esposa de Rossner), com suas faculdades de sensitiva, poderia, "ao olhar para Sai Baba, dizer ao mundo se ele era verdadeiro ou não". Rossner, a bem da verdade, não hesitou em defender o Santo Homem, indispondo-se assim com aquele que fora tão gentil com ele.

Vivekananda disse que se compadecia de uma pessoa que morria na mesma religiosidade em que nascera, pois isto revelava não um amor à Verdade, mas a acomodação às semiverdades. A coragem de sair em busca de uma liberdade maior é o que parece ter impulsionado a vida de Victor Kanu, JP, MA (Oxon), primeiro alto-comissário de Serra Leoa na Grã-Bretanha, na Noruega e na Suécia; vice-presidente da Associação Espiritualista da Grã-Bretanha; secretário da Comunidade de Igrejas e Membro da Federação Internacional de Curadores Espiritualistas: "A verdade deve ser dita como eu a vi em minha longa viagem espiritual. Cheguei ao fim da estrada. Minha busca espiritual terminou. Encontrei meu DEUS, Sathya Sai Baba, que é agora e sempre será o único objeto de meu desejo. Minha vida sofreu influência de quatro forças: o tradicionalismo africano, o protestantismo cristão, o catolicismo romano e o espiritualismo. Em *Bhagavan*[2] Baba eu nasci novamente."

Vejamos como o considera um líder muçulmano. "Cada devoto vê em Sai Baba um reflexo de seus símbolos ou heranças socioculturais e religiosas. Aqueles que vêm da tradição hindu, experienciam o poder de Shiva ou Krishna em Sai Baba. Igualmente, os cristãos vêem Nele o amor e o perdão de Jesus. Para os

---

[2]Termo usado somente para referir-se a um Avatar. (*N. do R. T.*)

parsis, Ele é a luz e o poder de Ahura Mazda, e para os budistas Ele é a poderosa compaixão de Buda. Como um muçulmano de tradição islâmica, pude experimentar o espírito divino e misericordioso do invisível Alá em presença de Sai Baba" — S. Bashiruddin, chefe do Departamento de Comunicação e Jornalismo da Universidade de Osmania e diretor do Instituto Nacional de Desenvolvimento Rural.

Se o papel de uma "encarnação da Divindade" ou Avatar é restaurar a justiça, a retidão, a paz, a harmonia, parece que estamos efetivamente necessitando de um. O Dr. V. K. Pilay, cirurgião ortopédico e mestre da Academia de Medicina de Cingapura, a este respeito diz: "No mundo materialista de hoje, no qual tanto o 'ter' como o 'não-ter' provocam tantos distúrbios físicos e mentais, o único fator de redenção é a presença de *Bhavagan* Sri Sathya Sai Baba. Ele é a luz que promete um futuro cheio de esperanças para a humanidade."

O egoísmo, manifestando-se individualmente, nas empresas e nas nações, é tão selvagem e está de tal maneira superarmado que a gente fica tentando encontrar uma saída, uma solução, uma salvação para esta humanidade agônica, e fica desanimado, pois não encontra. Aí a gente costuma dizer: "Só Deus pode dar jeito." Mudar as leis nacionais e internacionais, fazer revoluções, passeatas, protestos, assinar tratados, escrever artigos e livros... tem resolvido? Não. Por quê? Porque o essencial para melhorar o mundo é melhorar o homem, o próprio homem, isto é, eu, você e cada um dos outros. Só um Avatar tem poder bastante para mudar os homens. Isso, na opinião de J. Jegathesan, diretor de Promoção e Investimento da Autoridade de Desenvolvimento Industrial Malasiano e autor do livro *Journey to God*, é um poder fabuloso de Sai Baba:

"O maior milagre de *Bhagavan* é a transformação do homem. Quando um descrente, ateu ou agnóstico subitamente levanta suas mãos em prece e se submete à força divina... isto é um milagre. Quando um bêbado inveterado, um dependente de drogas, um obcecado fumante ou um jogador desesperado, que se fizera surdo aos clamores e às lágrimas mesmo de suas próprias mães, pais, esposas, filhos e outros entes amados, subitamente suspende esses hábitos degradantes e autodestrutivos e dirige seus desejos e amor para Deus, mediante a interferência de *Bhagavan* em suas vidas... *isto é milagre.*"

Pelo que você vai ler neste livro, podemos admitir que Ele tem um poderoso sortilégio que enamora as almas, como o faziam Krishna, Jesus e Buda. "O encantamento mágico do Amor que Ele tem por milhões de pessoas do mundo todo é irresistível, e também paira além da compreensão. Sua linguagem é simples, direta e vai logo ao coração, quando discursa. Ele fala de diferentes planos da iluminação espiritual, à sua escolha... Todos que já O encontraram ou receberam seu *dharshan* (presença visível de Deus) retornam com um sentimento jubiloso que as palavras são incapazes de descrever..." — diz Sri I. J. Naidu, secretário do governo da Índia e ministro da Agricultura e Irrigação.

Este livro descreve milagres estonteantes de Baba, realizados em presença de cientistas de aguda e isenta observação e de incrédulos, até mesmo agressores da fé. Seus fantásticos poderes são estudados e confirmados por pesquisadores (parapsicólogos e psicotrônicos) mundiais. Tais poderes estão descritos em periódicos científicos internacionais como o *Journal of American Society for Psychical Research* (vol. 71, 1977; pp. 33-34), no *The Christian Parapsychologist* (vol. 3, 1979, pp. 159-163). No Brasil, foi publicada uma reportagem no *Jornal Espírita* (IV, 1979), narrando os milagres realizados para cientistas famosos (Dr. Karlis Osis e Dr. Erlendur Haraldsson).

Ao ler este livro, você constatará os fatos que caracterizam a onisciência, onipotência e onipresença naquele homem baixo,[3] negro, de cabeleira enorme, que é reverenciado no mundo todo. Você vai ter a descrição de fatos de autenticidade inquestionável, nos quais pode identificar milagres como Cristo fez: as mais variadas curas, ressurreição de um morto, multiplicação de alimento para atender multidões, presença física em diversos lugares. Há um fato que especialmente lembra Cristo: um cientista, que já se tornara seu devoto, na ida para o *ashram*, teve um dedo esmagado pela janela (guilhotina) do trem no qual viajava. Estava sentado, com o dedo inchado, latejando, arroxeado e dolorido, quando Sai Baba, como se não o conhecesse, exatamente diante dele, deu-lhe as costas para falar com outra pessoa na fila de sentados do outro lado. Nisto, a borda da túnica alaranjada de Baba tocou levemente o dedo doente; no mesmo instante, o dedo voltou ao aspecto normal. O episódio é semelhante à cura da mulher hemorrágica, que, por trás de Jesus, movida pela fé, apenas tocou-lhe o manto.

Não me peçam para lhes dizer, neste prefácio, quem é ou o que é o "Homem de Bangalore". Ninguém pode mesmo dizer a contento, com exatidão, a não ser que se transubstancie pelo Verdadeiro Amor.

"Você não pode compreender a Mim e Meu segredo... Para apreender Meu significado, você tem de rasgar em frangalhos as dúvidas e as teorias que agora o prendem, e cultivar *prema* (o amor divinizante), porque a encarnação do Amor só pode ser

---

[3]Sai Baba tem 1,50 m de altura. (*N. do T.*)

compreendia através do Amor. O Senhor anunciou que voltaria para a restauração do *dharma* (retidão, justiça divina) e que assumiria a forma humana de maneira que todos pudessem juntar-se em torno Dele e sentir a emoção de Sua companhia e conversação. E o Senhor veio, conforme anunciou."

Ei-Lo, a falar de Si:

"Estou aqui a seu lado. Estou dentro de você. Estou no coração dos corações. Estou aqui para ajudar e guiar você... Volte para Deus. Eu posso fazer isto por você. Eu posso atrair o Deus em você para Mim, mas você deve vir a Mim. Você deve tornar-se *um* Comigo e tentar ver Deus em toda parte. Veja Seu Amor em todas as pessoas. Sinta Seu Amor em você, porque Ele está acima de todos os amores."

Sai veio não para desviar os crentes de suas respectivas religiões, mas para ajudar todos a deixarem de ser apenas "pertencentes" a uma dada religião para os tornar efetivamente religiosos. Seu ecumenismo é ilimitado. Em relação a isto, ouçamos o Dr. William M. Harvey, diretor do Serviço de Narcóticos de St. Louis e professor da universidade da mesma cidade: "Minha vida mudou muito nestes quatro anos em que conheci *Bhagavan*. Ele afetou imensamente meu trabalho, meu estilo de vida, minha orientação e minha maneira de interagir com os outros. Tornei-me muito mais consciente dos ensinamentos de Jesus, que são os mesmos de Sathya Sai Baba, e tentei com maior fidelidade praticá-los. Naturalmente, Baba nos encoraja fortemente a continuar a adoração da Divindade escolhida e que nos é familiar."

O símbolo que encima os prédios de seus *ashrams* e ilustra seus livros é o de uma lamparina (daquelas de bronze, típicas da Índia) circundada por uma bela guirlanda formada pelos símbolos das principais religiões: a cruz, do cristianismo; a roda da lei, do budismo; a lua crescente, do islamismo; a labareda, do mazdaísmo; o OM, do hinduísmo e a estrela-de-davi, do judaísmo.

Poder-se-ia reclamar que Ele, atendendo com seus poderes às necessidades e dificuldades de seus devotos, os distrairia do esforço pessoal e de enfrentar os duros pagamentos cármicos. Já por duas vezes minha mulher, em situações desafiadoras, apelou a Sai Baba e obteve resposta imediata. Vejamos como Ele nos explicaria porque tanto dá àqueles que a Ele apelam:

"Muitos de vocês vêm a Mim com problemas de saúde e distúrbios mentais de uma sorte ou de outra. Estas são meras iscas pelas quais tenho-os atraído aqui. Mas, o principal propósito é que vocês possam ter a Graça e fortalecer a fé no Divino. Problemas e preocupações devem realmente ser bem recebidos, pois ensinam lições de humildade e de reverência. Os desejos não têm fim. Uma vez que vocês se tornem escravos da sensualidade, ela não os largará, até a morte. É uma sede insaciável. Mas eu chamo vocês a Mim, e mesmo concedo favores do mundo, tanto que possam voltar ao Divino."

A leitura deste livro tem empolgado pessoas do mundo inteiro, que passam a conhecer esse extraordinário fenômeno e se tornam imantadas ao misterioso Ser, que milhões consideram o próprio Deus em forma humana e alguns poucos, que não O conhecem, acusam de prestidigitador. Você vai acompanhar Howard Murphet, que teve a Graça de conviver intimamente com Sai Baba e pesquisar centenas de casos simplesmente assombrosos.

Finalmente, vou fazer alguns poucos *flashes* de Sua doutrina, isto é, transcrever sentenças por Ele mesmo proferidas:

"É somente quando Deus é a Meta e o Guia que se poderá ter Paz, Amor e Verdade reais."

"Não vos deixeis iludir por imaginar que sois o centro da inquietude e da inverdade; sabei que sois a personificação da Paz, que o Amor é vosso verdadeiro sangue; que vossa verdadeira natureza é júbilo."

"Meu filho, deveis mudar vossa visão. Olhai somente a Beleza e a Virtude, que é Deus dentro de vós."

"Eu nunca exulto quando Sou louvado, nem me encolho quando injuriado. Poucos têm compreendido Meu propósito e Minha significação, mas não me preocupo."

"Se Me aceitais e dizeis sim, Eu também respondo e digo sim, sim, sim. Se Me negais e dizeis não, Meu eco será também não."

"Meu Reino é para vós. As portas estão abertas e ainda mais se abrirão à medida que avançardes."

"O fruto da inveja é a agonia. O ódio gera ódio. Se torturardes, sereis torturado. Se amardes, sereis amados."

Leia. Medite. Mas não procure compreender somente com o intelecto. "Nem mesmo o maior dos cientistas pode compreender-Me por meio de seus conhecimentos laboratoriais", afirma Sai Baba. Só o Amor pode servir para abrir em você os "olhos que vêem", os "ouvidos que ouvem". Só o Amor *des-velará* o *Amor*.

HERMÓGENES
Escritor e conferencista

PREFÁCIO DA EDIÇÃO HINDU

(...) e você ainda acha difícil acreditar em milagres? Eu, ao contrário, acho facílimo. Devemos esperar milagres. Os mundos estrelados, o espetáculo da vida, os processos de crescimento e reprodução, os instintos dos animais, a criatividade da natureza (...) tudo isto é totalmente inacreditável. Milagres após milagres...

Professor W. MacNeile Dixon, *Gifford Lectures*, 1935-37

Nós mesmos já nos defrontamos, em nossa infância, com o mágico e o milagroso dos contos infantis, antes que as "sombras da prisão" começassem a fechar o cerco ao nosso redor. Não se duvida, por exemplo, do poder mágico da lâmpada de Aladim, ou do pé de feijão do Joãozinho que o leva à terra dos gigantes, ou mesmo do caminhar de Cristo sobre as águas revoltas.

Essas histórias não se restringem unicamente ao folclore ou às escrituras sagradas do mundo ocidental. Tudo o que foi escrito sobre o homem em todas as áreas desenrola um recorde de milagres que se estende desde Krishna, uns cinco mil anos atrás, até os dias atuais. A Era dos Milagres sempre esteve conosco, embora leiamos freqüentemente que foi no Antigo Egito, na Caldéia, na Índia e na Palestina que se deu seu início. E no começo da Era Cristã, mais precisamente na velha Alexandria, já havia teurgistas que, em apresentações públicas, faziam estátuas andar, falar e profetizar.

Na Europa, durante a Idade Média, a Igreja desgraçadamente reivindicou para si o monopólio do milagre, e aqueles que trabalhavam fora dela não tinham o direito de utilizá-lo. Tais trabalhadores profanos, teurgistas, pertencendo à Fraternidade Rosa-Cruz ou até mesmo a outras, dedicadas a práticas ocultistas, existiram de qualquer forma. Apesar do poder e ciúme eclesiásticos, algumas grandes personalidades — adeptos como Paracelso e o Conde de St. Germain — chamaram a atenção do público, espalhando cobiça, medo e suspeita.

Mas... o que realmente consideramos milagre? Se na Idade Média uma única pessoa tivesse aparecido e pudesse fazer qualquer uma das muitas coisas hoje aceitas sem discussão, como viajar através do espaço acima da Terra ou para a Lua, comunicar-se com alguém noutro continente em poucos segundos, converter matéria em energia nuclear ou dividir a matéria em seus componentes atômicos e ainda usá-los como tijolos para construir uma outra forma material completamente diferente — o que teria acontecido com tal perigoso herege? Que teriam feito com alguém que zombasse das Leis de Deus, enfraquecendo a posição dos teólogos e atribuindo a si próprio os poderes dos anjos? Será que sua vida valeria mais que um feixe de lenha para queimar? Mas esses "milagres" atualmente ao nosso redor vieram aparecendo pouco a pouco, devido aos esforços laboriosos da Ciência. Nós conhecemos algumas leis por detrás dos milagres. Ou, mesmo se não as conhecemos, acreditamos que nossos "padres modernos", os técnicos da Ciência, conhecem. Desta forma, aceitamos tais fenômenos confortavelmente e com grande admiração, como produtos do progresso científico, não como milagres.

Mas num sentido eles o são, da mesma forma que todo o Universo e as invenções espantosas da mente. Com certeza podemos dizer: "Funciona de acordo com tal e tal equação" ou "Nossos cientistas descobriram as leis e nossos técnicos operam de acordo com elas", e, assim, nos sentimos em terra firme. É científico; não há qualquer mágica envolvida.

Assim, parece que podemos definir milagre como sendo um fenômeno do qual não compreendemos as causas, nem tampouco acreditamos que as mesmas venham a ser entendidas pelo grande número de cientistas nos quais depositamos nossa fé e confiança. Milagres cristãos como os de Lourdes são, conforme os teólogos, "a suspensão (por Deus) do efeito de uma lei natural da qual Ele mesmo é o autor". Tal idéia, no entanto, não satisfaz ao ocultista. Segundo ele, não há nenhuma suspensão de uma lei; o que realmente acontece é que o fenômeno milagroso ocorre graças a uma outra lei muito mais profunda, que ainda não foi descoberta ou enunciada pela Ciência oficial ou esotérica. Quando tal lei vier a ser conhecida, nosso conceito mental em relação à lei menor será modificado.

Madame H. P. Blavatsky estabeleceu o ponto de vista ocultista assim: "Um milagre não é uma violação das leis da natureza, como as pessoas pouco informadas acreditam. Magia não é nada mais do que ciência; um profundo conhecimento de forças ocultas na natureza e das leis que governam os mundos visível e invisível." Tais leis ocultas são conhecidas pela ciência esotérica, mas poucos foram os que tiveram acesso a tal conhecimento e o fizeram chegar ao público. Por isso a opinião pública freqüentemente desconfia de sua existência, bem como a de qualquer conhecimento de fundo esotérico.

Milagres, como são encontrados nos registros, se dividem em classes. Bhagavan Das (*Krishna: A Study in the Theory of Avataras*. Bhavam's Book University, 1996) classifica os milagres de Krishna da seguinte maneira:

1. dando visões iluminantes;
2. vendo a grande distância;
3. multiplicando pequenas parcelas de comida, ou outras coisas materiais, para criar grandes quantidades;
4. projetando seu corpo sutil ou corpos para aparecer simultaneamente em lugares diferentes ao mesmo tempo;
5. curando doentes e deformados pelo simples toque;
6. em raras ocasiões, trazendo o "morto" para a vida;
7. determinando sentenças, particularmente a pecadores cruéis, como aqueles que matam crianças.

Jesus Cristo realizou também um número similar de milagres. Mas talvez a ênfase fosse diferente. O Nazareno parece ter se concentrado mais nas curas do doente, do mutilado e do insano. Mas Ele também realizou muitas coisas as quais chamamos hoje de "fenômenos": caminhou sobre as águas; fez-se invisível; multiplicou alimentos; transformou água em vinho; ressuscitou "mortos". E, se os escritos estão corretos e precisos, sua mágica maior e mais fenomenal aconteceu ao final de sua história. Depois de morto, Ele desmaterializou seu corpo para retirá-lo do túmulo, rematerializou-se numa forma maleável, que às vezes não foi reconhecida por seus discípulos, e, finalmente, no monte das Oliveiras, elevou aquele corpo etérico da Terra para outro plano de existência.

Krishna e Cristo são os dois milagrosos notáveis das escrituras. Mas ainda houve outros de menor desenvolvimento, ou, às vezes, meramente com menor fama. Alguns conseguiram realizar um ou dois tipos de milagre; outros, vários. Os apóstolos cristãos podiam curar doentes e realizar outras maravilhas. Apolônio de Tyana, no século I d.C., podia fazer o mesmo e até mais. Uma vez, somente com a sua chegada numa cidade, uma praga epidêmica ali instalada cessou. Muitos santos e místicos mostraram seus poderes milagrosos tais como levitação, bilocação ou viagem astral. Através dos séculos, numerosos são os sinais da existência de irmandades ocultistas escondidas que eram adeptas da alta magia.

Na metade do século passado, Madame H. P. Blavatsky sobressaltou o incrédulo mundo ocidental com um desfile de fenômenos inexplicáveis. Aparentemente, ela fazia surgir do nada várias coisas quando necessárias — frutas, louças, talheres, jóias, lenços bordados, cartas, livros e outros objetos. Diziam ter ela convertido um tipo de matéria em outro; ter viajado em seu corpo sutil e, algumas vezes, fazer seu corpo físico invisível. Ela podia ver coisas do passado ou de uma grande distância no que ela chamava de "luz astral" (ver *Occult World*, de A. P. Sinnett. Londres: The Theosophical Publishing House).

Para aqueles que estudam as evidências profundamente e sem preconceito, não há dúvida de que Madame Blavatsky era uma autêntica artífice daquilo que o mundo chama de magia. Ou talvez cheguemos mais perto da verdade ao afirmar que, em muitos casos, a magia era feita por intermédio dela por yoguis altamente evoluídos que eram seus mestres.

Afirma-se que ela era médium, mas, em relação às práticas espiritualistas, esta palavra conota perda de consciência, e Madame Blavatsky nunca a perdia quando os fenômenos estavam ocorrendo. Ela preferia usar a palavra *mediadora* no lugar de médium. Os adeptos que trabalhavam por meio dela viviam afastados, mas não estavam limitados pelo espaço; eles eram capazes de saber o que estava acontecendo a distância e podiam agir ou através da viagem em corpos sutis ou por outros meios.

Considerando os milagres do passado e do presente, a opinião pública se divide em três categorias. Há aqueles (talvez em maior número no mundo ocidental) que dizem ser os milagres apenas imaginação e que os mesmos não se baseiam em fatos. Há outros, ao contrário, que considerando experiências pessoais ou por outra razão qualquer os aceitam como sendo algo bastante natural. E, finalmente, há alguns, em número crescente, que se mantêm abertos para o assunto. Eles acreditam que, embora tais acontecimentos estejam além de uma explicação racional, não são impossíveis. Acreditam ainda que nem tudo sobre as leis e forças do universo já tenha sido descoberto e transcrito nos mais modernos livros científicos. Embora aceitando, teoricamente, a possibilidade do milagre, essas mesmas pessoas ainda estão pouco convencidas de que, de fato, os milagres ocorrem. Antes de reconhecer qualquer acontecimento como milagroso, elas necessitam de provas reais, sobretudo aquelas que lhes cheguem através dos cinco sentidos, e mesmo algo mais além, uma espécie de convicção intuitiva acompanhando o ver, o tocar, o ouvir e o testar. Eu, pessoalmente, pertencia a esta terceira categoria antes de encontrar Sathya Sai Baba.

Um interesse na pesquisa psíquica, ou parapsicologia, e um estudo de sua ação no último século convenceram-me de que muitos dos milagres estavam realmente se tornando respeitáveis até mesmo no mundo dos fatos científicos. Telepatia, clarividência e premonição tornaram-se fenômenos de laboratório, embora até agora ainda não haja uma explicação satisfatória ou qualquer hipótese científica para tais fenômenos.[4] Além do mais, já há uma forte evidência em relação à veracidade da psicocinesia, que é o poder mental de mover objetos a uma distância.

Quando tais fenômenos como o poder de ler a mente, ver através de paredes, prever acontecimentos futuros ou mentalmente provocar ou mudar o movimento de objetos físicos já não padeçam mais dúvida, mediante experiências de laboratórios e análises estatísticas, o que era no princípio chamado de "magia" passará a ser encarado como científico.[5]

E é justamente isto que a maioria requer hoje: não uma explicação teológica como antes, mas um racionalismo aceitável em face de uma nova perspectiva científica, mesmo que muitos cientistas ortodoxos tentem desviar seus olhos de tais fatos. Em todas as épocas sempre existiram os dogmáticos empedernidos que preferiram o conforto de suas próprias crenças e teorias a novos fatos, nova evidência e novo pensamento. Em todas as classes sempre encontramos tal inércia, esta tamásica[6] indiferença, que procura a segurança no *status quo*, desprezando o esforço e o risco na interminável busca da verdade.

Mas se o "miraculoso" realmente acontece, como ele funciona? Haverá meio de sabermos como se processam os tais mi-

---

[4]Estudos e pesquisas vêm sendo feitos. São trabalhos respeitáveis. Podemos citar os estudos da teoria quântica e da relatividade. Pesquisadores como Harold S. Burr, Vasiliev, Ruyer, Sinnot, Rhine, Hernani Andrade, G. Meek, Iniushin, Tart e mais alguns outros têm dado contribuições valiosíssimas para a compreensão científica da fenomenologia *psi-gama* e *psi-kappa*. (N. do T.)
[5]Agora (1984) isso já está ocorrendo. (N. do T.)
[6]Termo sânscrito que expressa estagnação, preguiça, ignorância, treva. (N. do T.)

lagres? Será que um cientista nuclear conseguiria explicar a um estudante de escola primária como um foguete é mandado à Lua? Ele poderia dar algumas noções ou uma explicação bastante simplificada, mas antes que o menino pudesse realmente entender as leis e funções da física nuclear precisaria desenvolver suas capacidades mentais e passar por um longo curso de treinamento.

Tanto o desenvolvimento como o treinamento necessários a um colegial para se tornar um físico nuclear resultarão principalmente de trabalho intelectual, de concentração e de perseverança. Por outro lado, para um ser humano comum adquirir o *know-how* dos milagres é necessário evolução espiritual e psíquica. Com verdadeiros treinos yogues, os quais são, de fato, treinamentos espirituais, começam a surgir os poderes miraculosos (*siddhis*), como bem demonstra Patanjali em seu *Yoga Sutra*.[7]

Muitos outros grandes mestres já ensinaram a mesma lei de várias maneiras. Sai Baba de Shirdi,[8] por exemplo, contou a seus discípulos que durante a concentração sobre nosso guru — ou sobre Deus sob qualquer de suas formas —, se somos sinceros, tornamo-nos mais calmos, mais serenos e, em muitos casos, a partir daí adquirimos a capacidade de ler as mentes dos outros ou de clarividência.

---

[7] *Yoga Sutra* — Tratado com o qual o Maharishi Patanjali codificou os conhecimentos anteriores sobre o Yoga Dharshana, isto é, a quarta escola filosófica ortodoxa (dos *Vedas*), ensinando o caminho (*marga*) prático para educar e dominar a mente, tanto que a alma (*purusha*) possa isolar-se (*kaivalya*) da matéria (*prakritti*), à qual, existencialmente, vive atada. (*N. do T.*)

[8] Sai Baba de Shirdi foi a primeira das três encarnações do Avatar Sai Baba. A próxima se dará oito anos após a partida da atual encarnação, Sathya Sai Baba. (*N. do R. T.*)

Mas, e os feiticeiros da África, os xamãs das tribos siberianas e os curandeiros de povos primitivos? A maioria deles está longe de ser espiritualmente desenvolvida. Na verdade, seus poderes mágicos são sempre usados para vingança, lucro pessoal, assassinatos e diversos crimes inacreditáveis.

Tudo isso nos leva a pensar sobre os diferentes níveis de magia — do tipo transcendental de magia branca, passando por diferentes tons de cinza, até a magia negra ou feitiçaria. Muitos tipos de milagres são praticados com a cooperação de seres de outros planos de existência, duendes, elementais, desencarnados e os *devas* ou seres angélicos. Esta teoria parece ser a mais largamente aceita por todos os praticantes, de alta ou baixa magia, que tenham algo a dizer sobre suas maneiras de atuar. O Coronel H. S. Olcott, presidente fundador da Sociedade Teosófica, diz que membros da grande escola teúrgica, na velha Alexandria, "acreditavam nos espíritos elementais evocados e controlados por eles".

Para trazer até si e comandar as diferentes classes de seres há sempre um conhecimento secreto. Isto inclui não somente tantra, mantra e yantra, ou seja, respectivamente o ritual certo, as palavras certas, as figuras matemáticas e geométricas corretas, mas também autodisciplina e, acima de tudo, o desenvolvimento do poder da vontade.

Quanto mais desenvolvemos a vontade, tanto menor será a necessidade de cerimonial. Em *Old Diary Leaves*, o Coronel Olcott, que permaneceu muitos anos em íntimo contato com o fenômeno Madame Blavatsky, descreve miraculosos acontecimentos ocorridos em sua presença. Alguns deles, como ela lhe contou, foram realizados com a ajuda de espíritos elementais. Eles pareciam estar sob o comando de sua vontade sem que usasse qualquer ritual, mantra ou yantra.[9]

Por outro lado, um ocultista italiano, Sr. Bruzzesi, que foi visitar Madame Blavatsky, se utilizou de um yantra e produziu chuva de um céu claro em questão de minutos. O Coronel Olcott observou que o ocultista parecia ter um controle da vontade muito forte, mas ele também usava uma figura geométrica estranha num cartão de papelão o qual erguia para os céus. O ocultista não permitiu que o Coronel Olcott tocasse ou examinasse cuidadosamente esse yantra. O italiano afirmou que a chuva fora provocada por espíritos da natureza sob seu comando.

Pessoas com níveis de evolução espiritual mais baixos podem aparentemente empregar a técnica de usar entidades de outros planos de existência que interpenetram a Terra. Mas como o semelhante atrai o semelhante, feiticeiros com desejos e motivos maléficos atrairão espíritos maus para seus trabalhos. O poder de tal nível superior de magia é bastante real, sob certas condições, mas é limitado e cheio de perigos para o praticante. Ele deve estar sempre atento para que suas próprias armas não o destruam. Este é um dos perigos da magia negra ou "magia da mão esquerda".

Aqueles que se utilizam da magia cinza, ou do "meio", atraem aliados de planos mais sutis. As razões ou motivos de tais mágicos não são criminosos. Eles não visam assassinatos, imoralidade, domínio ou destruição. Como a média dos cidadãos do mundo moderno, eles são mais egoístas do que altruístas. Orgulho, desejo de fama, ambição e avareza estão dentre os poderes que os

---

[9]Técnica ou fórmula mágica que se utiliza normalmente de mantras e figuras geométricas para se obter, de forma paranormal, qualquer coisa desejada. Trata-se de uma prática de tantra yoga. (*N. do R. T.*)

estimulam. Por exemplo, Mohammed Bey, que ganhou um capítulo a seu respeito num livro de Paul Brunton sobre a Índia, era o exemplo padrão desse tipo de mágico. Seu propósito era sempre fazer dinheiro, e para seus feitos paranormais (sobretudo ler informações contidas em documentos lacrados) havia treinado o espírito desencarnado de seu falecido irmão e o estava utilizando. Isto não é mais imoral e sem ética do que quaisquer práticas comerciais consideradas hoje normais, tais como o uso de espiões industriais. Mas há muitos outros perigos envolvidos, perigos para a saúde, para o bem-estar e integridade daquele que usa forças desencarnadas. Mais ainda, poderes miraculosos usados com fins egoístas e comerciais facilmente se perdem, como muitos falsos yoguis e pseudo-espiritualistas já constataram em si mesmos.

Na outra extremidade da escala da feitiçaria bárbara e da magia negra, através das várias nuances do cinza, chegamos até a magia branca do caminho "da mão direita". Isto é algo totalmente diferente. Diferente em motivo, método, poder e alcance. A chave para seu reconhecimento está no motivo. Este deve ser puro, isto é, totalmente dissociado do *eu* daquele que faz os milagres. Deve ser alguém que se tenha alçado acima de tudo o que a Terra tem a oferecer. Dinheiro, ambição, fama, poder pessoal, segurança — todas as forças motivadoras humanas —, devem significar absolutamente nada para ele. Sua única motivação é um puro amor por seu irmão, o desejo de aliviar ou sanar seus sofrimentos e elevá-lo até os mais altos níveis de compreensão e felicidade.

Se qualquer homem alcançar tal sublime padrão de ação, talvez após a evolução por muitas reencarnações na Terra, então, os poderes milagrosos certamente serão dele. São parte de sua natureza pura e divina. O Srimad Bhagavata[10] pergunta: "Que poder está além do alcance do sábio que já controla sua mente, seus sentidos, suas correntes nervosas e sua disposição, e se concentra em Deus?" E ainda diz: "Quando a pessoa é una com Deus, todos os poderes, todo o conhecimento, toda a sabedoria, toda a perfeição, que são chamados divinos, dele resplandecem."

Todos que já escreveram a respeito deste difícil assunto têm dito a mesma coisa. Eliphas Lévi afirmou: "Para dominar a Natureza, o homem precisa estar além dela." Joseph Ennemoser, em sua *History of Magic*, escrita há mais de um século, disse que feitos miraculosos são possíveis somente àqueles que "converteram toda sua vida numa vida divina; e que não são mais escravos dos sentidos..." É bem sabido que em escolas teúrgicas do passado o hierofante,[11] que dominava os mistérios esotéricos, levava uma vida da mais estrita pureza e auto-abnegação.

Num nível mais elevado, podemos dizer que os milagres são a obra de Deus manifestada através de uma pessoa pura que *encarna* a Divindade. Cristo disse: "O Pai (Deus) que mora em mim opera os milagres. Eu estou no Pai, e o Pai em mim."

No Império Romano do século I d.C., a bruxaria levou a magia a ser desacreditada e esquecida pelo imperador. Mas o grande homem de milagres Apolônio de Tyana mostrou a diferença entre as formas mais baixa e mais elevada de magia. Ele disse: "Eu não

---

[10]Srimad Bhagavata — "Depois dos *Upanishads* e da *Bhagavad Gita*, o Srimad Bhagavata é a escritura mais autorizada do hinduísmo. Por meio de histórias das vidas dos Avatares (Encarnações Divinas), sábios, devotos e reis popularizam as verdades contidas nos *Vedas*" (Prabhavananda, in *Srimad Bhagavata — The Wisdom of God*; Sri Ramakrishna Math, Madras, Índia). (N. do T.)

[11]Hierofante — "Na Grécia antiga, alguém que faz conhecidos os fatos sagrados, isto é, um instrutor nos santos mistérios dos oráculos e cultos religiosos." (*Encyclopaedia of Religion and Religious*, Royston Pike; Meridian Books). (N. do T.)

preciso de sacrifícios, pois Deus me está sempre presente e realiza meus desejos(...) Considero os bruxos falsos sábios, pois eles são atraídos somente para os ricos, os quais eu sempre desprezei..."

Os fazedores de milagres divinos não necessitam de nenhum sacrifício ou encantamento como os usados pelos mágicos da baixa magia. Ninguém jamais ouviu dizer que Jesus, Krishna ou Baba de Shirdi empregassem ritos tântricos ou mântricos. Eles estavam além dessas fórmulas. A vontade espiritual era o poder criativo. Ela é, ao mesmo tempo, humana e divina. É humana no sentido de que todos os homens a possuem em potencialidade, mas aquilo que os homens consideram como sua "vontade" nada mais é do que seus próprios desejos — declarados ou não. Somente quando esses desejos egoístas são eliminados, quando são retirados como poeira da superfície de um cristal e o homem se vê uno com Deus, só então a verdadeira vontade espiritual brilha, e, sendo divina, tem poder e domínio sobre os mundos da matéria.

Mas isto não quer dizer que tal vontade iluminada não necessite, por vezes, de outros planos. Ennemoser, ao estudar e pesquisar esse assunto profundamente, diz que enquanto na magia mais baixa a ação depende, quase que exclusivamente, de espíritos, na alta magia, o "homem opera principalmente por meio de sua força inata, mas não sem a assistência de espíritos".

Os poderes e as forças de outros mundos, os quais o Deus-Homem (ou Avatar) guia através de sua pura vontade, devem ser, pela própria natureza das coisas, do mais alto nível, e não os espíritos maus e demoníacos encontrados na folha de pagamento do feiticeiro. E não há perigo de que agentes invisíveis possam ferir ou desmerecer o grande mágico branco. Ele será profundamente respeitado e amparado pelos agentes superiores, e temido pelos inferiores, sejam não humanos ou humanos desencarnados.

Afirmar, como os especialistas de magia fazem, que entidades de outro mundo, mais ou menos inteligentes, freqüentemente servem ao fazedor de milagres não é zombar do conceito de lei natural. Que o Universo se movimenta de acordo com um padrão de harmonia e ritmo não pode haver dúvida. Que o homem, através de raciocínio e de cuidadosa observação, se tornou apto a fazer certas generalizações, por ele chamadas de Leis da Natureza, é igualmente verdade. Mas essas generalizações não explicam totalmente os fenômenos. O tempo traz outras generalizações, outras hipóteses, outras leis mais próximas da verdade última; e, nestas, as "leis" são engolfadas e tachadas de errôneas ou representam apenas uma compreensão parcial da realidade.

Os ensinamentos da ciência oculta de Madame Blavatsky, apresentados na *Doutrina secreta* e em outros trabalhos, sugerem que existem seres vivos além do átomo, e tão invisíveis aos olhos humanos como ele, que desempenham seus papéis na Natureza. Mas esses seres não agem de acordo com seus próprios caprichos e fantasias. Eles trabalham para levar adiante aquela harmonia rítmica que envolve as leis mais profundas do Universo. Nem mesmo os fazedores de milagres podem desviá-los de seus legítimos afazeres para torná-los fora-da-lei. Através de sua vontade, eles, os seres, produzem surpreendentes efeitos, mas tudo isto ainda é feito dentro da lei, uma lei mais profunda ainda não descoberta pelo homem.

Se considerarmos, por exemplo, aquele milagre incrível de se converter um tipo de matéria em outro, poderemos compreender um pouco este princípio. Toda a matéria, acredita-se, emerge da energia e pode ser reconvertida nela. Desta maneira, o processo milagroso é reduzir um tipo de matéria à sua forma fundamental de energia e, a partir desta, construir um outro tipo de matéria.

Mesmo sem reduzi-la na sua energia nuclear básica, o homem está constantemente convertendo um tipo de matéria em outro. Por exemplo: nos complexos industriais de manufaturas químico-sintéticas, ele divide substâncias naturais, como carvão e petróleo, em seus elementos constituintes, usando-os como tijolos para construir novos tipos de matéria desconhecidos pela Natureza — tais como plásticos e fibras sintéticas. Assim, o que anteriormente era um pedaço de carvão ou um barril de petróleo se transforma num vestido de *nylon*, ou talvez num belo estojo para um barbeador elétrico.

Por que então não poderiam existir, em laboratórios ocultos na Natureza, trabalhadores capazes de operações similares, ou mesmo mais complexas, em se tratando de reduzir ou converter? Desta mesma forma, a água se transforma em vinho na celebração de um casamento na velha Palestina, ou em óleo para as lâmpadas da mesquita em Shirdi. Tais ajudantes invisíveis, espíritos dos laboratórios da Natureza, trabalharão de acordo com as Leis Cósmicas. Eles não podem transgredir as leis mais do que os feiticeiros da química moderna o podem. Mas suas leis controladoras são mais profundas do que as que nos são conhecidas. De acordo com elas, e sem perturbar a harmonia da Natureza, por que não poderiam eles converter metais comuns em ouro, quando isto é feito por vontade de um grande alquimista que perdeu todo o seu desejo pelo ouro e que o usará somente para o bem de seus irmãos?

Sob este aspecto, vemos que os milagres de um Cristo, de um Krishna ou de um grande mestre de qualquer século não são tão incríveis quanto os milagres por nós presenciados — "os

mundos estrelados, o espetáculo da vida, os processos de crescimento e reprodução..."

Uma compreensão plena do *modus operandi* está sem dúvida
além do alcance da consciência humana no presente estágio de
evolução. Mas uma tentativa para solucionar tais mistérios deve
conduzir-nos a uma mais completa compreensão de nós mesmos
e do miraculoso Universo ao nosso redor.

Foi um livro escrito por um inglês, *The Incredible Sai Baba*, de
Arthur Osborne, publicado em Londres, que me apresentou a
fascinante e estranha figura de Sai Baba de Shirdi. Mais tarde vim
a saber mais a respeito do Deus-Homem produtor de milagres
através da leitura de vários artigos, incluindo uma biografia de
Shirdi Baba em quatro volumes escrita por B. V. Narasimha
Swami.[12]

No meu primeiro contato com Sai Baba de Shirdi, em livro,
senti um solavanco cá dentro de mim — como se um nervo tivesse ficado agarrado nas profundezas do meu âmago. Não podia
entender o que aquilo queria dizer.

É cercado de mistério o nascimento e ascendência de Sai
Baba de Shirdi. Tudo o que se sabe é o pouco contado por ele, de
forma simbólica, parecendo pouco consistente. No entanto, pre-
sume-se ter nascido na metade do século passado, no estado de
Nizam de Hyderabad, provavelmente na vila de Patri. Aparentemente, seus pais eram hindus brâmanes, mas, muito jovem ainda, passou a ser cuidado por um faquir muçulmano, um homem
santo e provavelmente um sufi, que se tornou mais tarde o primeiro guru de Sai Baba de Shirdi.

---

[12]*Life of Sai Baba* (All India Sai Samaj). (*N. do R. T.*)

Após quatro ou cinco anos, ou devido à morte de seu guru, ou por outra razão qualquer, Sai Baba de Shirdi passou a ser protegido por um importante oficial do governo em Seul chamado Gopal Rao. Esse notável homem não era somente rico e liberal mas também piedoso, culto e profundamente religioso. Ele era um santo guerreiro com poderes temporais e espirituais.

Quando ele viu Sai Baba de Shirdi pela primeira vez, o reconheceu como sendo uma reencarnação do grande santo Kabir.[13] Gopal Rao ficou muito feliz em ter o jovem vivo em sua própria residência e em participar como companheiro fiel em todas as atividades, inclusive as da corte, do campo e do templo. Assim, a criança recebeu de Gopal Rao, seu segundo guru, uma educação e um treinamento bem elevados, mas não do tipo teórico.

Após alguns anos, o santo guerreiro decidiu que sua hora de abandonar a Terra havia chegado. Conforme deveria ser, na hora por ele mesmo fixada, partiu, sentou-se no meio de um grupo religioso praticando rituais de adoração e por meio de seu próprio yóguico poder deixou o corpo. Mas antes de partir ele apontou em direção ao ocidente e ordenou a Sai Baba de Shirdi que fosse para lá, onde encontraria sua nova morada.

Sai Baba foi para o ocidente e depois para a vila de Shirdi,[14] onde, a princípio, não foi muito bem recebido. Ao chegar num templo hindu nas redondezas, foi atraído por sua solitária calma e quis viver ali. Mas o sacerdote encarregado o levou para um muçulmano, não permitindo sua entrada no templo.

---

[13]Como o próprio Sathya Sai Baba afirma em *Conversação com Sai Baba*, a vida de Sai Baba de Shirdi escrita pelos seus biógrafos possui muitos erros. Este é um deles. Sai Baba afirma ser um Avatar e, como tal, não pode ser a reencarnação de um ser humano, nem mesmo de um grande santo como Kabir. (*N. do R. T.*)
[14]Shirdi pertencia então à presidência de Bombaim. (*N. do T.*)

Assim Baba passou a morar provisoriamente embaixo de uma árvore. Ele partiu de Shirdi, mas para lá retornou várias vezes, até que em 1872 decidiu ficar definitivamente. Seu lar passou a ser então uma mesquita muçulmana em ruínas. Ali ele mantinha um fogo constantemente aceso e as lamparinas com azeite, também acesas, durante toda a noite. Isto estava de acordo com os hindus e muçulmanos, que deixavam seus lugares de adoração sempre iluminados.

Umas poucas pessoas reconheceram as qualidades divinas de Sai Baba e foram homenageá-lo (dentre os primeiros estava o sacerdote que o expulsara do templo). Muitos achavam ser ele um faquir louco sem nenhuma importância. Segundo a tradição da Índia, os homens santos devem viver de caridade para comer e suprir suas necessidades materiais. Elas eram muito poucas, é verdade, mas ele precisava de azeite para as suas lamparinas. Uma noite o dono da loja que lhe fornecia o azeite de graça mentiu ao lhe dizer que o produto estava em falta e por isto não poderia doá-lo. Talvez tudo não passasse de uma piada para divertir os vagabundos do local. Então um grupo deles, juntamente com o comerciante, seguiu Sai Baba de Shirdi, o louco, até sua mesquita, para ver o que faria sem sua luz religiosa — e talvez para rir um pouco à sua custa.

Jarros com água são mantidos nas mesquitas para as pessoas lavarem seus pés antes de entrar em recintos sagrados. No escuro eles viram Baba apanhar um pouco de água dos jarros e entorná-la nas lamparinas. Então elas se acenderam e ficaram queimando. Os que estavam olhando chegaram à conclusão de que ele havia transformado água em azeite. Assustados, caíram a seus pés, implorando a Sai Baba para não lhes rogar nenhuma praga pela maldade feita.

Mas Baba não era o que eles imaginavam. Sua natureza era amor puro. Ele os perdoou e começou a ensinar.

Este foi seu primeiro milagre diante do público. Depois disto, várias pessoas começaram a procurar Baba. Muitos se tornaram seus devotos. Ele usava seus poderes milagrosos para aliviar seus sofrimentos, para ajudá-los nos problemas diários, protegê-los de perigos onde quer que estivessem e para conduzi-los a uma maneira de viver mais espiritual.

Muitos viram seus conceitos e valores mudados, outros abandonaram suas vidas mundanas, e passaram a morar em Shirdi como discípulos. Sai Baba os educou de acordo com suas necessidades e capacidades. Muitos sábios, que o consideravam iletrado, puderam comprovar mais tarde que ele podia discorrer sobre filosofia espiritual e interpretar as sagradas escrituras da Índia mais profunda e claramente do que qualquer das pessoas que tinham encontrado algum dia. Mas Baba sempre encaminhava seus discípulos para *bhakti marga*, o caminho radiante do amor divino, da devoção e da auto-entrega a Deus.

A dedicação amorosa a seus devotos era o motivo dominante nas ações de Sai Baba de Shirdi, e muitos deles confirmaram que em sua presença sempre experimentavam uma exaltação espiritual, esqueciam sofrimentos, preocupações e ansiedades; sentiam-se muito seguros e as horas passavam, sem que notassem, dentro da mais completa felicidade.

Uma devota parsi[15] escreveu: "Outros santos esquecem seus corpos e o ambiente e depois se voltam para os mesmos, mas Sai Baba esteve constantemente dentro e fora do mundo

---

[15]Parsi é a religião de Zoroastro na Índia. (*N. do T.*)

material. Outros parecem sofrer e fazem esforços para ler as mentes das pessoas, ou para falar-lhes de seu passado, mas com Sai Baba nenhum esforço era necessário. Estava sempre em estado de onisciência."

Muitas histórias, divertidas e iluminadas, são contadas a respeito de Sai Baba de Shirdi. Vários são os volumes sobre sua vida e seus ensinamentos. Mas para nossos propósitos há somente alguns pontos que devemos observar. Uma das finalidades do fogo que ele mantinha sempre aceso na mesquita era fornecer um pronto suprimento de cinza. Isto ele chamava *udhi*, sendo usada para diversos tipos de propósitos milagrosos, particularmente para curar doenças. Os milagres por ele realizados cobrem uma extensa gama de *siddhis*, ou poderes sobrenaturais, como são expressos nos clássicos espirituais e yogues como o *Yoga Sutra*, de Patanjali, e *Srimad Bhagavata*. Muitas vezes ele provou a seus discípulos saber o que eles pensavam, diziam ou faziam, mesmo a centenas de milhas. Ele aparecia onde quer que dele necessitassem, em sua própria forma ou em algum outro corpo — um mendigo, um eremita, um trabalhador, um cachorro, um gato, ou qualquer outro ser. Ficou provado que Sai Baba poderia se projetar no espaço e tomar a forma desejada. Seus discípulos mais chegados aceitavam isto sem a menor restrição.

Baba provocava visões em pessoas, como, por exemplo, o visitante brâmane que estava em dúvida quanto a entrar ou não na mesquita muçulmana.[16] Do lado de fora ele viu Sai Baba na

---

[16]Atitude sectarista e dogmática própria dos que apenas *pertencem* a determinada instituição religiosa, mas que ainda não conseguiram ser religiosos. Na religiosidade verdadeira, isto é, no viver em busca de Deus e somente para isto — tão raro hoje e sempre —, comportamentos assim não cabem. (*N. do T.*)

forma do Deus por ele adorado, Sri Rama. Tão convincente fora a visão de Rama que o homem correu para dentro do templo e se atirou aos pés de Baba. Outros tipos de milagres incluíam dar proteção a distância — contra acidente, praga, azar e morte iminente; a bênção da fertilidade para aqueles que não tinham filhos e desejavam tê-los; aparecer em sonhos, dando conselhos e ajuda aos necessitados.

Como Jesus, Baba de Shirdi era capaz de exorcizar maus espíritos dos obsediados e curar as doenças mais terríveis, tais como cegueira, paralisia e lepra. Por exemplo: Baba permitiu a Bagoji, um leproso, chegar até ele (era lepra contagiosa) e lavar suas pernas. Todos ficaram com receio que Baba pudesse ficar contaminado, mas, ao contrário, Bagoji se curou completamente e tudo o que restou de sua doença foram escaras e cicatrizes.

No fim do século passado, a despeito das comunicações serem precárias na Índia, a fama de Sai Baba continuou crescendo rapidamente. Foi em 1910 que ela chegou ao máximo. Nessa ocasião, um grande número de visitantes começou a chegar de Bombaim e outros lugares. Pompas e cerimônias foram ofertadas ao modesto santo. Repleto de jóias e sentado numa carruagem de prata com lindos cavalos e elefantes, Sai Baba foi levado ao longo das ruas numa belíssima e colorida procissão.

Baba, dizem, detestou todo aquele espetáculo, mas se submeteu apenas para agradar ao povo. Apesar do tratamento real recebido e das riquezas oferecidas, ele continuou a mendigar comida como antes, talvez para mostrar que a humildade é ainda mais necessária quando a pompa, a riqueza e o poder são ofertados para seduzir a alma do homem.

Quando em 1918 Sai Baba morreu em Shirdi, ele tinha somente o suficiente para seu funeral, não mais. É tradição na Índia que uma pessoa que tenha realizado Deus deve ser enterrada e não cremada. Assim, todos os devotos concordaram que Baba fosse enterrado, mas discutiram muito quanto ao método. Como tinha acontecido no caso de Kabir, séculos antes, hindus e muçulmanos clamaram pelo direito de enterrar o corpo com seus próprios rituais. Sendo os hindus em maior número, decidiu-se que eles o enterrariam. Mas, por meio da sabedoria e diplomacia do Sr. H. S. (Kaka) Dixit, algumas concessões foram feitas aos muçulmanos.

O *samadhi* (túmulo) de Sai Baba, a mesquita onde ele viveu por mais de 40 anos e onde o fogo ainda continua a queimar, e outros lugares ligados a Sai Baba em Shirdi são hoje a Meca de milhares de peregrinos — hindus, muçulmanos, parsis, budistas e cristãos.[17]

---

[17]O Avatar santo é como a luz do sol, pertence a todas as religiões verdadeiras. (*N. do T.*)

I

A busca

*Não necessitamos de nenhuma lâmpada
quando temos sabedoria...*

Anon

DEPOIS DE PASSAR ALGUM TEMPO NA EUROPA, MINHA ESPOSA
e eu decidimos dar uma parada na Índia, quando de regresso
para nosso lar na Austrália. Tínhamos dois propósitos em mente. O primeiro, entregar-nos mais profundamente à Teosofia,
freqüentando um curso de seis meses na Escola da Sabedoria na
Internacional Headquarters da Sociedade Teosófica, em Adyar,
Madras. Para evitar confusão, é necessário assinalar que essa escola não tenciona oferecer um curso rápido de como se tornar
sábio; seu propósito é apenas o estudo da eterna sabedoria, a filosofia perene encontrada sobretudo nos vetustos escritos do
oriente.

O segundo propósito era viajar através do país para descobrir se havia uma dimensão espiritual mais profunda na vida da
Índia moderna. Será que ainda haveria algo daquela Índia miste-

riosa descrita por Paul Brunton, Yogananda, Kipling, Madame Blavastsky, Coronel Olcott e outros escritores? Haveria ainda fontes escondidas de conhecimento esotérico ou tinham secado? Seria ainda possível encontrar um grande yogui com poderes sobrenaturais, conhecedor dos segredos da vida e da morte? Imaginávamos que um ano seria suficiente para esse programa.

A Escola de Teosofia foi agradável e esclarecedora, como uma viagem para dentro dos ensinamentos sábios, indo do antigo *Vedas* até a *Doutrina secreta*, publicada em 1888. Ela preparou nossas mentes para nossa futura exploração na área. Passamos a entender melhor o que procurávamos, e mais bem equipados estávamos para apreciar o que iríamos encontrar.

Nossa pesquisa nos levou não somente aos diversos e conhecidos *ashrams* espalhados pela Índia, mas também aos desconhecidos. Sentamos e conversamos com eremitas e ascetas em suas cavernas no Himalaia. Encontramos primeiramente uma grande variedade de *sadhaks*,[18] *saddhus*[19] e mestres de diferentes tipos de yoga.

Dos eremitérios do Himalaia e *ashrams*[20] ao longo do sagrado Ganges voltamos para Nova Délhi. Lá, num clube, encontramos um importante executivo (indiano) que disse, após algumas cervejas: "Então vocês estão procurando vida espiritual na Índia. Não há nenhuma. Pertence ao passado. Nós, de nosso lado, estamos em busca daquilo que vocês têm no ocidente — progresso material."

---

[18]*Sadhak* - aquele que pratica *sadhana* ou disciplina espiritual. (*N. do T.*)

[19]*Saddhus* — a palavra sânscrita *saddhu* se traduz por santo, puro. É o nome que na Índia se dá ao sábio, ao santo, ao asceta e ao renunciante. (*N. do T.*)

[20]*Ashram* — significa literalmente morada, residência. É algo na Índia equivalente ao monastério cristão. No *ashram* vive o *guru* cercado de seus discípulos. (*N. do T.*)

Num outro lugar, um professor de História também tentou sufocar nosso entusiasmo. "Creia-me", falou, "não restou nenhuma espiritualidade neste país. Na Índia do passado havia, naturalmente, mas acabou há mil anos."

No entanto, sabíamos que os homens que falavam desta maneira, os homens da Índia moderna, com sua sede pela tecnologia ocidental, estavam errados acerca de seu próprio país. Tínhamos visto o bastante e sentido muito para estarmos certos e seguros de que os tesouros yogues do passado ainda poderiam ser encontrados, em seu profundo recesso.

Tínhamos sentido isso; possuíamos indícios de seu perfume na brisa; nos defrontado com o amor fraternal dos *ashrams*; encontrando homens felizes ensinando, pelo prazer de ensinar, as verdades da filosofia religiosa hindu. Não faltavam palavras inspiradoras e nobres teorias. Não tínhamos, no entanto, encontrado um homem com real poder; alguém que tivesse levado a vida yogue tão longe e verdadeiramente a ponto de destruir as limitações que prendem o homem ao seu atual estado de infelicidade. Mas, com tanto material promissor, havia certamente bastante esperança na existência de tal pessoa. Por outro lado, sabíamos que tesouros espirituais não eram apresentados numa bandeja. Há sempre *tapas*,[21] tarefas e austeridades a serem cumpridas para que possam ser encontrados.

Viagens de trem e ônibus nas planícies da Índia durante o abrasador mês de junho constituíam dificuldades suficientes

---

[21]*Tapas* — literalmente, se refere a *queimar*, *aquecer*, visando a purificação. É algo que lembra fornalha e bigorna para dar ao ferro bruto alguma utilidade ou beleza. Pode significar austeridade, cultivo de *endurance*, penitência, disciplina espartana etc. (*N. do T.*)

para qualquer um. Do forno que era Délhi nos dirigimos para a fornalha de Dayalbagh, nos arredores de Agra. Queríamos saber o que havia acontecido com a comunidade religiosa de Radha Swami, tão admirada por Paul Brunton 30 anos antes.

Achamos que suas instituições educacionais tinham progredido e que suas fazendas e fábricas pareciam estar prosperando, mas que havia algo de cansado no ar. Não existia o dinamismo achado por Brunton. Era como um velho homem cansado que tivera sonhos otimistas na sua juventude e nunca os realizara. Talvez fosse devido ao fato de que o líder espiritual, Sua Santidade Sahabji Maharay, já ouvesse morrido no tempo de Brunton. Pouco antes de morrer ele passou a liderança a um engenheiro aposentado, Hazur Mehtaji Maharaj. Agora ele era o Deus reencarnado na Terra para o povo de Dayal.

Provava ser um Deus ardiloso. Tentamos encontrá-lo, mas fomos logo desencorajados. Numa ocasião, saímos de manhã cedo com um grupo que, antes de começar seus trabalhos em escritórios, escolas e fábricas, trabalhava no campo umas poucas horas. O guru estava com o grupo e tínhamos esperança de poder finalmente contatá-lo (de fato esta era nossa intenção quando fomos), mas ele sempre conseguia criar uma barreira para impedir o encontro.

Finalmente, um dia antes de nossa partida, o secretário da comunidade conseguiu segurá-lo tempo suficiente para uma entrevista conosco. Nesse dia, a casa onde o líder morava nos foi mostrada. Era apenas uma casa dentre muitas.

No escritório encontramos um homem baixo e tímido que pareceu ficar encabulado por vermos, em seu quarto modesto, um aparelho de ar-condicionado. Isto não era habitual na comunidade, e ele deixou claro que tinham sido seus seguidores que insistiram em comprá-lo devido à sua saúde. Ele era amigável mas não disse absolutamente nada de importante. Não sentimos nada, exceto que, se Deus é totalmente humildade, então esse homem poderia ser uma Encarnação Divina, mas certamente uma encarnação relutante, e manteve alguns outros sinais bem escondidos — de nós, pelo menos.

O secretário, Babu Ram Jadoun, compensou em hospitalidade e solicitude qualquer falha da parte do seu modesto líder. Ele passou várias tardes sentado conosco, em cadeira de balanço, na frente da casa de hóspedes, falando-nos da fé de Radha Swami; e sua Sadbha Yoga, na qual se concentra em meditação, ouvindo os sons internos do *anahat*.[22] Também gostava muito de lembrar os tempos passados e nos contar casos sobre os dois escritores ingleses, Yeats-Brown e Paul Brunton, hóspedes nos anos 1930.

Eu sabia que atualmente há cerca de 20 dessas comunidades Radha Swami na Índia, cada uma com seu guru. Visitamos um bom número delas, incluindo uma bem grande em Beas, perto de Amritsar, onde umas 600 mil pessoas acreditam que o benigno líder Charan Singh Maharaj é uma encarnação da Verdade. Ao visitarmos as diferentes comunidades, constatamos que cada uma tinha a mesma idéia sobre seu líder.

Na tarde anterior à nossa partida de Dayalbagh decidi perguntar ao secretário, um homem inteligente, o que ele achava da divisão de credo que se aprofundara durante o século de sua existência, desde 1861.

— Todos os líderes possuem a corrente divina? — indaguei. — Você acha que eles são todos encarnações do infinito Brah-

---

[22]*Anahat-chakra* — (lótus, roda) ou centro de energia-consciência correspondente ao coração. (*N. do T.*)

man?[23] — Eu e minha esposa éramos os únicos sentados com ele sob as árvores diante da casa de hóspedes.

Ele mudou sua cadeira devido ao ar quente que nos envolvia como um cobertor, depois de um minuto de silêncio respondeu:

— Não, só pode existir uma encarnação durante o mesmo tempo.

— E este é seu líder? — perguntei.

— Sim.

— Então todos os outros estão errados?

— Creio que sim.

— Bem, sem dúvida você deve ter uma boa razão para pensar assim — ressaltei —, mas como nós, ou qualquer leigo, pode saber quem está certo? Como podemos decidir em qual dos muitos líderes a Divindade está incorporada?

O educado e pequeno homem pareceu pensar por algum tempo antes de dizer:

— Trinta anos atrás eu era um conferencista na Faculdade de Engenharia aqui. Uma noite, enquanto estava sentado neste mesmo local ouvindo o nosso líder Sahabji, Paul Brunton fez a mesma pergunta. Lembro-me bem da resposta de Sua Santidade...

— Qual foi? — Íris, minha esposa, perguntou.

— "Ore a Deus todos os dias e Ele conduzirá você ao homem no qual, Ele, no momento, está encarnado." Eu sugiro o mesmo. Tal prece será, sem dúvida, atendida. — Parou, sorriu e continuou: — E quando for atendido e O encontrar, por favor, escreva-me e me informe.

---

[23]*Brahman* — O Espírito Universal; o Uno-Sem-Segundo; o Ser; o Absoluto. Literalmente, significa amplidão. Não confundir com *Brahma*, que é o aspecto criador de Deus. (*N. do T.*)

Eu penso que talvez ele estivesse dizendo: "Escreva e me diga que você já está no caminho de volta para cá." Então lembrei-me de que Brunton não voltou nem entrou para esse grupo em Dayalbagh, mas encontrou seu grande guru em Ramana Maharshi, de Tiruvannamalai.

Era muito estranho. Eu não estava certo se acreditava em modernas encarnações divinas. Talvez nos tempos passados, como ensinam as escrituras, possam ter existido encarnações como Rama, Krishna, Cristo e outros. Eu sabia que muitos na Índia consideravam alguns mestres espirituais modernos, tais como Paramahamsa Ramakrishna, como encarnações ou Avatares,[24] mas jamais esperara encontrar um nos anos 1960. A idéia jamais me ocorrera. Estava preparado para me defrontar com um grande yogui que já tivesse alcançado as alturas de realização divina. Mas qual era a diferença? Se é que havia alguma! Estava além de meu entendimento ou esperanças.

Mesmo assim minha esposa e eu decidimos que, se houvesse uma encarnação, nós adoraríamos encontrá-la. Desta forma, a oração não nos faria mal. Poderia, pelo menos, ajudar a nos conduzir ao grande mestre por nós procurado.

Não creio termos repetido a oração de Sua Santidade Sahabji, em palavras reais, muito regularmente ou por muito tempo, mas um estranho desejo estava bem lá no fundo de nossos corações, a ânsia de descobrir a manifestação mais elevada de Deus no homem — e isto, em si, é uma oração.

---

[24]Avatar — literalmente, significa *descida*. Um Avatar é uma *descida* de Deus à forma humana. É um Homem-Deus. (*N. do T.*)

II

Sathya Sai Baba

A Verdade é sempre estranha, mais estranha que a ficção.

Lord Byron

A PRIMEIRA VEZ QUE OUVI O NOME DE SATHYA SAI BABA FOI de um yogui. Ele, pessoalmente, não havia encontrado o tal Santo Homem, nem estivera em seu *ashram* num lugar chamado Puttaparti. Ouvira dizer que o local era de difícil acesso. A parte final da viagem teria que ser feita num carro de boi ou mesmo a pé, por caminhos difíceis. Era sabido que tinha *siddhis*[25] e era um fazedor de milagres.

— Que tipo de milagres? — perguntei.

— Bem, dizem que ele pode, por exemplo, produzir objetos do nada. Naturalmente, há outros homens a serem descobertos

---

[25]*Siddhis* — tanto significa *perfeições* como poderes "sobrenaturais" no homem. Quando o homem atinge a suprema *perfeição*, se deificando, pode se dizer que é um *siddha* e tem os poderes de Deus. Mas existem os *siddhis* inferiores, que são apenas poderes paranormais e que não indicam o estado divino, nem mesmo perfeições psicológicas e morais. (*N. do T.*)

com os mesmos *siddhis*: eles possuem uns poucos dons sobrena-
turais mas, com base em relatos, sabe-se que os poderes de Sai
Baba são muito maiores. E realiza milagres freqüentemente.
Qualquer um pode vê-los.

Tal conversa certamente aumentou meu interesse e curiosidade. Eu ouvira (quem não?) que a Índia era o crisol dos fazedores de milagres. Tinha lido sobre os grandes adeptos, ocultistas,
santos do passado que conheciam sobre as leis últimas e mais
íntimas da Natureza. Mas duvidava um pouco de sua real existência. E, mesmo que tivessem existido, poderiam ainda estar
por perto?

Era chegado o momento de descobrir se todos os contos fantásticos, saídos da Índia, pertenciam à realidade ou à ficção. Decidi então ver Sathya Sai Baba o mais breve possível. Mais tarde,
quando vim a saber que ele afirma ser uma reencarnação de Sai
Baba de Shirdi, meu desejo se tornou ainda mais forte.

Mas o safári em carro de boi para o interior do Sul da Índia
teria que esperar um pouco mais. Parecia mais do que árduo, e
nós tínhamos descoberto em nossas andanças pelo Norte que
viagens comuns na Índia sugam a vitalidade. Em nossa volta,
ficamos alegres em poder nos recuperar um pouco mais numa
tranqüila propriedade teosófica repleta de árvores.

Um dia, após vários meses desde a nossa chegada, uma jovem senhora com rosto pálido, usando o manto ocre característico
dos monges, veio visitar o Headquarters. Ela nos foi apresentada
por um amigo comum como sendo Nirmalananda. Após a apresentação, levamos nossa visitante para a sala de estar a fim de
tomarmos o café da manhã juntos. Ela nos contou que era uma
americana de Hollywood, um estranho lugar de origem para
uma asceta, pensamos. Disse-nos que recebera este nome, Nir-

malananda, do Swami Sivananda quando ele a iniciou na vida monástica. Depois que ele morreu, ela deixou seu *ashram* em Rishikesh, tornando-se seguidora de Sathya Sai Baba. Em Puttaparti ela havia testemunhado muitos milagres maravilhosos. Agora Sai Baba estava em visita a Madras e ela era uma das discípulas do pequeno grupo que ele trouxera consigo.

Esta parecia ser a nossa oportunidade dourada. Íris não estava se sentindo bem o bastante para ir conosco a Madras. Mas Nirmalananda se ofereceu para me levar ao local onde Sai Baba estava. Era uma casa agradável com gramados e canteiros floridos. Mais tarde vim a saber que era a casa do Sr. G. Venkateshwara Rao, o magnata de mica, também devoto de Sai Baba.

Os gramados e caminhos na frente da casa estavam repletos de pessoas sentadas, no chão, em silêncio, na posição de lótus. Os homens vestidos de branco se sentavam de um lado e as mulheres, com saris de cores brilhantes, se sentavam do outro. Havia centenas deles, obviamente esperando um olhar do grande homem.

Nirmalananda levou-me pela multidão até a varanda da frente e lá me apresentou a um alegre americano de cabelos vermelhos, chamado Bob Raymer.

— Eu creio que Sai Baba já encerrou as entrevistas hoje, vou tentar descobrir — disse.

Levou-me para uma sala de espera e me deixou lá. Nirmalananda havia ido para outro recinto. Na sala havia somente dois indianos, ambos de pé, e aparentemente esperando por alguém. Também fiquei de pé.

Após alguns minutos, a porta do interior da casa se abriu e lá entrou um homem cujas feições jamais vira antes. Ele era esguio e baixo. Usava um manto de seda vermelha indo dos ombros até os pés. Seu cabelo era negro, enroscado até a raiz como lã, cheio de vida, e se assemelhava a um grande feixe circular. Sua pele era marrom-clara parecendo mais escura por causa da espessa barba que, mesmo bem-feita, sombreava a pele. Seus olhos eram escuros, doces e luminosos, e seu rosto brilhava com algum júbilo interior.

Jamais tinha visto uma fotografia de Sathya Sai Baba. Seria ele? Eu esperava alguém alto, imponente, com uma longa barba preta e vestido com roupas brancas. Eu tinha uma preconcebida idéia de como seria um grande yogui ou mestre, talvez originária das primeiras descrições teosóficas dos mestres.

Ele chegou rápido e delicadamente cruzando o tapete para onde eu me encontrava, mostrando seus dentes certos e brancos num sorriso amigo.

— Você é o homem da Austrália? — perguntou ele.

— Sim — respondi.

Então ele foi até os indianos e começou a falar em télugo.[26]

Nesse momento eu o vi ondular suas mãos no ar, as palmas para baixo, em pequenos círculos, da mesma forma como, em nossa infância, brincávamos de fazer mágicas abracadábricas.

Quando ele virou a palma da mão para cima, ela estava cheia de cinza fofa.[27] Essa cinza foi dividida entre os dois homens de pé. Um deles não conseguiu controlar a emoção e começou a soluçar. Sai Baba deu uns tapinhas nas costas do homem e falou com ele tão carinhosamente como se fosse sua mãe. Na hora não

---

[26]Télugo é o idioma falado em Puttaparthi, a cidade onde vive Sai Baba. (*N. do R. T.*)

[27]Eu mesmo, em fevereiro de 1979, no *ashram* de Whitefield (Bangalore) presenciei a produção de *vibhuti*. (*N. do T.*)

entendi que as lágrimas derramadas por aquele homem eram lágrimas *bhakti*[28] — lágrimas de suprema felicidade, gratidão e amor. Mais tarde fui informado que Sai Baba havia curado o filho daquele homem de uma doença terrível, mas como não cheguei o fato, não posso testemunhar.

Após algum tempo, a pequena figura virou-se para mim novamente. Permanecendo de pé na minha frente, começou a girar sua mão. Desta vez notei que ele dobrara as mangas de sua roupa quase até o cotovelo. É que provavelmente ele já havia lido em minha mente que eu duvidava do que via, ou tinha certas suspeitas a respeito de tudo aquilo. Como Baba não tem a menor dificuldade em ler mentes, provavelmente foi o que ocorreu.

Quando o montículo de cinza apareceu em sua mão e Baba a despejou na minha, por um momento fiquei sem saber o que fazer com aquilo. Então uma voz me disse: "Coma, é bom para sua saúde." Foi Bob Raymer que me disse aquilo ao entrar na sala.

Jamais pensei em comer cinza e gostar, mas aquela era perfumada e bastante saborosa. Baba ficou me observando. Antes de acabar, virei para ele e perguntei:

— Posso levar um pouco dela para minha esposa? Ela não está bem.

— Traga-a aqui amanhã às 17 horas — ele respondeu e se foi.

Na tarde seguinte, Íris e eu estávamos na mesma casa. Na entrada encontramos Gabriela Steyer, da Suíça. Ela, muito delicadamente, nos conduziu para um quarto no andar de cima onde um grupo de mulheres, na sua maioria da Índia e vestindo saris, se sentava no tapete na posição de lótus.

---

[28]Lágrimas *bhakti* — lágrimas provocadas por intensa devoção a Deus. (*N. do T.*)

Sentamo-nos próximos a elas e Gabriela começou a nos falar dos milagres vistos por ela em Puttaparti. Pegando um caderno, pedi-lhe o endereço completo do *ashram* e procurei saber qual seria a melhor maneira de se chegar até lá. Mas naquele exato momento a esposa de Bob, Markell, nos disse que Baba já estava vindo e que eu deveria ir para outra sala, ficar junto dos outros homens. A tal sala estava cheia de indianos e nós dois éramos os únicos com pele clara.

De repente Sai Baba apareceu na porta. A cor de seu manto naquele dia era ouro velho, mas, como o precedente, era liso, indo dos ombros aos pés sem bolsos ou dobras. Sua roupa tem sempre o mesmo feitio, presa no pescoço por dois botões de colarinho em ouro — as únicas jóias que usa — e as mangas soltas vindo até o cotovelo ou pulso, dependendo da temperatura. Embaixo da roupa ele usa um *dhoti* (um pano amarrado ao redor da cintura até os tornozelos como uma saia), sem nenhum bolso. Fiquei sabendo destes detalhes porque, mais tarde, quando estávamos hospedados com Sai Baba, minha esposa costumava passar suas vestes e *dhotis* no nosso quarto. Desta maneira pude realmente constatar que ele faz todos os milagres, sem retirar nada de sua roupa.

Da porta, Baba apontou para mim e disse:

— Trouxe sua esposa?

Fiquei contente que ele se lembrasse.

Sai Baba nos levou para dentro de um outro quarto e conversou com Íris sobre a saúde dela. Ele parecia saber exatamente tudo o que estava acontecendo de errado com ela e as causas dos problemas. Aconselhou-a muito, e então movimentou sua mão e produziu, do ar, a cinza medicinal para ela comer.

Eu estava bem perto, com meus olhos fixos, pois ainda duvidava. Ele virou-se para mim, sorriu, dobrou sua manga até o cotovelo e movimentou sua mão bem próximo do meu nariz. Quando ele virou a palma da mão para cima, eu esperava ver a cinza, mas estava errado. No meio da mão de Baba estava um pequeno retrato seu com o endereço completo de seu *ashram*. A foto tinha aquele jeito fresco como se viesse direto de um laboratório. Baba me passou a fotografia dizendo:

— Você tem perguntado pelo meu endereço. Aqui está. Guarde-o na sua carteira.

— Posso, ou podemos, ir lá algum dia?

— Sim, naturalmente. Quando desejar. É sua casa.

Desde aquele dia passei a ver muitas coisas raras e maravilhosas produzidas pelo movimento de suas mãos, mas ainda trago em minha carteira aquela fotografia vinda do "nada" em resposta à pergunta em minha mente. Não havia meios comuns para ele saber que eu havia pedido tal endereço a Gabriela.

Depois de nossa entrevista, Sai Baba dirigiu a palavra às pessoas reunidas na sala, e mais tarde, quando íamos embora, nós o vimos caminhar entre as pessoas nos jardins. Muitos tentavam tocar sua veste ou seus pés. Ele falava para uns e "produzia" algo para outros — provavelmente cinza, eu creio.

Esta constante criação de cinza, ou *vibhuti*, como é conhecida, parecia ter um significado especial. Me fez pensar em Sai Baba de Shirdi e no fogo que ele mantinha sempre aceso para formar *udhi* (cinza), dada a seus seguidores para curar doenças. É como se Sathya Sai, a reencarnação, pudesse produzir ou retirar a cinza de um fogo que queimava numa dimensão além do alcance dos nossos olhos mortais.

A cinza é um símbolo espiritual e tem sido usada como tal por diferentes religiões, incluindo a cristã. Como todos os símbolos, a cinza tem seus diferentes níveis de significado; um, o mais comum, é que nos lembra a natureza transitória de todas as coisas terrenas e a mortalidade do corpo do homem. Destina-se a conduzir nossos pensamentos ao eterno, além do transitório, aos nossos eus imortais, além do monte de cinza ou poeira a que seremos reduzidos. Para os hindus, a cinza é especialmente consagrada ao deus Shiva, ou àquele aspecto da Divindade ligado à destruição de todas as formas materiais. A destruição é encarada como um atributo divino porque somente através dela pode haver uma regeneração, um renascimento de formas novas por meio das quais a vida pode fluir mais livremente, mais completamente, com mais vitalidade.

Durante alguns dias conversamos bastante sobre nossa incrível experiência. Além de suas habilidades milagrosas, Sai Baba tinha um efeito poderoso. Parecia elevar-nos a algum nível onde não havia mais preocupações. A vida parecia mais ampla e os conflitos e as dificuldades do mundo terreno estavam distantes ou pareciam irreais. Uma aura de felicidade ao nosso redor parecia existir. Íris mencionou que não podia parar de sorrir durante horas após ter conversado com Baba.

Com relação aos milagres em si — bem, com o passar do tempo, comecei a me perguntar se realmente os havia visto. Pareciam tão improváveis, tão distantes da ordem comum das coisas. É muito difícil para a mente, treinada em lógica e nas ciências físicas, e acreditando implicitamente na ordem racional do Universo, aceitar a realidade de fenômenos aparentemente irracionais. Mesmo tendo visto os milagres, é difícil de acreditar neles.

Assim, uma dúvida turvava minha mente como a névoa matutina. Teria sido eu enganado? Seria aquilo um caprichoso jogo de mãos? Repassando os fatos e as condições cuidadosamente, não descobri como poderia ser assim. Seria difícil, até mesmo impossível, manter cinza na palma da mão se movimentando em círculos, completamente aberta e virada para baixo. E como ele poderia retirá-la de seus bolsos, se não os possuía, ou de mangas sem punhos enroladas até os cotovelos, como freqüentemente estavam?

Mas talvez houvesse *alguma* maneira pela qual ele tivesse feito as coisas que eu vi por simples força de ilusão. Talvez a leitura da mente e o conhecimento de cada pessoa não fossem mais do que pura adivinhação.

Interiormente senti, devido ao esplendor elevado de sua presença, que Sai Baba não era um impostor. Mas não estava absolutamente certo. Não podia estar certo de ter encontrado um homem dotado de poderes sobrenaturais reais, nem de ter testemunhado milagres genuínos. Não, realmente não podia estar convencido até ter investigado mais. Teria que observar tais fenômenos muitas vezes, sob condições e circunstâncias várias. E também conhecer pessoalmente o homem milagroso, saber sobre seu caráter, sua vida, seus antecedentes e o tipo de pessoas que o seguiam. E, certamente, teria que visitar aquele *ashram* em Puttaparti.

III

Lugar de paz e muitas maravilhas

Esta Terra sozinha não é somente nossa mestra e guardiã,
Os poderes de todos os mundos penetram nela.

Sri Aurobindo, Savitri

VIAJEI, EM ÔNIBUS, DE MADRAS A BANGALORE. ALGUNS AMI-
gos me arrumaram um carro e parti para o Norte ao longo de
uma rodovia para o interior, a fim de encontrar o refúgio do
mago de Puttaparti. Viajava sozinho com um motorista indiano,
pois Íris estava muito ocupada na Sociedade Teosófica.

Por esse caminho deixamos o estado de Mysore e entramos
em Andhra Pradesh, indo através de campos abertos pintados
aqui e ali pelos afloramentos de colinas arredondadas e pedrego-
sas. Não tinha visto nenhuma indicação sobre Puttaparti até al-
cançarmos os últimos trechos de nossa viagem de 160 km.

Então atingimos uma estrada de pedras britadas e areia sol-
ta, como uma trilha para carros de boi, que foi se estreitando, se
apertando entre as construções derrubadas de uma vila solitária.
Em outros lugares, o caminho se desviava para os leitos arenosos

dos rios. Esses cruzamentos são possíveis, exceto em estações muito chuvosas. Mas ouvi dizer que se os vagabundos espertos, que moram por perto, precisarem de dinheiro, cavam um buraco fundo na água rasa da passagem. Então, esperam os carros atolarem para assim barganhar um preço alto para removê-los.

No entanto, os dias em que visitantes terminavam sua viagem a Puttaparti em carro de boi ou caminhando já se acabaram. Apesar da estrada acidentada no ano de minha primeira viagem, em 1966, carros e até mesmo ônibus grandes podiam vencer os obstáculos finais e alcançar os portões do *ashram*.

O refúgio de Sai Baba se localiza ao lado da vila de Puttaparti, que se aninha num estreito vale agrícola entre montanhas rochosas e coloridas. O vale, verde-claro na estação da colheita, é remoto e silencioso, intocado pelo progresso. Enquanto entrava pelo portão, o sol espalhava um brilho dourado sobre a construção. Muitas das edificações se erguiam ao redor do perímetro do grande complexo, em direção a um grande prédio branco central.

Era hora do *bhajan* noturno, isto é, o canto de músicas sacras e cânticos. Fui informado que Sai Baba estava com a multidão no grande salão que ocupa a maior parte do andar térreo da construção central, e como aparentemente somente ele poderia dizer onde eu devia dormir, sentei-me no meu saco de dormir do lado de fora e esperei.

O som ritmado dos cantos aprofundavam a paz no cair da noite. As luzes surgiram vagarosamente, a música penetrante prosseguia. Parecia embeber-me, aliviando meu corpo cansado, acalmando minha impaciência, lavando minhas ânsias e preocupações.

Alguém veio e me levou para o quarto que Baba havia determinado para mim. Ficava na pequena casa de hóspedes bem mobiliada e com banheiro privativo. Era muito melhor do que esperava.

Uma das primeiras pessoas que encontrei no *ashram* foi o Sr. N. Kasturi, um professor aposentado de História e reitor da Universidade de Mysore. Na ocasião, ele era o secretário do *ashram*, editor de sua revista mensal, *Sanathana Serethi*, e escritor de uma biografia de Sai Baba. Tinha também passado para o inglês muitas pregações públicas de Sai Baba proferidas no dialeto télugo. Essas publicações, em vários volumes, contêm os ensinamentos espirituais do homem milagroso, dando uma idéia de sua missão e mensagem.

Na minha primeira manhã, o Sr. Kasturi chegou à casa de hóspedes com cópias de todos os livros impressos em inglês.

"Eles são um presente de Baba para você", explicou. O Sr. Kasturi não é somente um erudito, mas um homem profundamente religioso cuja face brilha com devoção e benevolência.

O Sr. Kasturi me contou alguma coisa sobre o *ashram*. Seu nome é Prasanti Nilayam, significando "Lugar de Grande Paz". Cerca de 700 pessoas moram ali, enquanto centenas vêm e vão. Os residentes ocupam casas com terraços voltados para dentro do centro do *ashram*. Os visitantes ocupam qualquer lugar disponível na ocasião — um quarto numa das grandes construções, um pequeno espaço no chão, um canto na varanda do Correio ou, em ocasiões de muita afluência, a pura terra sob uma árvore. Pessoas como eu, acostumadas ao conforto da civilização ocidental, Baba costuma acomodar na casa de hóspedes mobiliada.

Cedo, de manhã, ouvi sons estranhos, mas calmantes, dos cânticos sânscritos. Fiquei sabendo que vinham da escola onde meninos e jovens estudavam os *Vedas*[29]. Eles aprendem não somente a ler o sânscrito desses trabalhos, mas também a recitá-los de cor. São ensinados, por eruditos, a cantar os textos com entonação e ênfase corretas como se fazia na Índia em tempos passados. A razão para isto é que os benefícios espirituais dos *Vedas* provêm muito mais do efeito mântrico (vibratório) dos sons do que do significado das palavras. Escritores antigos nos dizem isto e, tendo me submetido a cantar alguns cânticos, não creio ser difícil de acreditar. Atualmente, há pouquíssimas escolas deste tipo na Índia; talvez porque se demore sete anos para aprender um *Veda*, e como são quatro, mais de 20 anos se fazem necessários para conhecê-los. Não há nenhuma recompensa comercial por conhecê-los ou recitá-los. Sai Baba parece determinado, contra a maré de materialismo na Índia moderna, a reviver sua antiga cultura espiritual.

O *ashram* tem também sua própria cantina, onde fui convidado a fazer minhas refeições, mas como era um convidado de Baba, não podia pagar. A acomodação também era grátis. Além disso, recebi uma coleção de livros. Não me permitiram pagar coisa alguma. Mas talvez eu pudesse oferecer um donativo no fim da minha estada, como acontece em outros *ashrams* da Índia.

— Não — disse o Sr. Kasturi enfaticamente. — Baba não aceita donativos. Ele nunca recebe dinheiro de ninguém.

— Ele parece ter alguns seguidores ricos — falei. — Talvez eles forneçam ajuda financeira ao *ashram*.

---

[29]*Vedas* — Escrituras sagradas atribuídas ao hinduísmo cuja origem se dá por revelação divina e não por criação humana. Escritos originalmente em idioma sânscrito, os *Vedas* são quatro: Samaveda, Ayurveda, Rigveda, Atharvaveda. (*N. do R. T.*)

— Não — disse o Sr. Kasturi. — Mas não aceite o que digo; pergunte a eles mesmos, muitos estarão chegando nos próximos dias para o *Shivarathri*.

— O que é isso? — perguntei.

Ele me explicou que era um grande festival anual do deus Shiva. Milhares de pessoas vinham a Prasanti Nilayam por causa dele, e durante o festival Baba sempre realizava dois grandes milagres em público.

Então decidi esperar lá pelo festival de *Shivarathri* (noite de Shiva) e ver os milagres. Nesse meio-tempo eu leria a história de Sai Baba, escrita por N. Kasturi; falaria com os seguidores de Sai e me aproximaria do grande homem tanto quanto possível. Kasturi me deixou esperançoso ao me informar que eu poderia ser chamado para uma entrevista muito em breve, embora Baba fosse ocupadíssimo.

Nos primeiros dias, de fato, tive bastante sorte em ser convidado para diversas entrevistas de grupos. Doze pessoas se juntavam numa das salas em qualquer extremidade do *bhajan hall*, ou sala de oração como é chamada algumas vezes. Nessa sala, Sai Baba se senta numa cadeira ou no próprio chão, dependendo de sua vontade, e os convidados se sentam no chão na posição de lótus, ao seu redor.

Em todas as ocasiões, consegui ficar o mais próximo possível de Baba e me sentar ao seu lado direito, perto da mão que "produzia" a cinza.

Essas entrevistas normalmente começavam com alguma conversa sobre assuntos espirituais. Baba convidava alguém a fazer uma pergunta; então, na resposta, ele se aprofundava em assuntos como o significado e propósito da vida, a verdadeira natureza do homem e como viver para alcançar a meta. Os ensinamentos são sempre claros, vívidos e muito práticos.

Quando o encontro estava prestes a terminar, se algumas pessoas tivessem problemas pessoais, Sai Baba as conduzia para uma outra sala, uma a uma, ou em grupos de família. Mas nenhum encontro prosseguia sem que Baba produzisse pelo menos um item a mais além da *vibhuti* (cinza), sempre criada com seu aceno teúrgico da mão. Tenho visto Baba retirar do ar brincos, colares, correntes, anéis e outros objetos e dar em seguida para alguém.

Aparentemente, ele conhecia minhas suspeitas e sabia que elas ainda não haviam sido dissipadas, porque, todas as vezes que ia retirar algo do ar, puxava suas mangas até os cotovelos. Numa das vezes, no entanto, Baba não precisou fazer isto pois, como estava um dia muito quente, viera com uma veste de mangas curtas. Então, como se fosse exorcizar, de uma vez por todas, o espírito cético dentro de mim, deixou sua mão direita aberta, palma para baixo, no braço da cadeira próximo a meus olhos. Se eu fosse um quiromante, poderia estudar as linhas da sua mão e de seus graciosos dedos alongados. Estava certo que nada, ainda que pequeno, podia ser escondido ali.

Então Sai Baba ergueu a mão e começou a movimentá-la em círculos perto de meu rosto. A mão estava vazia, mas, de repente, segurava alguma coisa grande que saía um pouco num dos lados da mão. Sacudiu a mão e então ali estava um longo colar de contas coloridas. Era o que os indianos chamam de *jappamala*, o qual, como o rosário cristão, é usado para orações. Seu tamanho corresponde a 108 pedras ou contas. Não havia nenhum lugar no espaço tridimensional onde um mágico pudesse guardar um colar semelhante e mostrá-lo em tais condições. Baba ao sair presenteou uma senhora com o colar. Quando ele o colocou no pescoço da senhora, ela ficou tão emocionada que seus olhos se encheram de lágrimas e em seguida se ajoelhou para tocar os pés de Baba.

Todos os dias a multidão aumentava. As acomodações estavam totalmente tomadas e as pessoas começavam a espalhar suas camas sob as árvores. No meio de tantos rostos escuros, indianos vestidos de branco, eu era o único homem ocidental, pois Bob havia voltado para a Califórnia. Dentre as senhoras, somente havia duas de pele clara — Nirmalananda e Gabriela.

Mesmo assim não me sentia como um estrangeiro. Sentia-me entre irmãos e me achava completamente feliz. Não poderia me sentir de outra maneira no meio de tanto amor fraternal brilhando nos rostos e inspirando cada palavra e ação. Cada estranho se tornava conhecido em poucos minutos e amigo íntimo em poucas horas, ansioso por ajudar e sedento por contar tudo sobre as maravilhosas coisas que Sai Baba tinha feito.

Logo descobri que os seguidores vinham de todas as partes da Índia e de todas as classes — nobres, homens de negócios, médicos, advogados, juízes, cientistas, soldados, funcionários, comerciantes. Lotando a casa dos convidados estavam, no apartamento de senhoras, a *Maharani*[30] de Sandur e sua filha e Nanda, a princesa de Kutch. Dentre os homens estavam o Kumaraja (príncipe) de Venkatagiri, o Kumaraja de Sandur, o Sr. G. Venkateshwara Rao, magnata da mica, e eu.

Essas pessoas eram ricas mesmo. Lembrando a sugestão do Sr. Kasturi, perguntei a elas, bem como aos outros seguidores ricos, sobre as doações em dinheiro a Sai Baba. De todos eles, e

---

[30]*Maharani* — grande (*maha*); rainha (*rani*). (*N. do T.*)

mais tarde de outros, obtive a mesma resposta. Eles adorariam, disseram, ajudar a manter o *ashram* de Baba, mas ele não aceitaria nenhum dinheiro deles. Nem recebe qualquer espécie de donativos.

Que campo fértil, este aqui, para aqueles líderes religiosos e suas organizações sempre de olho em fundos — não somente em núcleos ricos, prontos para doar, mas as multidões que se juntam por ocasião dos encontros com Baba, algumas vezes com mais de 200 mil pessoas! Que coleta podia ser feita por um bom pregador! Mas Baba se recusa a receber. Como, então, ele consegue o dinheiro de que precisa? A resposta é um sorriso no qual se lê: "Como Baba faz qualquer coisa?" Ele é um mistério insolúvel. Depois disso, concluí que qualquer que fosse o motivo de realizar tantos milagres, dinheiro certamente não era.

Cada um com quem falei tinha pelo menos um ou mais milagres para me contar sobre sua própria experiência. Meus cadernos começaram a se avolumar com as fantásticas histórias, algumas das quais não tinha esperanças de verificar. Mas havia outras que podiam ser checadas e verificadas de várias formas. Além dos fenômenos de materialização como os que eu já tinha visto, havia contos envolvendo quase todas as formas de milagres. Dentre elas, milagres de cura — a cura de vários tipos de enfermidades, enraizadas e crônicas, algumas consideradas incuráveis na opinião médica.

No *ashram* há um pequeno hospital com dois médicos e ajudantes ocasionais vindos de fora. Os dois funcionários de tempo integral são o médico superintendente, Dr. B. Sitaramiah, e sua assistente, Dra. N. Jayalakshmi. O superintendente me disse que quando Baba lhe pediu, há alguns anos, para tomar conta do hospital, ele estava aposentado, afastado, e não se sentiu inclinado a aceitar tal responsabilidade. Mas Baba disse que ele seria apenas o cabeça fictício, e que ele mesmo faria as curas. Então o Dr. Sitaramiah, também um devoto, perdeu seu receio em face de tal serviço. E assim aconteceu.

"Além dos tratamentos de rotina, sempre recebia as instruções de Baba", ele me disse. "E muitas curas ocorreram. Casos praticamente incuráveis foram solucionados. Do ponto de vista científico, as curas são inexplicáveis."

Para ajudar-me, relatou uma série de casos em detalhes, mostrando-me chapas de raios X, diagnósticos médicos e outros documentos relevantes. A seguir descrevo alguns casos para exemplificar algumas das doenças tratadas por Baba no *ashram*. Também me disse que Baba tem diferentes receitas para diferentes pacientes.

Uma devota de Bangalore sofria de tuberculose. Havia sangramentos e a chapa mostrou uma cavidade no pulmão direito. Segundo opiniões médicas, a doença era provavelmente curável, mas o tratamento levaria cerca de dois anos. Em vez de seguir o tratamento tradicional ela decidiu vir para Prasanti Nilayam.

Sai Baba lhe deu *vibhuti* retirada de sua mão como fazia sempre e ela teve que ficar hospitalizada. Uma semana mais tarde, quando fui ao hospital, ela ainda estava convalescendo. Todos os sintomas da doença haviam desaparecido, assim afirmaram os médicos. Essa senhora se curou em uma semana e não em dois anos.

Um jovem vivendo em Bombaim, mas tendo voltado da Suíça recentemente, estava sofrendo de problemas internos diagnosticados como câncer. Não era devoto de Baba, mas um amigo o incentivou a ir a Prasanti Nilayam. Em desespero, ele foi, e ficou; não no hospital, mas num local perto da cantina. Ali esperou e rezou para que Baba o ajudasse.

Uma noite, teve um sonho no qual alguém o visitava, carregando uma faca brilhante. Quando acordou, só se lembrava disto. Contou ao Dr. Sitaramiah e a outras pessoas. Talvez não tivesse sido realmente um sonho. Ao gerente da cantina que levou o café em seu quarto, o homem mostrou uma grande e misteriosa mancha de sangue em seu lençol. Teria Baba realizado uma operação enquanto ele dormia? Tais coisas estranhas já eram conhecidas. Todos os sinais e sintomas do câncer haviam desaparecido.

Passado um ano após sua experiência, decidi escrever ao tal homem para saber se estava realmente curado. A resposta me chegou da Suíça, para onde havia voltado. Sua saúde estava perfeita e, desde então, não passou um dia sem que pensasse em Baba e oferecesse uma oração do fundo do coração em reconhecimento pela cura milagrosa.

Um homem de 58 anos de idade, sofrendo de hiperpirexia, foi trazido ao hospital. Já havia sido tratado de febre e disenteria por cerca de dois meses em algum outro hospital, sem alívio. No *ashram*, os vários tratamentos hospitalares foram experimentados pelos médicos — quinina, penicilina, cloromicetina —, mas tudo em vão. A temperatura do paciente era muito elevada; delirava e sua condição geral piorava. Perdeu a consciência e parecia não haver mais esperanças para sua recuperação.

Sai Baba veio ao hospital para visitá-lo. Apanhando *vibhuti* do ar, de maneira usual, a espalhou sobre a testa do paciente, e ainda colocou um pouco de cinza na boca do homem, que já estava em coma. Em pouco tempo a temperatura começou a cair, o paciente recobrou a consciência e sua condição melhorou rapidamente. Logo voltou ao normal, sem nenhum sinal de disenteria. Quando já estava bastante forte, foi dispensado do hospital.

Um aleijado que não andava, não sentava, nem ficava de pé, foi trazido ao *ashram*. Esse homem, um rico plantador de café, tinha 50 anos, e nos últimos 20 anos vinha sofrendo de artrite reumatóide. Havia se submetido a vários tratamentos médicos sem resultado. E agora, além da artrite, apresentava um rim danificado, sem funcionar mais.

No hospital em Prasanti ele recusou qualquer tratamento médico ortodoxo, dizendo que tinha grande fé no poder de Sai Baba. Dessa vez Sai gesticulou a mão e produziu uma pequena garrafa com um líquido medicinal e prescreveu duas gotas do remédio na água diariamente. Quinze dias após o tratamento o doente começou a andar com a ajuda de uma bengala. Mais ainda, o rim começou a funcionar normalmente.

Antes de voltar à sua plantação, tentou expressar sua profunda gratidão a Sai Baba. Mas Sai disse: "Não me agradeça. Foi sua própria fé que o curou."

Perguntei ao Dr. Sitaramiah se a cura tinha sido permanente ou se talvez os problemas haviam retornado.

"Parece ser permanente. Ouvi, algum tempo atrás, que ele continuava muito bem", disse.

Nos meses seguintes, eu iria encontrar muitas pessoas que haviam experimentado curas dramáticas e milagrosas de doenças sérias ou até mesmo mortais; e outras que podiam testemunhar tais curas fantásticas em suas próprias famílias ou na de amigos. Essas pessoas me permitiram usar seus nomes e seus casos serão descritos nos próximos capítulos.

Mas, agora, em Prasanti Nilayam, o Dr. Sitaramiah me informou que a temperatura de Sai Baba estava ficando elevadíssima. O médico a checava todas as manhãs como sempre fizera neste período do ano, com a permissão de Baba. A alta temperatura era um sinal do milagre que se aproximava e acontecia atualmente nos festivais de Shiva, o médico explicou.

Esperei o acontecimento ansiosamente, após ter ouvido dos devotos descrições dos milagres já ocorridos em outros anos. E mesmo assim ainda me sentia um pouco cético, pois nada deste tipo de milagres havia chegado até meu conhecimento através das crônicas sobre fenômenos miraculosos.

IV

Mundo invisível

Nós te vemos, mundo invisível!
Nós te tocamos, mundo intangível!

Francis Thompson

Em 1966, o Festival de Maha Shivarathri, comumente conhecido como *Shivarathri*, se realizou no dia 18 de fevereiro. Quando voltava do café da manhã na cantina, naquele dia, tive que caminhar cuidadosamente entre grupos de visitantes acampados no chão. Todas as acomodações estavam repletas, e naquele momento as pessoas faziam de qualquer espaço no chão suas residências temporárias: o conforto é totalmente esquecido pelos indianos em tais ocasiões.

Juntei-me à multidão em pé na frente do Mandir, a grande construção central. Milhares de pessoas aguardavam Sai Baba aparecer na sacada e dar suas bênçãos matinais. Não demorou muito e a pequena figura, de vermelho, com sua volumosa cabeleira arredondada, apareceu. Levantou seu braço abençoando a todos e, rapidamente, voltou ao seu quarto. Tive a impressão de que ele não estava nada bem. Então o Dr. Sitaramiah, que acaba-ra de estar com ele, me informou que a temperatura de Baba era de 42 graus.

"Suponho que tem algo a ver com *Shiva Lingam*[31] se forman-do dentro de Sai. É um grande mistério", o médico declarou.

Baba, no entanto, passou o dia como se não houvesse nada com ele. Vi-O andando e distribuindo pacotes de cinza sagrada às multidões sentadas no chão à espera de poder vê-Lo pessoal-mente, ou de conseguir tocar uma pontinha de sua roupa. Então, de manhã, o primeiro dos dois milagres públicos ocorreu. Aconte-ceu num grande abrigo aberto onde milhares de pessoas podiam se sentar no chão tão juntinhas como se fossem sardinhas em lata. Felizmente me encontrava sentado perto do palco entre um grupo de fotógrafos. Aqui está o que aconteceu naquela manhã:

No palco há uma grande estátua de Sai Baba de Shirdi, em prata, na sua postura de sentar característica. O Sr. Kasturi apa-nha uma urna de madeira pequena cheia de *vibhuti*. Esta cinza é mantida acima da cabeça da estátua de prata e depois ela é entor-nada sobre a estátua até que a urna fique totalmente vazia.

Sai Baba enfia seu braço até o cotovelo no recipiente e faz um movimento com seu braço, como as mulheres faziam manteiga nos tempos passados. Imediatamente a cinza começa a brotar ou-tra vez do recipiente e continua assim até que Sai Baba retira seu braço. Depois coloca seu outro braço e o movimenta. A torrente de cinza começa a cair novamente sobre a estátua. Esse processo continua, Baba usando alternadamente seus braços, cinza brotan-

---

[31]*Shiva Lingam* — símbolo geométrico (*lingam*) de Shiva (o aspecto renovador da divindade). Trata-se de um elipsóide de pedra ou metal que Sathya Sai Baba materializa dentro Dele mesmo e o expele pela boca. (*N. do T.*)

do e entornando enquanto o braço está lá dentro e parando quando o retira. Finalmente, Sai Baba de Shirdi fica totalmente coberto por um grande monte de cinzas. A quantidade de cinza que sai da urna é muito maior do que ela pode conter. Assim o cerimonial do milagroso banho de cinza termina.

Há uma atmosfera de contentamento e alegria ao redor; o rosto do Sr. Kasturi está mais radiante do que nunca. Os movimentos e a maneira de Baba são o ápice de sua graça. Tudo é maravilhoso. Já tendo observado Baba conseguir cinza do nada, não podia estar muito surpreso em vê-lo produzindo grandes quantidades de cinza de um recipiente vazio.

Mas o grande momento do dia estava para vir, e muitas pessoas me falavam disso. Contaram-me que todo ano um ou mais *Shiva Lingam* se materializa no corpo de Baba durante esse período sagrado. Ele lança para fora de sua boca os *lingans* a fim de que todos vejam. Eles são sempre duros, feitos de cristal claro ou pedra colorida, e algumas vezes de metal como ouro ou prata.

— Você tem certeza de que ele não os coloca na boca antes de subir ao palco e depois os libera no momento certo? — perguntei.

Meus ouvintes me olharam com estranheza e pena. Um deles disse:

— Ele fala e canta por um longo tempo antes que o *lingam* saia, e, além disso, é sempre muito grande para ser mantido na boca enquanto se fala. Ano passado foi tão grande que Baba teve que usar seus dedos para puxá-lo para fora. Seus lábios se esticaram tanto que os lados de sua boca sangraram.

Um outro acrescentou:

— Um ano houve nove. Cada um tinha 4 cm de altura. Imagine manter na boca tal coisa enquanto pregava por mais de uma hora.

Bem, pense, mesmo que ele retire essas coisas de dentro de si, qual é o propósito? Certamente, é um fenômeno milagroso, mas tem algum significado? Que é *Shiva Lingam*?

Obtive um bom número de respostas diferentes das pessoas no *ashram*, mas me pareceu que a explicação mais satisfatória para *Shiva Lingam* tenha sido, até o momento, a dada por Dr. I. K. Taimni na Escola de Sabedoria da Sociedade Teosófica em Adyar. Eu podia somente recordar vagamente, porém, mais tarde, quando voltei a Adyar, confirmei vendo minhas anotações.

Shiva Lingam pertence à classe dos símbolos hindus "naturais", os quais são comumente matemáticos na forma. Tais símbolos são chamados de "naturais" porque não somente representam uma realidade mas, de certa forma, são os veículos reais do poder dentro daquela realidade. O *lingam* é um elipsóide. Simboliza *Shiva Shakti*, isto é, o princípio da polaridade primária das forças positivas e negativas. Princípio dos opostos onde todo o Universo é criado.

Por que um elipsóide[32] é usado para simbolizar o princípio da polaridade? Dr. Taimni explica-nos da seguinte maneira. A realidade última, o Absoluto ou Brahman ou Deus, ou qualquer nome que usarmos, não tem polaridade nem pares de opostos: todos os princípios são equilibrados e harmonizados nele. Portanto, a realidade última é representada pela figura matemática mais perfeita, a esfera.

Se o centro ou o ponto focal da esfera se divide em dois, temos o elipsóide. Desta maneira, esta figura dá uma representação simbólica do par primário de opostos, gerado do harmonioso *uno* original. E a partir desta primeira dualidade vem toda manifestação, toda criação, toda a multiplicidade de coisas no Universo. O *lingam* é, portanto, a *forma* básica jacente na raiz de toda criação, assim como "OM" é o *som* básico.

---

[32]Sua forma geométrica é um elipsóide de revolução. (*N. do T.*)

Colocando em termos hindus: *Shiva-Shakti* emerge de Brahman, o pai e a mãe de tudo aquilo que é. Devemos notar nesta associação que Shiva não é somente um aspecto da Tríade Divina[33] — o aspecto da destruição-regeneração —, é também o Deus "altíssimo", o pai de todos os deuses, o Logos cósmico.

Como todos os deuses do pensamento hindu, Shiva tem sua consorte, *Shakti*, ou aspecto feminino. Enquanto o aspecto positivo ou masculino representa a consciência, o feminino ou negativo simboliza o poder. Ambos são necessários à criação ou manifestação nos planos da matéria.

É significante também que a forma elipsóide ou *lingam* que simboliza o princípio, *Shiva-Shakti*, desempenha um papel fundamental na estrutura e funcionamento do Universo. Situa-se, por exemplo, na base de toda matéria dentro do átomo onde os elétrons, aparentemente, se movimentam em órbitas elípticas ao redor do núcleo central. Também, no nível solar, encontramos os planetas descrevendo não órbitas circulares mas elípticas em torno do Sol.

Algumas pessoas encaram o *lingam* como um mero símbolo sexual.[34] Mas sexo é somente uma das muitas manifestações do princípio de *Shiva-Shakti* inerente ao *lingam*. O princípio é demonstrado em todos os pares de opostos, e nada pode existir neste Universo fenomênico sem seu oposto ou contraste. De fato, o conceito de opostos é básico ao nosso raciocínio neste

---

[33]A trindade hindu é a representação do Deus Único em seus três aspectos ou princípios fundamentais: Brahma (o Criador), Vishnu (o mantenedor) e Shiva (o destruidor). (*N. do R. T.*)

[34]A palavra *lingam* significa também genitália, mas quando se fala do *lingam* relacionado a Shiva, não tem absolutamente este significado. (*N. do R. T.*)

nível de consciência; não podemos conhecer luz sem escuridão e assim por diante.

Assim, dizer que o culto desse símbolo pelo homem se origina inteiramente da adoração fálica primitiva é um erro. O *lingam* tem conotação muito mais profunda e significante. A palavra em si, no sânscrito, simplesmente significa um símbolo ou emblema, sugerindo ser um símbolo básico e primário. De fato, representando em forma concreta o poder e o princípio fundamentais da criação, o *lingam* é considerado o mais elevado objeto de adoração no plano físico, e como tem uma relação matemática verdadeira com a realidade que simboliza, pode permitir aos adoradores sintonizar com aquela realidade. Como exatamente isto acontece, Dr. Taimni o demonstra, é um mistério que só pode ser resolvido e entendido pela íntima realização (espiritual) de cada um.

Não obstante, diz-se que esse elipsóide sagrado, de pedra ou metal, tem a propriedade oculta de criar um canal entre o homem e o Poder Divino no plano profundo que ele representa. Através de tal canal, muitas bênçãos, benefícios e condições favoráveis fluirão aos adoradores. Mas o elo místico deve ser estabelecido por alguém com a compreensão necessária dos princípios, e o conhecimento das formas do ritual exigido.

Será que 30 mil pessoas viajariam por árduas milhas para ver Sai Baba criar uma pedra comum e retirá-la do interior de seu corpo por mais miraculoso que possa ser? Eu duvido. Mas a pedra a ser criada naquela noite, o *lingam*, não seria comum. Se situa no âmago da cultura espiritual da antiga Índia.

As sombras estavam se alongando, mas a tarde ainda se apresentava muito quente quando saí da casa de hóspedes me dirigindo para a pequena rotunda chamada *Shanti Vedika*, onde tudo iria acontecer. A construção fica a alguma distância em frente do

Mandir e muito se assemelha aos coretos de algumas cidades ocidentais. É circular, com piso alto, uma grade baixa e pequenos pilotis mantendo o teto.

Não somente os abrigos cobertos se achavam superlotados, mas o caminho que se estendia do coreto ao perímetro do *ashram* era uma sólida massa de pessoas sentadas. Um guia me levou por entre a floresta de cabeças ao longo do caminho feito de esteiras de fibra de coco entre as mulheres à minha direita e os homens à esquerda. Fiquei pensando se conseguiria encontrar um lugarzinho para me sentar.

Perto do *Shanti-Vedika*, um espaço fora reservado para os oficiais, discípulos mais íntimos, fotógrafos e umas poucas pessoas com gravadores. Sendo um estrangeiro de pele clara, fui gentilmente colocado lá. Mas, mesmo esse local privilegiado ficou tão lotado que seria impossível mudar a posição de minhas pernas já com câimbras. Se tivesse que permanecer ali por mais de três horas, como previa, minhas pernas certamente ficariam naquela posição para sempre e teria que ser carregado.

Às seis horas, Sai Baba, acompanhado por um pequeno grupo de discípulos, chegou ao *Shanti-Vedika*, e logo a seguir os discursos começaram. Vários homens falaram, mas me lembro especialmente de um — Surya Prakasa Sastri —, um erudito do Sul da Índia. Não que o tenha entendido, pois ele usou integralmente a língua antiga dos *Vedas*, mas havia algo de atraente em seu rosto enrugado, bom e inteligente e em seu manto azul-celeste.

Foi por volta de 8h30 que refletores elétricos poderosos iluminaram o grupo da plataforma, quando Sai Baba se levantou. Primeiro cantou uma canção sagrada em sua doce voz celestial que nos toca o coração. Em seguida começou a discursar como sempre em tais ocasiões públicas no dialeto télugo. Os 30 mil ou mais ouvintes pareciam um só, tal o silêncio e a expectativa, até que Baba lhes contou algum caso engraçado ou fez uma piada. Então um murmúrio de risadas sacudiu aquele campo monolítico de rostos. Na plataforma, o Sr. Kasturi estava ocupado fazendo anotações do que seria publicado mais tarde, em télugo e inglês.

Sai Baba falou com muita eloqüência por meia hora, quando, de repente, sua voz parou. Ele tentou novamente mas só conseguiu um pequeno ruído. Os dirigentes do *bhajan*, entre os devotos, sabendo o que estava acontecendo, imediatamente começaram a entoar um conhecido canto sagrado e a grande multidão os acompanhou.

Baba se sentou e bebeu um pouco de água. Várias vezes tentou cantar, mas foi impossível. Em seguida começou a mostrar sinais de dor real. Se contorcia e virava, colocava a mão no peito, enterrou a cabeça nas mãos. Sorveu um pouco mais de água e tentou sorrir, tranqüilizando a multidão.

O canto continuou fervorosamente, como para apoiar e ajudar Baba a superar o período de dor. Alguns homens ao meu redor soluçavam sem acanhamento, e eu mesmo me emocionei vendo Baba sofrer diante de nós. Não conseguia captar o sentido real do que causava a agonia, e talvez outras pessoas também não pudessem. Mas entender uma coisa com a mente e sentir seu significado nos ossos e no sangue é outra. Dentro de mim podia sentir que estava mesmo vivenciando alguma coisa profundamente significante para a humanidade.

Mas a minha outra parte cautelosa e racional não estava mesmo convencida de que um milagre genuíno fosse acontecer, somente admitia que ocorresse algo espiritualmente importante. Por isso, em vez de toldar meus olhos com lágrimas de simpatia, os mantive fixos na boca de Baba; minha atenção toda estava grudada nele para que não perdesse a saída do *lingam* — se de fato viesse algum dali.

Após cerca de 20 minutos ou mais olhando para seu rosto, enquanto ele se torcia e sorvia e tentava cantar, fui recompensado. Vi um jato de luz verde sair de sua boca e com ele um objeto o qual Baba apanhou com suas mãos, que estavam abaixo formando uma concha. Imediatamente segurou o objeto no alto entre o polegar e o indicador para que pudesse ser visto. Um sussurro de profunda alegria correu na multidão. Era um belo *lingam* verde, e certamente muito maior do que um homem comum pudesse fazer passar pela garganta.

Sai Baba o colocou sobre uma lanterna elétrica para que a luz brilhasse através do *lingam* cor de esmeralda. Deixando-o ali, Baba se retirou.

Sunderlal Gandhi, um jovem guia voluntário para o festival, de quem me tornara amigo, retirou-me da multidão. Minhas pernas pareciam um feixe de espaguete, mas ainda assim me conduziram até onde estava hospedado. Toda vez que acordava à noite, podia ouvir a multidão ainda cantando ao redor do *lingam* iluminado, e somente quando desci de manhã as pessoas estavam se dispersando. Entre elas encontrei Gabriela Steyer, que me informou que a maioria das pessoas tinha permanecido durante toda a noite adorando esse símbolo da suprema divindade produzido milagrosamente por seu líder.

Shiva é o Deus dos yoguis, aquele que ajuda o homem a dominar sua natureza inferior e elevá-lo até sua natureza divina. Para tal mudança, primeiro tem-se de subjugar a mente. Diz-se que a mente se acha, de alguma forma, relacionada com a Lua, e acredita-se haver um período astrologicamente favorável para que o homem tenha sucesso em transcender sua mente. É justamente nesse período, em fevereiro, que o grande *Shivarathri* acontece. Mas em Prasanti Nilayam o festival lunar é duplamente favorável; não somente as condições astrais estão corretas, mas o símbolo físico, milagrosamente produzido, está lá diante de todos os olhos, um foco de luz intensa para o supremo esforço da meditação.

É interessante e apropriado notar aqui que, na *Uttara Gita*,[35] o Senhor Krishna diz que o *lingam* se origina da palavra *lina*, que significa unir. Isto porque o *lingam* torna possível a união do eu inferior com o eu superior e com Deus — com *Jivatma* e *Paramatma*.

Mais tarde o rajá de Venkatagiri, um piedoso devoto de Baba com um bom conhecimento de hinduísmo ortodoxo, me contou que era essencial a realização de regulares e corretos *pujas* (adoração ritualística), propiciados a tão sagrado símbolo. E como poucas pessoas podiam fazê-lo, a maioria dos *lingans* de Sai Baba eram desmaterializados, isto é, eles voltavam ao reino do manifesto de onde tinham vindo. Muitos outros devotos confirmaram tal opinião.

Vários de meus novos amigos viram o *lingam* na manhã seguinte à sua criação. Houve muita conversa sobre isto e comparações foram feitas com outros espécimes produzidos em anos anteriores. Perguntei o que acontecera a eles e me informaram que alguns eram dados a devotos especiais, mas os outros — bem, ninguém sabia.

Passado mais de um ano, uma seguidora muito sincera me mostrou um belo *Shiva Lingam* vindo do corpo de Baba com o

---

[35]Pequeno livro contendo um diálogo entre Krishna e Arjuna, e escrito após a guerra de Kurukshetra. A *Bhagavad Gita* é um diálogo entre Krishna e Arjuna antes dessa guerra. (*N. do R. T.*)

qual ele a tinha presenteado. Ela o carregava sempre, cuidadosamente embrulhado num pano, e não permitia que ninguém o tocasse.

— Você não tem que realizar *pujas* regulares? — perguntei-lhe.

— Sim — ela replicou. — Baba me ensinou o que fazer e eu faço. Não sei por que ele me deu o *lingam*. Eu não mereço.

Eu, no entanto, podia sentir que ela merecia. E Baba, que vê no fundo das pessoas, sabe quem merece.

Pude ver, bem de perto, o *lingam* de 1966 dois dias após ter sido produzido. Tinha ido com um grupo pequeno de pessoas para dentro do Mandir, onde se realizaria uma das muito cobiçadas entrevistas reservadas com Baba. Estávamos numa sala no andar térreo. Poucos minutos após, Sai Baba entrou e colocou o *lingam* no parapeito da janela para podermos examinar. Era verde-esmeralda, como tinha aparecido na luz artificial na noite de seu surgimento. O Sr. Kasturi, que presenciara o fenômeno na plataforma do *Shanti-Vedika*, descreveu tudo da seguinte maneira:

"Um *lingam* cor de esmeralda, com 8 cm de altura, fixo num pedestal com 10 cm de largura, que havia se formado dentro do corpo de Baba, emergiu de sua boca para a alegria, sem palavras, e o alívio do enorme aglomerado..." Quando vi o *lingam* no parapeito da janela, não imaginei que seu grande pedestal também tinha saído da boca de Baba.

Depois de termos todos dado uma boa olhada no *lingam*, mas sem tocá-lo, Baba se sentou numa cadeira e nós nos sentamos no chão, encostados às paredes. Eu estava à sua direita, o mais perto possível.

Por um momento ele conversou de forma ligeira e simples. Perguntou a cada indivíduo o que queria dele e riu de algumas respostas. Ele parecia uma mãe com seus filhos, alegre por lhes dar aquilo que queriam, ansioso por lhes trazer alegria, mas esperando que passassem a querer coisas mais importantes da vida como os tesouros do espírito.

De repente virou para mim num jeito brincalhão:

— Se eu der a você alguma coisa, provavelmente a perderá.

— Não, Baba, não perderei — protestei.

Dobrando suas mangas, ele agitou o ar com a mão ao nível de minhas mãos; podia ver em cima e embaixo, mas ainda não via nada até que virou a mão para cima e um grande anel rutilante surgiu em sua palma. Parecia ouro ou prata; mais tarde ele me disse que o metal semelhante à prata era *panchaloja*, material sagrado do qual os ídolos de diversos templos são feitos.

Fascinado, estendi minha mão para pegá-lo, mas ele riu e o passou na direção oposta. Passou na mão de cada um. Muitos, ao segurarem o anel, fizeram uma reverência antes de passá-lo adiante. Quando voltou até Baba, ele o colocou no meu terceiro dedo. Ficou perfeito.

Senti-me lisonjeado, e ainda mais quando eu vi que a figura impressa no anel era Sai Baba de Shirdi. Jamais havia contado a Sai ou a qualquer de seus seguidores a respeito de minha profunda afeição por tal santo. Então ele podia mesmo ler minha mente?

Logo depois começou a nos separar e conduzir a salas diferentes para que pudéssemos fazer perguntas pessoais. Quando minha vez chegou, ele me falou sobre minha vida e saúde. Parecia ser não somente um pai ou uma mãe, mas a pura essência do parentesco em si, o arquétipo de todos os pais e mães. Era como se uma tépida corrente de amor brotasse dele e penetrasse até as profundezas de meu ser, derretendo meus ossos. Isto que eu senti deve ser o amor elevado e puro chamado em sânscrito de *pre-*

ma, o amor, isento de qualquer resquício de egoísmo, o amor que é simplesmente expressão espontânea do Altíssimo, do divino, no homem.

Minha maravilhosa experiência interior coincidiu com o que diversos devotos já tinham me relatado sobre seus próprios contatos pessoais com o *prema* universal mas individualizado em Baba. Assim, de uma maneira ou de outra, no final de minha primeira visita ao "Lugar de Grande Paz" (Prashanti Nilayan), comecei a compreender que o homem dos milagres não era um mistificador, tampouco um "mágico de rua" com um repertório limitado de truques psíquicos para extrair umas poucas rupias do povo que passa.

Sai Baba não pertencia a nenhuma dessas categorias. Que era ele então? Isto continuou a ser um mistério impenetrável — mas de qualquer forma um desafio.

V

Nascimento e infância

Mas arrastando nuvens da glória,
nós viemos de Deus, que é nosso lar.

Wordsworth

DURANTE VISITAS A PRASANTI NILAYAM PUDE INSPECIONAR A vila de nascimento de Sathya Sai Baba e conversei com membros de sua família que ainda viviam lá. A vila, Puttaparti, se situa a cerca de 500 m do *ashram*. É um lugar pequeno e ensolarado, com casas brancas e ruas estreitas e arenosas.

A casa onde Baba viu a luz do dia pela primeira vez estava reduzida a poucos pedaços de parede com tijolos quebrados, mas suas duas irmãs mais velhas e um irmão mais jovem ainda moravam na vila, em casas próprias. Seu irmão mais velho residia em outra cidade. Sua mãe morava no *ashram* e seu pai já havia morrido. No entanto, embora eu tenha encontrado e falado com membros da família e alguns velhos amigos, foi pelo historiador Kasturi que tomei conhecimento dos fatos principais do nascimento e infância de Sai Baba.

A figura mais marcante na história de sua família foi seu avô paterno, Kondama Raju. Esse homem parece ter sido um pequeno senhorio, dono de fazendas um pouco distantes de Puttaparti. Não era rico, mas suficientemente bem de vida para dedicar um templo à deusa Sathyabhama, a consorte do Senhor Krishna. É lembrado sobretudo pela vida devota e religiosa que levava. Também como destacado músico e ator, desempenhou papel importante nas óperas e dramas religiosos produzidos em Puttaparti e outros centros próximos. Muitas das dramáticas peças eram extraídas dos grandes épicos espirituais indianos como Ramayana. Uma versão dessas longas obras era dada como uma série de canções, e Kondama Raju sabia todas de cor.

Em idade avançada, seus muitos netos costumavam se juntar ao seu redor na sua cabana onde vivia sozinho, e então ele contava os maravilhosos contos Ramayana sobre deuses e homens divinos. Um jovem cuja presença era constante no meio dessa audiência fascinada era o menino Sathyanarayana, conhecido hoje como Sathya Sai Baba. Essa educação dos netos no conhecimento espiritual e mitológico dos grandes épicos e *puranas*[36] prosseguiu por muitos anos; o velho homem viveu cerca de 110 anos, morrendo em 1950, em Puttaparti, com a canção do poderoso Rama nos lábios.

Vinte e quatro anos antes, em 1926, na casa de Pedda Raju, o filho mais velho de Kondama, um acontecimento foi prenunciado com estranhos sinais. A prole de Pedda, a esta altura, consistia de um filho e duas filhas, e após um longo período de esperanças,

---

[36]*Puranas* — um conjunto de textos sagrados hindus contendo as histórias legendárias da criação, destruição e preservação do Universo, tratando também da genealogia dos deuses e patriarcas. (N. do T.)

orações e *pujas*[37] aos deuses domésticos, sua esposa Easwaramma estava novamente grávida. Suas orações pediam um outro filho, e à medida que o tempo passava as esperanças cresciam. Mas ela vivia intrigada com certos fenômenos que estavam acontecendo dentro de casa.

Por exemplo, um grande *tambura* (instrumento de cordas) encostado na parede da sala de estar algumas vezes no meio da noite fazia um som estridente sem que ninguém estivesse perto dele. O *maddala* (tambor), no chão, soava na escuridão como se mãos habilidosas estivessem a tocá-lo. Qual seria o significado de tais fenômenos?

Um sacerdote especialista em conhecimento do invisível contou-lhes que esses acontecimentos indicavam a presença de um poder benéfico e pressagiava um auspicioso nascimento.

O ano de 1926 era conhecido como *Akshaya*, significando "O ano da não-decadência e da sempre plenitude", e 23 de novembro é, de acordo com o calendário antigo, um dia a ser devotado à adoração do deus Shiva, o deus das grandes bênçãos. Naquele ano, além do mais, até mesmo uma certa justaposição de estrelas tornou o dia mais apropriado para a adoração de Shiva. Assim, os habitantes da vila estavam fora decantando os nomes de Shiva quando o sol nascente delineou as colinas montanhosas de cor púrpura além das areias amarelas do rio Chitravati. E justamente no momento em que o sol despontou no horizonte, sob o teto da cabana de Pedda Raju a criança Sathyanarayana nasceu. Recebeu este nome porque os *pujas* e orações feitas pela mãe haviam sido dirigidos àquela forma e àquele

---

[37]*Puja* – ritual de adoração; culto que se realiza nos templos, nos *ashrams* e nos lares. (*N. do T.*)

nome particular de Deus. Realmente Narayana é uma outra designação para Vishnu, o segundo na Trindade Hindu, enquanto *Sathya* é nome sânscrito e significa verdade ou realidade; assim, "Sathyanarayana" pode significar "verdadeiro Deus onipenetrante". Não há nada de estranho ou profano no costume indiano de dar nomes às crianças desta maneira. Muitos deles, homens e mulheres, possuem um ou mais dos milhares de nomes atribuídos a Deus.

Logo após o nascimento do bebê, ele foi colocado em alguns panos, no chão. As mulheres observavam que os panos se movimentavam subindo e descendo de um modo peculiar como se houvesse algo embaixo. E havia. Uma naja. Mas a cobra não feriu a criança.

O aparecimento de tal cobra em qualquer recinto é encarado como muito significativo por muitos devotos, pois a naja é um dos símbolos de Shiva. Também Sai Baba de Shirdi, conta-se, em várias ocasiões apareceu em forma de naja para seus seguidores.

Desde o começo o bebê era o mimo da vila, amado por sua beleza, sorriso pronto e doce natureza. Quando Sathya começou a correr pelas ruas empoeiradas e a aventurar-se através dos arrozais e pelas nuas colinas da vizinhança, já se faziam notar algumas características que o distinguiam de seus jovens companheiros. Diferente de seus colegas, ele tinha um carinho muito grande para com todas as criaturas, humanas ou não. Não suportava causar ou ver sofrimento. Isto fez com que se tornasse um vegetariano desde muito cedo, no meio dos carnívoros que o cercavam.

O Sr. Kasturi me contou: "Ele se mantinha afastado de lugares onde porcos, ovelhas, gado e outros animais eram mortos ou torturados, ou onde os peixes eram apanhados. Evitava as cozinhas e vasilhas usadas para cozinhar carne ou galinha. Quando uma ave era escolhida para servir de jantar, Sathyanarayana, o garotinho, corria para ela e a acarinhava contra o peito, e o fazia como se o amor derramado sobre a vítima levasse os mais velhos a pouparem-na. Era chamado por seus vizinhos de *Brahmajnani* devido a essa aversão pela dor imposta aos seres e pela dimensão de seu amor às criaturas.

Além disso, ainda que, de pés rápidos, gostasse de esportes ao ar livre e de conduzir explorações pelos arredores, ele nada tinha a ver com esportes que envolvessem maus-tratos a animais, tais como brigas de galo, exibição de ursos ou as cruéis corridas de carros de bois, que eram feitas nas fofas areias dos leitos secos dos rios.

Muitos pedintes vinham até a casa de Sathya e se ele lá estivesse ninguém saía sem algo para comer. Mais do que isto, quando encontrava aleijados e cegos na rua ele os levava para sua casa e insistia com sua mãe ou irmãs mais velhas para lhes dar comida. Algumas vezes, a família se irritou com esses constantes e dispendiosos pedidos. Uma vez sua mãe disse: "Veja bem! Se dermos a eles comida, você é quem ficará com fome." Esta ameaça de forma alguma assustou Baba. Ele decidiu que ficaria sem almoço naquele dia, e assim o fez. Nada podia persuadi-lo a chegar até seu prato.

A mesma coisa passou a se repetir com freqüência, e foi através de tais acontecimentos que a família teve a primeira visão das coisas estranhas que ainda aconteceriam com aquela criança. Numa ocasião, em que havia ultrapassado a doação de comida aos pobres, ele decidiu ficar sem comer por vários dias. Embora persistisse nisto, não mostrava nenhum sinal de fome, e continuava suas atividades sem sinais de fraqueza. Quando sua mãe, preocupada, implorou para que comesse, ele lhe disse que já estava com seu estômago cheio de bolinhos de arroz feitos com leite. De onde os obtivera, sua mãe quis saber. Um velho chamado Tata lhos teria dado; mas como ninguém jamais vira ou escutara falar de tal pessoa, a mãe não acreditou na conversa do pequeno Sathya. Ele, então, ergueu sua mão direita para que ela a cheirasse, pois que, como muitos indianos, a família Raju comia com as mãos, desprezando talheres. Realmente da palma da mão do menino exalava uma delicada fragrância de *ghee*,[38] leite e coalhada — de uma qualidade que ela desconhecia. Assim a criança, cuja simpatia pelos famintos o deixava sem seu próprio prato de comida, era presenteada por algum misterioso visitante invisível. Que significaria isso?

Sathya começou seus estudos no próprio colégio da vila, onde se mostrou brilhante e rápido no aprender. Suas aptidões especiais eram, como seu avô, para o drama, a música, a poesia e a representação. Até mesmo escreveu algumas canções para a ópera da vila, quando tinha apenas oito anos.

Por volta dessa idade, prosseguiu nos estudos na Escola Elementar de Bukkapatnam, a cerca de 4 km de onde morava. Um de seus professores se lembrou dele como um "menino sem vaidades, honesto e bem comportado". Um outro escreveu num livro, publicado em 1944, que Sathya costumava chegar cedo à escola, juntar as crianças ao seu redor e fazer um ritual devoto (*puja*) usando uma imagem santa ou uma pintura e algumas flores coloridas apanhadas para esse fim. Mesmo que os meninos não ficassem atraídos pela cerimônia religiosa em si, Sathya não

---

[38]*Ghee* — manteiga clarificada, queimada nos rituais e usada também para cozinhar. (*N. do T.*)

tinha dificuldade em juntá-los por causa das coisas que algumas vezes ele "produzia" para prazer e ajuda dos companheiros. De uma saca vazia ele apanhava doces e frutas, ou se um colega tivesse perdido um lápis ou borracha, Sathya as "retirava" da saca. Se algum deles estivesse doente, ele trazia "ervas das montanhas do Himalaia", e as dava como tratamento.

Quando as crianças perguntavam como ele realizava coisas tão incríveis ele dizia que certo "Grama Shakti" obedecia a seu desejo e lhe dava tudo o que pedisse. As crianças tinham pouca dificuldade em acreditar em seres invisíveis ou em aceitar que Sathya tinha um ajudante invisível. Sathya também era o líder deles na maioria das atividades como representações, jogos e excursões, e por isso começaram a chamá-lo de *guru*.

Quando Sathya foi para o ginásio em Uravakonda, descobriu que sua fama já tinha se espalhado antes da chegada dele. O Sr. Kasturi escreveu em seu livro *A vida de Bhagavan Sri Sathya Sai Baba*: "Os meninos disseram que ele escrevia muito bem em télugo, era um bom músico, genial em dança, mais sábio do que seus professores, podia perscrutar o passado e ver o futuro. Histórias verídicas destas realizações e poderes divinos estavam nos lábios de todos...

"Todo professor ficava ansioso para ser designado a trabalhar onde Sathya estivesse, alguns por curiosidade, alguns por veneração e alguns por impulso mesquinho de provar que tudo o que diziam era absurdo. Não demorou muito e Sathya se tornou o bichinho de estimação de toda a escola. Era o líder do grupo de oração. Subia na plataforma todo dia quando a escola inteira se reunia para orar antes de começar o trabalho, e era sua voz que santificava o ar e inspirava os professores e os ensinava a se dedicarem às suas tarefas."

O irmão mais velho de Sathya, Seshama, era professor naquele colégio, e fez o melhor que pôde para convencer sua família de que Baba deveria ser educado para uma boa posição, como um cargo no governo. Mas as coisas estavam mudando rapidamente e um acontecimento iria alterar tal ambição puramente mundana. Era uma daquelas profundas experiências que, de uma maneira ou de outra, pareciam freqüentemente, se não sempre, preceder as missões de grandes mestres e inspiradores da humanidade.

Às 19 horas, na noite de 8 de março de 1940, Sathya, enquanto caminhava descalço no chão, deu um pulo no ar e gritou, segurando um dos dedos de seu pé direito. Naquela área havia muitos escorpiões negros e grandes, e os companheiros de Baba imediatamente pensaram ter sido ele mordido por um deles. Era crepúsculo e eles não podiam encontrar o criminoso. Todos ficaram atentos porque, segundo a crença local, ninguém conseguiria sobreviver à mordida do escorpião ou da cobra em Uravakonda. Esta superstição parece relacionada ao fato de que Uravakonda é dominada por uma colina coroada por uma grande pedra na forma de uma serpente. De fato, o nome do lugar é conhecido como "A Colina da Serpente".

No entanto, Sathya dormiu aquela noite sem nenhum sinal de dor ou doença, e no dia seguinte parecia normal. Todos ficaram aliviados. Então, às 19 horas, 24 horas após a suposta mordida de escorpião, o menino de 13 anos caiu inconsciente; seu corpo ficou rígido e faltava respiração. Seu irmão, Seshama, trouxe um médico, que lhe deu uma injeção e deixou uma mistura para ser tomada assim que o menino voltasse a si. Mas Sathya permaneceu inconsciente durante toda a noite.

No dia seguinte a consciência retornou, mas o menino não parecia normal. Às vezes, parecia ser outra pessoa. Raramente respondia quando lhe falavam; tinha pouco interesse por comida; de repente irrompia a cantar e declamar; outras vezes, falava longos trechos em sânscrito, muito além de qualquer coisa aprendida em sua educação e escolaridade. Repetidas vezes ele ficava imóvel, como se tivesse deixado seu corpo e ido para algum lugar. Às vezes tinha a força de dez e de repente ficava tão frágil como "a haste de um lótus". Havia riso e choro alternados, mas, ocasionalmente, se tornava muito sério e começava a falar sobre a mais elevada filosofia Vedanta. Em algumas ocasiões, falava de Deus; em outras, descrevia remotos lugares de peregrinação, os quais, certamente, durante sua vida como Sathyanarayana Raju, jamais visitara.

Os pais vieram de Puttaparti. Vários médicos foram consultados e prescreveram diversos tratamentos, mas não houve mudança no paciente. Muitas pessoas acreditavam que um espírito ruim havia se apossado do garoto, como resultado de um trabalho de magia negra. Assim, alguns exorcistas tentaram invocar o espírito a fim de transferi-lo para um cordeiro ou uma ave. Tudo em vão.

Finalmente os pais levaram Sathya a um lugar perto de Kadiri, onde havia um exorcista de grande reputação. Esse especialista em coisas do diabo era um adorador de Shakti,[39] diante do qual se dizia: "Nenhum espírito ruim se atreve a mexer a calda envenenada." Somente sua aparência já era suficiente para afugentar qualquer diabo. Era de estatura gigantesca, com olhos

---

[39]Shakti — nome da Mãe Divina, considerada como a divina energia primordial, a potência consciente de Deus; a contraparte feminina da Divindade, com a qual o Universo é criado, mantido e destruído. É a Energia Mater. (*N. do T.*)

vermelho-sangue, aspecto selvagem e modos animalescos. Parecia basear seu trabalho no princípio de que se ele fizesse o corpo de seu paciente sofrer bastante, o demônio ali instalado ficaria cansado do desconforto e o abandonaria.

Em primeiro lugar, o feroz exorcista fez seu ritual de sacrificar um cordeiro e uma ave, colocando o menino dentro de um círculo de sangue, enquanto proferia seus encantamentos. Raspou a cabeça de Sathya com um instrumento afiado e fez ali três cruzes tão profundas que o sangue jorrou. Nesses ferimentos abertos ele derramou suco de lima, alho e frutas ácidas.

Os pais que estavam testemunhando o tratamento ficaram horrorizados com sua severidade; ficaram também atônitos ao ver que Sathya não fazia o menor murmúrio nem dava sinal de sofrimento. Aparentemente, se havia um espírito, ele também era imune, pois não revelou a mínima intenção de abandonar o corpo.

O incansável exorcista determinou que todos os dias pela manhã 108 potes de água fria deveriam ser derramados sobre as marcas na cabeça. Assim se fez por vários dias, enquanto outros tratamentos, também duros, prosseguiram, tais como bater nas juntas do menino com um bastão pesado.

Finalmente o adorador de Shakti decidiu usar sua arma mais potente, reservada para os demônios mais recalcitrantes. É o *kalikam*, descrito como uma mistura de todas as dolorosas abracadabras ácidas de seu repertório de torturas. Aplicou o *kalikam* nos olhos de Sathya. O corpo do menino balançou sob o impacto da dor, seu rosto e cabeça tornaram-se vermelhos e incharam tanto a ponto de ele ficar irreconhecível, com os olhos bem apertadinhos, que mal permitiam a saída das lágrimas.

Os pais e a irmã mais velha, também presente, se confrangeram em angústia ao presenciarem aquilo. Sathya não falou, mas fez sinal para que eles o esperassem lá fora. Quando ele veio ter com seus pais, pediu-lhes para apanhar um remédio que ele conhecia. O remédio foi trazido e aplicado nos olhos do menino: a inchação cedeu e os olhos se abriram normalmente.

Quando o curandeiro descobriu o que acontecera, ficou furioso com a "interferência em seu tratamento", conforme ele o chamava. Segundo ele, estivera a um passo de conseguir expulsar o demônio do corpo de Sathya. Os pais haviam, no entanto, testemunhado o suficiente. Pagaram os honorários do curandeiro e o acalmaram dizendo que iriam melhorar a resistência do menino e trazerem de volta à terapia do grande especialista em exorcismo. Levaram Sathya, ainda evidentemente possuído pelo "demônio", que era capaz de citar longos versos em sânscrito, discursar sabiamente sobre a filosofia Vedanta e esotericamente sobre ética, entoar cânticos sacros e realizar o *arati* (ritual e cântico sacros) porque os "deuses estão cruzando o céu".

Os pais continuaram a submetê-lo a tratamentos de médicos e de diversos curandeiros, mas nenhum fazia a menor diferença. Dois meses se passaram na tentativa de trazer o menino para "seu estado normal". Ele não voltou mais à escola e continuou em casa, em Puttaparti.

Na manhã de 23 de maio, Sathya reuniu todos de sua família, exceto seu pai, que estava muito ocupado no trabalho. Com um movimento de mão retirou do ar açúcar-cande e flores, distribuindo-os entre os presentes. Logo os vizinhos começaram a se juntar em volta dele. Sathya, com um humor jovial, "produziu" mais açúcar-cande e flores, e também um bolinho de arroz cozido em leite. A notícia de que seu filho estava exibindo aparentes *siddhis* (poderes paranormais) diante de uma multidão de pessoas chegou até Pedda.

Pedda imediatamente tornou-se muito irritado e ressentido. Não teria sido suficiente o que o menino já causara nos últimos dois meses? Provavelmente estaria nesse momento dando um espetáculo público de auto-exibição com truques estúpidos; escondendo coisas e fazendo-as reaparecer com um movimento de mão, sem dúvida; onde o menino tinha aprendido tais truques Pedda não tinha a menor idéia. Como Sathya por muito tempo tinha sido capaz de realizar coisas inexplicáveis, talvez não se tratasse absolutamente de prestidigitação, mas algo ainda pior — magia negra, bruxaria!

Assim, com pensamentos amargos, Pedda apanhou uma vara grossa e se dirigiu para casa. Enquanto empurrava para conseguir passar por entre a multidão, alguém ordenou que ele se lavasse antes de se aproximar do doador de dádivas. Isto o exasperou e o enfureceu ainda mais. De pé diante de seu filho de 13 anos, erguendo a vara ameaçadoramente, gritou:

— Já é demais! Deve parar! O que você é? Diga-me: um fantasma, um deus ou um louco?

Sathya olhou para seu furioso e tresloucado pai com a vara erguida. Então disse firme e calmamente:

— Eu sou Sai Baba.

Pedda ficou parado com olhar fixo em seu filho enquanto a vara escorregava de suas mãos. Sathya continuou, se dirigindo aos presentes:

— Vim para livrá-los de seus aborrecimentos; mantenham suas casas limpas e puras.

Um membro da família se aproximou e perguntou:

— Que você quer dizer com Sai Baba?

E ele respondeu enigmaticamente:

— Vankavadhoota orou para que eu nascesse em sua família; assim eu vim.

Na família Raju havia a tradição de um grande sábio chamado Vankavadhoota, um ancestral que teria sido considerado como um guru de centenas de lugarejos naquela área. Mas somente bem poucos dos antigos que se tinham aproximado da casa dos Raju haviam ouvido falar de alguém chamado Sai Baba. Aqueles que tinham ouvido o nome não faziam idéia de quem poderia ser. "Baba" era, todos sabiam, uma palavra muçulmana, e Pedda imaginou que talvez seu filho estivesse possuído pelo espírito de um faquir muçulmano.

Os moradores do local, ouvindo tal coisa, se sentiram fremir e foram assaltados por grande admiração. Que havia algo especial com o pequeno Sathya, todos eles já sabiam há muito. De outra forma, como ele poderia fazer tais coisas estranhas e milagrosas? E desde sua doença passara a falar como um homem idoso e sábio. Mas quem era esse muçulmano, "Sai Baba!"? E que teria ele a ver com este admirado menino tão conhecido e amado de quase 14 anos?

VI

Os dois Sais

A verdade não é aquela que se demonstra —
é aquela que é inelutável

St. Exupéry

Havia poucas pessoas no distrito que tinham ouvido falar do grande *fakir*[40] fazedor de milagres chamado Sai Baba. Alguns pensavam que ele ainda estava vivo, enquanto outros o declaravam morto há anos. Alguns diziam ser ele um muçulmano, outros, um santo hindu com muitos seguidores. Mas, em qualquer caso, ele parecia muito distante da família Raju e de Puttaparti.

Alguns amigos da família disseram que havia em Penukonda, uma cidade distante dali 30 km, um funcionário do governo que supunham ser um ardoroso devoto de Sai Baba.

---

[40]*Fakir* – do idioma árabe, significa, literalmente, "homem pobre". Neste sentido, equivale a *saddhu*. É um místico maometano mendicante. O termo tem servido para referência àquele que faz exibição de *siddhis* inferiores, ou de truques. (*N. do T.*)

Foi decidido então levar Sathya Raju até ele: talvez isto pudesse esclarecer o mistério, ou no mínimo trazer alguma luz sobre a declaração e o comportamento estranho do menino.

Sathya ficou muito desejoso de ir e o funcionário concordou em recebê-lo. Mas, quando se encontraram, o funcionário não pôde aceitar a idéia de que seu grande guru, morto em Shirdi em 1918, tivesse renascido naquele garoto falastrão.

— É um distúrbio mental — falou aos adultos. — A criança deveria ser levada a uma clínica psiquiátrica para tratamento.

Ao que Sathya interferiu:

— Sim, é distúrbio mental, mas de quem? Você é um *pujari*,[41] não pode reconhecer o verdadeiro Sai a quem está adorando?

Dizendo isto, encheu as mãos de cinza, retirada de parte alguma, e jogando-a em todas as direções, deixou a sala.

Reencarnação é parte da religião hindu, e os conhecimentos de Sathya levaram-no a não ter nenhuma dificuldade com a idéia em si mesma. Mas como eles aceitaram a afirmação do menino que ele era realmente Sai Baba de Shirdi reencarnado? O funcionário não os havia ajudado a engolir esta grande improbabilidade.

Naturalmente, considerando os poderes milagrosos de Sathya, poderia ser verdade. Deveria ser verdade. Mas eles precisavam de prova, um forte sinal convincente.

Quinta-feira é tido como o dia do guru na Índia, e em toda quinta-feira algumas pessoas se reuniam ao redor de seu novo guru, o jovem Sathyanarayana Raju. Uma vez, depois da visita a Penukonda, alguém, num encontro de quinta-feira, expressou em voz alta o desejo que estava em muitas mentes.

---

[41]*Pujari* — aquele que pratica *puja* (culto, adoração). (*N. do T.*)

— Se você é realmente Sai Baba, dê-nos um sinal.

Sathya percebeu a necessidade disto.

— Traga-me aqueles jasmins — disse, apontando para um enorme buquê na sala.

As flores foram colocadas em suas mãos e num movimento brusco atirou-as no chão. Todos os presentes olharam admira-dos: as flores ao caírem formaram o nome de "Sai Baba" no dia-leto télugo, falado na vila. Esta escrita de flores não era algo que requeresse imaginação; as palavras estavam impressionantemen-te claras, como se arrumadas com meticulosa habilidade; todas as curvas e arabescos das letras do télugo perfeitamente repro-duzidas.

À medida que os dias e semanas passavam, outros sinais de-monstravam que as declarações pronunciadas pelo jovem não eram fantasias infantis, que não eram algo que se pudesse expli-car como "desequilíbrio mental".

Não obstante e a despeito de tudo isso, Sathya, sob a insis-tência da família, voltou para a escola em Uravakonda. Foi em junho, seis meses após ter o misterioso "escorpião negro" mordi-do seu dedo do pé — ou o que quer que tenha disparado a crise psíquica provocando o surgimento de novas facetas de uma ou-tra personalidade, e as estranhas declarações.

Em Uravakonda, na quinta-feira, os acontecimentos começa-ram cedo. Para as pessoas reunidas ao seu redor, Sathya Sai pro-duziria coisas que o ligariam com o santo de Shirdi: fotografias do velho corpo; *gerua*, um tecido o qual ele dizia ser do *Kafni* usado por Baba de Shirdi; tâmaras e flores que ele declarava que vinham diretamente do santuário onde estava o túmulo do san-to, de onde tinham sido retiradas como oferendas.

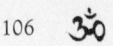

Talvez o fenômeno mais interessante fosse sua produção regular de cinza. O Sai de Shirdi sempre mantinha um fogo aceso para constantemente ter um bom suprimento de cinza santa, que ele denominava *udhi*. No entanto agora Sathya Sai a retirava de um fogo invisível numa recôndita dimensão do espaço. Este era um milagre que ele não realizara até anunciar sua identidade como Sai Baba. O anúncio também marcou o início do misterioso fluxo de fotografias, desenhos, pinturas e figuras de Shirdi Baba, que ainda prosseguem — como eu pessoalmente presenciei em numerosas ocasiões.

Conta-se a estranha história da produção de uma estampa colorida de Shirdi, Sai Baba, que ocorreu naqueles dias. Parece que antes de Sathya retornar para Uravakonda de Puttaparti, sua irmã mais velha, Venkamma, pediu-lhe um retrato desse tal Baba de Shirdi, de quem tanto falava e ao qual cantava hinos. Ele lhe prometera que numa quinta-feira produziria um.

No entanto, um dia antes daquela quinta-feira, Sathya retornou à sua escola. "Bem", Venkamma pensou, "ele esqueceu; ele não pode ser auxiliado; algum dia ele me dará, sem dúvida."

Na noite de quinta-feira ela foi acordada por um som estranho, como se alguém estivesse chamando de fora da porta. Ela se sentou na cama mas tudo parecia quieto. Deitou-se novamente. Nesse momento, ela ouviu um ruído atrás de uma saca no quarto. Talvez um rato ou cobra, ela pensou, então acendeu a lâmpada e começou a procurar. Encontrou alguma coisa branca saindo de trás da saca: tratava-se de um rolo de papel grosso. Ela o desenrolou diante da lamparina e viu um retrato de um homem idoso sentado com sua perna direita sobre seu joelho esquerdo. Olhos doces, mas penetrantes, a olhavam por debaixo de um pano amarrado na cabeça. "Deve ser o retrato prometido", ela pensou, "que me foi entregue por algum mensageiro invisível."

Venkamma ainda tinha esse retrato de Sai Baba de Shirdi e me mostrou quando a visitei em Puttaparti.

Mas a escola não era o lugar apropriado para um menino que, como Jesus no templo, podia ensinar aos professores: de fato, vários deles, incluindo o diretor, costumavam inclinar-se diante dele, e sem ligar para a aparência de seu físico juvenil, queria apreender suas inspiradoras palavras.

A definitiva ruptura com a vida estudantil se deu no dia 20 de outubro de 1940. Naquela manhã, na casa de seu irmão, onde estava residindo, Sathya jogou fora seus livros e anunciou sua partida. "Meus devotos me chamam. Tenho minha tarefa." Sua cunhada disse que ao ouvir tais palavras viu uma auréola ao redor da cabeça do menino que quase a cegou. Ela cobriu os olhos e começou a gritar de medo.

Ainda assim, ela e sua mãe tentaram persuadi-lo a ficar e continuar os estudos. Mas ele partiu para a casa de um inspetor do fisco que era muito ligado ao "pequeno Baba". Lá o menino permaneceu por três dias, na maior parte do tempo sob uma árvore no jardim, enquanto pessoas se juntavam a seu redor. Umas levaram incenso e cânfora para adoração, outras foram para aprender, outras para satisfazer sua curiosidade, e ainda havia aquelas apenas com o propósito de rir.

Sathya mantinha o grupo em torno de si horas a fio com canções *bhajan*. Ali um outro fenômeno ocorreu, vinculando-o ainda mais ao Sai Baba de Shirdi. Um fotógrafo chegou para tirar uma foto do pequeno e notável profeta. Uma grande pedra parecia estragar a composição da foto. Assim sendo, o fotógrafo pediu a Sathya Sai para mudar sua posição. Baba não deu atenção ao pedido permanecendo no mesmo local. Vendo que não adiantava, o fotógrafo decidiu disparar sua câmara e esperou o melhor.

Ele conseguiu muito mais que o melhor. Quando o filme foi revelado, descobriu-se que a pedra que obstruía a foto tinha se transformado na imagem de Sai Baba de Shirdi. Ambas as formas de Sai se encontravam na foto, embora somente uma tivesse sido vista pelas pessoas lá reunidas.

Durante os três dias que Sathya permaneceu no jardim, seus pais chegaram em Uravakonda. Tendo decidido há muito que a escola estava fora de seus planos, eles pediram a Sathya que voltasse para casa. Ele recusou. Eles imploraram. Finalmente, após terem assegurado que no futuro não iriam em hipótese alguma interferir na sua missão, ele concordou em voltar para Puttaparti. Em Puttaparti começou a reunir mais devotos; primeiro na casa de seus pais e, mais tarde, na espaçosa casa de um discípulo.

Através dos anos, desde que esse menino de apenas 14 anos, morando na desconhecida vila de Puttaparti, fez a chocante revelação que era a reencarnação do mais poderoso, misterioso e moderno santo da Índia, muitas evidências marcantes começaram a ocorrer reforçando tal revelação.

Uma história relatada em detalhes pelo Sr. Kasturi, em seu livro sobre a vida de Baba, diz como, cerca de um ano após a declaração, quando Baba ainda tinha 15 anos, ele foi visitado pela rani de Chincholi. Seu último marido, o rajá, tinha sido um devoto ardente de Shirdi Baba e costumava passar alguns meses do ano em Shirdi. Afirma-se que o Baba de Shirdi também passou algum tempo em Chincholi, no palácio. Os dois costumavam sair, para fora da cidade, num carro (*tonga*) puxado por bois.

Incidentalmente, essa *tonga* foi mais tarde levada de Chincholi para Puttaparti e deixada lá.

Durante sua visita a Puttaparti para ver esta reencarnação do velho santo, a rani persuadiu Baba a acompanhá-la a Chincholi. Talvez ela desejasse testá-lo. Tinha ocorrido um grande número de mudanças no palácio desde a visita do Baba de Shirdi. Embora aceitando teoricamente o menino como sendo a reencarnação do santo de Shirdi, a rani ficou espantada quando ele imediatamente comentou as mudanças. Ele perguntou o que havia acontecido com uma determinada árvore que havia lá; também mencionou a existência de um poço que fora aterrado e que não era mais visto; então, apontando para uma fileira de construções, disse: "Elas ainda não tinham sido construídas na época em que estive aqui em meu outro corpo." Era verdade.

Mais tarde disse que deveria haver no palácio uma pequena imagem de pedra de um certo tipo a qual, como Baba de Shirdi, tinha dado ao rajá muito tempo atrás. Ela não sabia de sua existência mas uma busca foi feita e a imagem encontrada. Estas foram algumas das muitas memórias extracerebrais que ajudaram a estabelecer a verdade da reencarnação.

Há um interesse significativo na experiência de Sua Santidade Swami Gayathri, um discípulo do Sankaracharya de Sringeri Peetam. Aconteceu quando ele estava visitando o *ashram* de Prasanti Nilayam, depois de Sathya ter se mudado para lá. O Swami tinha passado um ano inteiro com Baba em Shirdi, por volta de 1906, e freqüentemente o visitava nos últimos anos. Talvez ele estivesse apenas parcialmente convencido que Sathya era seu velho guru renascido. De qualquer forma, na noite da véspera em que partiria de Prasanti Nilayam, teve uma visão. Nela, o Baba de Shirdi veio até ele e disse ter retornado de seu *mahasamadi* (a palavra usada para a morte de um grande yogui) depois de oito anos, e que havia trazido consigo "todos os seus bens" 15 anos mais tarde. "Que poderia significar esta visão?" — Swami ficou a pensar.

Veio a entender seu sentido na manhã seguinte. Enquanto discutia sua visão com devotos, disseram-lhe que Sathya nascera oito anos após a passagem do Baba de Shirdi, também que assumira o nome de Sai Baba no seu 14º ano, e que estava manifestando seus poderes totais no seu 15º aniversário. Esses poderes, o Swami sentiu, devem ser o que seu guru descreveu como "bens", e a visão tinha sido dada para confirmar em sua mente que seu Senhor novamente andava na Terra.

Sai Baba de Puttaparti deu a muitas pessoas visões de sua velha forma Shirdi sempre que pediam — e algumas vezes sem solicitarem. O jeito de fazer isto é simples: manter as palmas das mãos firmemente abertas para mostrar nelas imagens brilhantes dos corpos de Shirdi e de Puttaparti, um em cada mão. Uma outra forma era levar a pessoa a ser abençoada com a visão para um quarto silencioso da casa na qual estivesse. E lá, no canto do quarto, se veria a figura brilhante e tridimensional do Baba de Shirdi.

Uma senhora descreveu a visão com estas palavras: "(...) lá estava sentado Sai Baba de Shirdi no chão, em sua posição característica, mas com os olhos fechados e com marcas de cinza na testa e nos braços. A vareta de incenso na sua frente estava queimando, se espalhando no ar. Seu corpo brilhava com um estranho resplendor, e havia uma maravilhosa fragrância em redor."

No entanto, deve ser discutido, e talvez acertadamente, que o poder de criar alucinações da forma de Shirdi não é prova de que Sathya tenha vivido naquela mesma forma. Mas há muitos outros tipos de evidência mostrando que os dois Sais são, em espírito, um e o mesmo.

Os homens que, como adultos, foram discípulos chegados do Baba de Shirdi já haviam morrido com o passar dos anos. Ainda há, no entanto, uns poucos senhores idosos, por ali, que, enquanto meninos, visitavam Shirdi na ocasião em que o velho santo ainda estava lá.

Um desses é o Sr. M. S. Dixit, atualmente aposentado e morando no retiro de verão de Sai Baba em Whitefield, perto de Bangalore. Uma vez em que lá estive, no verão, pude manter conversas maravilhosas com o mesmo sobre as experiências dos dois Sais.

O Sr. Dixit nasceu em 1897, filho de Sadashiv Dixit, advogado, tendo sido *Diwan* (primeiro-ministro) do estado real de Kutch. Irmão mais velho de Sadashiv, Hari S. Dixit era advogado em Bombaim e membro do Conselho Legislativo. Foi esse mesmo Hari Dixit que se tornou devoto muito íntimo do Baba de Shirdi. Com seu tio Hari fez suas primeiras visitas a Shirdi; primeiramente no ano de 1909 e, novamente, em 1912. Antes de sua segunda visita, estava sofrendo de uma dor na metade da cabeça. Quando o sol surgia, metade da sua cabeça começava a doer terrivelmente; um pouco antes de o sol ir embora, já não doía mais. Todos os dias, durante dois meses; era muito angustiante. Seu tio então o levou até Sai Baba esperando a cura dessas dores tão estranhas. O Sr. Dixit se lembra vividamente como ele estava sentado perto de Sai Baba um dia. Sai Baba virou-se subitamente para ele e disse:

— Por que você está sentado aqui? Vá para casa!

O jovem Dixit respondeu que tinha uma terrível dor de cabeça e que o calor do fogo perto do qual se sentara lhe trouxera alívio. Mas Baba insistiu que ele fosse embora. Era costume apanhar alguma cinza antes de sair e colocá-la na mão de Baba para que a abençoasse. O menino de 14 anos fez isso. Baba segurou a *udhi* por um momento e então aplicou-a na testa de Dixit com bastante força.

O jovem Dixit sentiu que tinham lhe batido na cabeça e ordenado para que fosse embora. Ficando ofendido, disse que jamais visitaria Baba novamente.

Hari Dixit replicou:

— Você é um tolo! A pancada significa que sua dor de cabeça não se repetirá.

Foi o que se deu. As estranhas e terríveis dores nunca mais o incomodaram, e o jovem Dixit entendeu que Baba, em sua forma enigmática, estava ordenando, não a ele, mas à dor de cabeça, para ir embora.

Seis anos mais tarde, em julho de 1918, M. S. Dixit se achava doente novamente, dessa vez com hemorróida e uma fístula anal. Os médicos de Bombaim, onde morava, disseram que deveria ser operado, mas temeroso de se submeter a uma cirurgia, ele se recusou. Estava sofrendo muito e havia grande sangramento. Sentia-se deprimido com sua condição.

Numa das noites de quinta-feira, enquanto os devotos do Baba de Shirdi, em Bombaim, se achavam reunidos, o Sr. Dixit se sentiu envolvido por uma atmosfera devocional, conquanto se sentisse deprimido. Embora um jovem de 20 anos, desmoronou e chorou como uma criança. Naquela mesma noite teve um sonho no qual o Baba de Shirdi veio até ele para repreendê-lo por "chorar como uma menina". Então o santo disse-lhe o que usar para ficar bom. Depois de acordar, Dixit se recordava de tudo menos do nome do medicamento prescrito por Baba. Ficou muito sentido com isso e decidiu ir a Shirdi tão logo fosse possível, e ouvir o nome do remédio dos lábios do próprio Baba.

Antes que pudesse ir, ficou sabendo que Baba tinha morrido. "Agora nunca saberei e devo continuar com meu sofrimento" — pensou ele tristemente.

Na reunião noturna da quinta-feira seguinte, uma vez mais se sentiu arrasado e novamente chorou. Naquela mesma noite um outro sonho ocorreu. Nele, Baba estava de pé diante dele, na sua antiga forma Shirdi, e lhe disse: "O quê! Chorando como uma menina novamente?!" Em seguida aconselhou ao jovem que pegasse sete sementes de pimenta, as socasse até reduzi-las a pó e que tomasse diariamente um pouco desse pó misturado com a *udhi*. Aliás, todos os devotos mantêm a cinza de Baba em suas casas.

M. S. Dixit lembrou-se destas instruções claramente na manhã seguinte e fez tudo. No terceiro dia de tratamento a dor cessou; no sétimo, o sangramento parou. Uma cura completa se efetuou e não sentiu mais nada.

Os anos passaram. Dixit estava trabalhando; tinha se casado; era major e servia na Brigada Educacional do Exército, durante a Segunda Guerra Mundial, e por alguns anos mais. O ano de 1959 o trouxe de volta à vida comercial na cidade de Bangalore. Durante sua hora de descanso estava lendo um famoso trabalho religioso — *Guru Charitra*. Se essa obra fosse lida completamente em sete dias, grandes benefícios espirituais ocorreriam.

Na noite do sexto dia da leitura Dixit teve outro sonho. Desta vez caminhava ao longo de uma larga avenida arborizada e sentiu que alguém o estava seguindo. Olhou para trás. Havia um homem, muito distinto por sinal, bem próximo dele. Depois de alguns minutos Dixit olhou novamente e viu o homem ainda a segui-lo. Nenhum dos dois disse nada. Logo as passadas se aproximaram mais e Dixit sentiu que alguma coisa estava sendo despejada sobre sua cabeça por detrás. Descobriu tratar-se de cinza...

Somente isto podia ser lembrado do sonho, mas muito mais claramente se lembrava do marcante rosto e da aparência sem igual daquele homem, que o seguira.

Alguns meses, após uma estranha série de circunstâncias, ele ouviu falar sobre a reencarnação do Baba de Shirdi, mas não acreditou. Mais tarde ouviu novamente a mesma conversa e dessa vez lhe mostraram uma foto de Sathya Sai Baba. Era justamente o homem que o havia seguido em sonho. Seu interesse agora tinha sido despertado. Lembrou-se do que seu tio havia contado sobre o que Baba dissera: "Aparecerei novamente como um menino de oito anos." Teria sido esse o menino já adulto agora? Dixit decidiu ir imediatamente a Puttaparti e tentar descobrir tudo que pudesse.

Conseguiu chegar lá em 1961. Fazia parte de um grupo de 30 pessoas.

O *ashram* estava lotado com o *Shivarathri* (festa anual de Shiva), e Dixit permaneceu na multidão aguardando para poder ver Sathya Sai Baba, quando se apresentasse no balcão. Quando a pequena figura em vermelho, com seu cabelo arredondado e face amável apareceu, Dixit teve a certeza de que era o homem de seu estranho sonho.

Ainda assim, pensou ele, como pode ser este o velho santo de Shirdi? Com suas sedas coloridas, cabelos como de mulher e grandes multidões em torno? Parece mais um astro de cinema. O Baba de Shirdi era rústico, modesto, simples: como pode este ser o mesmo homem? Sentiu súbita vontade de voltar para casa.

Mas permaneceu para testemunhar Sathya derramar grandes quantidades de cinza sagrada de uma pequena vasilha sobre a estátua de Sai de Shirdi, e nessa mesma noite retirar nove *lingans* da boca. Durante o pronunciamento público no outro dia, Baba disse: "Algumas pessoas que aqui vieram me acham parecido com uma estrela de cinema; contestam minhas vestes fortemente coloridas e o estilo do meu cabelo..." Com consternação Dixit ouviu tudo o que tinha dito, sem palavras, todos os seus pensamentos críticos sendo repetidos da plataforma. Baba então explicou as razões — boas razões Dixit sentiu — para seus trajes chamativos, o estilo único do cabelo e os outros aspectos desta encarnação.

Bem, decidiu Dixit, Sai Baba é certamente algo muito especial. Não há dúvida quanto a seus poderes paranormais, mas... ele é tão diferente do velho Baba de Shirdi. Pode ser a mesma alma?

Numa segunda visita a Prasanti Nilayam, três meses mais tarde, ele foi chamado para uma sala com um grupo de meia dúzia de pessoas para uma entrevista. Baba entrou, falou com poucas pessoas e se dirigiu a Dixit, que estava segurando uma pequena foto de seu tio H. S. Dixit em suas mãos. Baba apanhou a foto, olhou para ela e disse: "Este é H. S. Dixit, seu tio, o irmão mais velho de seu pai, e meu antigo devoto em Shirdi. Agora você ainda tem dúvidas?"

Suas dúvidas eram muito poucas porque tudo o que Baba dissera era verdade. E Dixit não tinha mencionado a ninguém no *ashram* seu nome. Ele estava lá incógnito — somente como mais um desconhecido na multidão de visitantes. Mas Baba reconhecera o rosto de seu tio à primeira vista.

Depois do ocorrido, Dixit viajou várias vezes para o *ashram* e durante anos se deliciou com os poderes milagrosos de Baba, com sua grande compaixão e ensinamentos espirituais. Uma vez falando da observação do Baba de Shirdi a seu tio Hari acerca de sua volta à Terra "como um menino de oito anos", Baba contou que ele teria dito a Dixit que voltaria "como um menino de oito anos". Baba lhe disse que o que ele realmente dissera fora que ele voltaria à Terra *em* oito anos, isto é, oito anos após sua morte — o que de fato ocorreu. Sathya ainda disse que H. S. Dixit não havia compreendido bem.

Mas foram as muitas pequenas coisas, mais do que as grandes, que finalmente o convenceram de que os dois Sais eram apenas um. As similaridades dos *siddhis*, as semelhanças nos ensinamentos e maneira de ensinar, as lembranças do passado em frases, gestos e atitudes. "Algumas vezes eu até vejo no seu jovem rosto o mesmo velho sorriso que vi há muito no rosto do Baba de Shirdi" — dizia-me ele.

Naturalmente, as diferenças por ele sentidas tão drasticamente no princípio ainda se acham lá, ele admite. Mas há sobretudo um corpo diferente, uma outra situação, uma outra época — um outro ambiente para sua missão. E, portanto, a missão, sendo em espírito a mesma, não pode ser precisamente idêntica em forma e estilo, e se espera que a personalidade exterior, através da qual a mensagem vem ao mundo, também seja diferente. Sai Baba mesmo comenta que agora é menos duro e severo do que na manifestação anterior. É mais tolerante e gentil. Explica esta diferença através de uma analogia: "A mãe é comumente severa quando as crianças entram na cozinha e atrapalham; mas quando serve a comida é toda sorriso e paciência. Agora estou servindo os pratos já cozidos. Onde quer que você esteja, se você estiver com fome e seu prato à espera, eu o servirei e o alimentarei para a alegria de seu coração."

Numa outra vez, em relação à controvérsia se ele era ou não o mesmo Sai Baba, ele disse: "Quando há dois pedaços de açúcar-cande, um quadrado e outro redondo, um amarelo, outro purpúreo, a menos que se prove ambos os pedaços não se pode saber se são os mesmos. Provando, experimentando — é assim que saberemos a identidade."

Há uma outra pessoa que encontra o Baba de Shirdi; é uma senhora agora morando em Prasanti Nilayam. N. Kasturi escreve na segunda parte de sua *Vida de Sathya Sai Baba* que essa senhora foi levada a Shirdi, quando ainda criança, por seu pai, um coletor nos domínios de Nizam. Mais tarde, após a morte de seus quatro filhos, ela voltou a Shirdi em 1917 e pediu a Baba permissão para permanecer com ele visando ser espiritualmente treinada e iniciada.

Mas Baba disse: "Agora, não. Voltarei novamente em Andhra; você me encontrará lá e ficará comigo."

Esta senhora voltou para os domínios de Nizam e passou a vida trabalhando e fazendo caridade. Durante suas viagens, coletando dinheiro e ajuda para seu abrigo de meninas órfãs, abrigo conhecido como "Sai Sadan", ficou sabendo de um menino em Uravakonda que havia se apresentado como Sai Baba. Lembrando-se do que Baba havia falado em 1917 sobre sua reencarnação em Andhra, ela correu para Uravakonda. Chegou lá numa quinta-feira. Juntou-se à multidão que fora visitar o jovem Sai Baba naquele dia e se sentou perto dele.

Ela diz que Sai Baba lhe falou baixinho em hindu, como em Shirdi: "Então você veio, minha filha."

Depois lhe disse que ela lhe devia 16 rupias, lembrando que das 40 rupias coletadas para celebrações religiosas em Shirdi, 16 rupias ainda estavam emprestadas a um amigo dela. Então, sorrindo, murmurou: "Estou contando isto a você somente para convencê-la de que sou Sai Baba de Shirdi."

A tal senhora se encontra atualmente no *ashram* Prasanti Nilayam em Andhra Pradesh feliz porque o que ele, Sai Baba de Shirdi, tinha dito há 50 anos se realizou.

Ainda assim, não é a evidência exterior mas sim a interior que nos levará à convicção nesta profunda questão. Pessoas que permaneceram com Sathya Sai Baba um longo período e conheceram Sai Baba de Shirdi, diretamente ou através de registros escritos, não podem ter dúvidas de que ambos são encarnações do mesmo ser divino.

Um grande número de livros já foi publicado sobre Sai Baba de Shirdi; ressalta-se aqui um trabalho em quatro volumes, de Swami Narasimha, sobre sua vida e seus ensinamentos. Sempre que estive absorvido na leitura desses volumes, imaginei estar lendo sobre Sai Baba de Puttaparti. A similaridade nos ensinamentos, provérbios e feitos entre os dois é tamanha que devo sempre me lembrar de que agora os ensinamentos, ditos e feitos são de Sai Baba de Shirdi, não do atual Sathya Sai; tal é a similitude.

Antes de descrever minhas mais profundas experiências com Sathya Sai Baba, porém, devo voltar, por um momento, àqueles primeiros dias em Puttaparti. Sathya Sai Baba disse que os primeiros 32 anos desta encarnação seriam marcados principalmente por *lilas* (brincadeiras) e *mahimas* (milagres), e os anos subseqüentes por palestras e ensinamentos verbais. Mas enfatizou que isto era apenas uma questão de ênfase, pois ambos os aspectos estariam em evidência em todos os tempos.

Considerando os vários aspectos que testemunhei, sua fase de "ensinamentos", tentei imaginar como seria viver com Sathya Sai nos anos de sua fase de "milagres". Assim, saí à procura dos que, homens ou mulheres, o tivessem conhecido nessa fase milagreira. Dentre eles estavam práticos homens de negócios, pessoas que conheciam o mundo, empregados civis de alto escalão e pessoas altamente educadas de diversas profissões. Todos ficaram felizes em poder contar seus casos maravilhosos e estranhos.

VII

Ecos dos primeiros anos

O Espírito verá, por meio da contemplação da matéria,
e a matéria revelará a face do Espírito.

Sri Aurobindo

QUANDO SATHYA SAI BABA FINALMENTE VOLTOU DA ESCOLA para Puttaparti, antes de completar seus 14 anos, foi primeiro morar na casa de seu pai, mas logo se mudou para a casa de uma família brâmane, a dos Karnum. Esse era o lugar para onde fugia, várias vezes, quando menino, para poder comer suas refeições vegetarianas sempre que havia carne na sua própria casa. Fixou residência ali e a dona, cujo nome era Subbamma, não somente lhe deu muito amor e carinho como também acolheu cordialmente o grande número de seus seguidores que vinham a sua casa, que era muito mais espaçosa e adequada do que a cabana dos pais de Sathya Sai.

Assim, nesse local, ainda existente na rua principal de Puttaparti, foi que a missão de Baba realmente teve firme início, em 1941. As reuniões a princípio se davam num quarto, mas logo a

multidão superlotou a estrada em frente. Então, um alpendre foi construído; à medida que os meses passavam, ele foi ampliado, e depois uma barraca foi acrescentada. Mais pessoas vinham e o espaço começou a ser insuficiente. Além do mais, Sai Baba insistia que todos os visitantes deveriam ser alimentados. Muitas vezes a quantidade não era suficiente, e foi aqui que Baba pela vez primeira mostrou o poder crístico de multiplicar o alimento.

Uma senhora que costumava ajudar a devota Subbamma naqueles dias descreve o ritual de Baba para aumentar a quantidade dos alimentos. "Numa ocasião em que fora informado de que a comida não seria suficiente, ele pediu dois cocos — sempre itens importantes para os cerimoniais religiosos na Índia.[42] Bateu um contra o outro de forma que se partiram no meio. Pingou a água do coco em pequenas porções de arroz e nas vasilhas com outras comidas. Em seguida deu o sinal para que continuassem a servir a comida aos que tinham vindo ou para quem ainda pudesse vir antes do crepúsculo." Sempre houve alimento bastante para todos.

Foi naqueles dias de pouco espaço para sentar que começou a levar seus seguidores a se sentar nas areias do Chitravati. Atualmente, ali é um rio de areia com 300 ou 400 m de largura

---

[42]De minha experiência na liturgia dos templos que visitei em quase toda a Índia verifiquei a imensa e belíssima significação do partir do coco que o devoto entrega ao oficiante. Este o parte diante do altar. A casca do coco é dura, áspera, desagradável e inassimilável. Em contraste, o interior é doce, nutritivo, de brancura imaculada e tenro. Nada melhor do que o coco para simbolizar o ser humano. Por fora, a *persona* ou ego inferior e mortal é feito a casca (nosso egoísmo nos torna duros, agressivos, ásperos). A polpa, bem guardada, é branda, pura, doce, nutritiva; é o Divino em nós. Somente depois de quebrada a casca que protege (ou o *ego*) nosso Reino Interno, o Divino em nós pode dulcificar e nutrir, amar e doar-se. (*N. do T.*)

perto da vila, e seco, exceto nas estações chuvosas. Nos primeiros anos da década de 1940, era bastante parecido com o que é agora, exceto que na maior parte do tempo havia uma estreita corrente de água correndo nas areias. Ali sentado no leito seco do rio com a multidão de seus seguidores, conduzia-os no cantar dos *bhajans*, aconselhava-os sobre seus problemas pessoais, ensinava-os a viver e lhes consolidava a fé mediante a performance de fenômenos miraculosos.

Na crista de um outeiro rochoso na margem esquerda do rio, um pouco distante da vila, cresce uma solitária tamarineira. Naqueles primeiros anos ela adquiriu o nome de *Kalpataru*[43] ou a árvore que satisfaz todos os desejos, isto porque Sai Baba costumava levar seus devotos — ou pelo menos aqueles que podiam subir — até aquela árvore e perguntava-lhes que fruta gostariam de colher dela naquele momento. Logo após terem escolhido as frutas, imediatamente as viam no pé, pendentes de um galho da árvore. Maçãs, pêras, mangas, laranjas, figos e outras variedades, fora da safra e mesmo aquelas que não cresciam naquela região.

Houve outros acontecimentos estranhos e comoventes ao redor dessa árvore. Algumas vezes Baba desafiava os jovens, de sua mesma idade, para uma corrida colina acima desde as areias até onde a árvore mostrasse sua folhagem. Era uma subida incrível, quase vertical e muito rochosa, em alguns lugares. Antes que os outros dessem uns poucos passos Sathya já aparecia lá em cima, chamando a todos.

---

[43]*Kalpataru* — árvore mitológica que atende a qualquer pedido, fornecendo o fruto que lhe for solicitado. (*N. do T.*)

Os jovens ficavam parados e atônitos como os outros devotos, sabendo que algo de realmente extraordinário estava ocorrendo. Um dos competidores da corrida, um estudante na época, relata o que viu: "Passava um pouco das sete com a noitinha se aproximando. De repente uma grande bola de fogo, como um sol, penetrou a escuridão ao redor do jovem no topo da colina. A luz era tão intensa e brilhante que se tornava impossível manter os olhos abertos e contemplá-la. Dois ou três devotos caíram desmaiados."

Visões diferentes foram vistas em ocasiões diferentes. Algumas vezes, era uma grande roda ou uma lua cheia com a cabeça de Baba no centro, outras, um jato de luz, que cegava, de sua testa — do terceiro olho —, e até mesmo uma coluna de fogo. Falei com diversas pessoas que testemunharam tais acontecimentos com a luz.

O eco de tais maravilhas foi ouvido em Madras e em outros lugares distantes, e devido a isto os curiosos, os descrentes e os verdadeiros buscadores começaram a chegar de lugares longínquos. É bem verdade que se a viagem até lá fosse mais fácil, o fluxo de pessoas seria ainda maior. Mas somente os corajosos completariam a aventura com sua etapa final num carro de boi ou a pé.

Mesmo assim, em 1944, devido à crescente multidão, foi construído na extremidade da vila o que agora é chamado de "velho Mandir". É um tipo de celeiro duplo, com um teto de ferro galvanizado e com muito espaço para as multidões. Na parte de trás há quartos para se dormir e comer, e alguns dos devotos visitantes costumavam ficar lá, ou em acampamento próximo. Hoje em dia, o local tem apenas interesse histórico. Visitantes a Prasanti Nilayam descem uns 200 m de estrada empoeirada a fim de ver o velho Mandir. Suas paredes estão cobertas por velhas fotografias do jovem Sai e grupos de seus devotos, os quais ilustram, mais do que qualquer coisa, o nível pobre da fotografia nos anos 1940.

O mundo lá fora vivia uma década notável: a Segunda Guerra Mundial e o início da Independência da Índia. Mas, para um número crescente de pessoas, os acontecimentos mais excitantes e mais importantes estavam ocorrendo em Puttaparti, e o velho Mandir nem sempre podia acomodar o grande número de pessoas que chegavam. Assim, reuniões nas areias do rio Chitravati eram populares.

Alguns dos visitantes, vindos apenas por curiosidade, ficavam para homenageá-lo e passavam a voltar sempre. Outros, de centros distantes, persuadiram o jovem Sai a visitar suas cidades e se hospedar em suas casas, onde seus amigos também poderiam encontrá-lo. Muitos dos primeiros devotos estão ainda, mais de 20 anos depois, indo ao *ashram* para vê-lo tanto quanto possível, implorando-lhe para abençoar suas casas com sua presença sempre que estiver na vizinhança.

Os devotos de longa permanência que encontrei provaram ser um aspecto interessante de minha pesquisa e não são, como alguns leitores podem suspeitar, pessoas incultas, fanáticas ou visionárias. Ao contrário, são cidadãos bem-educados, racionais e práticos, do tipo cuja integridade e credibilidade seriam aceitas em qualquer tribunal.

Precisei me certificar de tais coisas — como asseguro ao leitor agora — porque na ocasião em que reuni algumas das histórias deste livro ainda não tinha presenciado pessoalmente muitos dos tipos dos fenômenos descritos. Mas, até o momento, já vi tantas evidências que minha atitude mudou. O miraculoso se tornou familiar.

A maioria dos antigos devotos me deu permissão para declarar suas identidades em nome da verdade e de sua crença nos poderes transcendentais de Sai Baba acima de todas as considerações. Neste capítulo estão algumas histórias como tais, as contadas por homens e mulheres que conhecem Sathya desde os anos 40.

O Sr. P. Partasaraty é um homem de negócios conhecido em Madras, sendo sócio de uma firma ligada à navegação. Contou-me que a primeira vez que encontrou Sai Baba foi em 1942, quando veio a Madras para se hospedar na casa de um vizinho seu. Logo depois disso o Sr. Partasaraty e outros membros de sua família foram a Puttaparti.

O Sr. Partasaraty permaneceu lá um mês inteiro e testemunhou a levitação de Baba subindo a colina em direção à árvore que atende aos desejos, vendo tanto um esplendoroso círculo de chamas ao redor da cabeça do jovem Baba como um facho de luz saindo de sua testa entre os olhos. Disse mais: "Naquele tempo, Baba permanentemente vivia cheio de sorriso e alegria. Cantava canções e realizava muitos milagres várias vezes ao dia — freqüentemente, como travessura, fazia um relógio andar para trás ou suspendia pessoas de seus assentos por meio de alguma força invisível. Em piqueniques ele batia os pratos vazios e quando as tampas eram removidas, estavam cheios de comida, quente como se tivesse vindo da cozinha naquele momento. Também o vi multiplicar pequenas porções de comida para alimentar grandes multidões.

"Baba freqüentemente transformava uma árvore selvagem, qualquer que fosse, em nossa *Kalpataru*: qualquer fruta que pedíssemos poderíamos colher de seus galhos."

O Sr. Partasaraty vinha sofrendo de asma há muitos anos e um pouco depois de sua chegada a Puttaparti Baba materializou uma maçã, com uma ondulação da mão, e lhe disse para comê-la. Nunca mais teve nenhum ataque de asma desde aquele dia, havia um quarto de século.

Mas disse ele que o mais importante milagre daquelas primeiras experiências foi com sua mãe. Ela era totalmente cega, com catarata em ambas as vistas, quando a família encontrou Sai Baba pela primeira vez. O tratamento dela foi simples — tão simples como a pasta de barro e saliva que Cristo usava em pessoas cegas. Baba colocou pétalas de jasmim nos olhos da senhora e os cobriu com uma bandagem. Diariamente ele as trocava e insistia que ela deveria ir todos os dias ao *bhajan*.[44] Assim prosseguiu por dez dias, e quando retirou a venda dos olhos já podia ver perfeitamente. "Ela viveu dez anos depois disso", o Sr. Partasaraty me contou, e não teve mais problemas com a visão.

O Sr. G. Venkatamuni era uma figura de liderança no negócio de fertilizantes em Madras quando costumava conversar com ele sobre suas primeiras experiências com Sai Baba. É pena que já tenha morrido, mas seu filho Iswara, também um devoto, continua com o negócio da família. Baba, sempre que vai a Madras, se hospeda, mesmo que seja o mínimo de tempo, na casa dos Venkatamuni.

Uma pessoa honesta, um homem de fato, longe de exageros, nunca contava tudo em seus relatos. Isto eu descobri quando chequei algumas de suas histórias com outras testemunhas pre-

---

[44]*Bhajan* é algo como uma ladainha musicada, que os devotos hindus usam em seus *pujas* (adorações) e *Sat-Sangs* (cultos coletivos). O nome é também usado com referência às reuniões feitas exclusivamente para cantar *bhajans*. (N. do T.)

sentes na ocasião. Relatarei uma ou duas das muitas experiências incríveis que ele teve com Baba, da forma que me contou.

No ano de 1944 começou a ouvir coisas estranhas a respeito de um garoto maravilhoso na vila de Andhra Pradesh, o Estado de onde seus ancestrais tinham vindo. Ele decidiu ir ver por si mesmo qual era a verdade realmente.

No dia em que Vankatamuni chegou em Puttaparti, Sathya Sai, com apenas 17 anos, o levou, com um pequeno grupo, para as areias do rio. Enquanto estavam sentados lá conversando, Baba colocou sua mão na areia e a retirou cheia de balas, dando-as a todos. "Elas estavam quentes", disse o Sr. Venkatamuni, "como recém-saídas de um forno. Tive que deixar esfriar antes que pudesse chupá-las." Com isto ele viu que não se tratava de um truque de mãos rápidas.

O Sr. Venkatamuni permaneceu na vila, esperando poder ver mais maravilhas. Seus desejos foram mais do que atendidos, disse, e descreveu uma torrente de maravilhas testemunhadas pelos primeiros devotos.

— Eu era jovem, e foi muito divertido. Costumava ir nadar com Sai Baba e outros jovens. Foi quando vi o *samku chakram* na sola de seus pés.

— Mas o que é isto? — perguntei.

— É uma marca circular. Você pode chamá-la marca de nascença. Os hindus acreditam que é um dos sinais de um Avatar.

O Sr. e a Sra. Venkatamuni se tornaram devotos ardorosos de Sai Baba, indo a seu *ashram* regularmente, e o recebendo como convidado na sua casa em Madras.

Mas foi em 1953, nove anos após o primeiro encontro, que eles experienciaram determinada mágica de Sai que eles consideram única. Tinham partido para uma viagem global a iniciar-se na Europa e incluindo o Extremo Oriente. Viajando de avião, a primeira parada fora em Paris, onde planejaram passar várias semanas.

Enquanto caminhavam pelas ruas nos primeiros dias, decidiram trocar alguns cheques de viagem e fazer algumas compras. A Sra. Venkatamuni estava carregando o talão de cheques em seu poder; ou pelo menos pensava assim até o momento em que abriu sua bolsa e não o encontrou.

Mas pensou que talvez o tivesse deixado em sua mala. Decidiram então voltar ao hotel. Os cheques de viagem não estavam nem na sua mala nem na de seu marido. Depois de uma busca rigorosa em todos os pertences, ficou óbvio que o talão havia se perdido. Onde, não tinha a menor idéia. A Sra. Venkatamuni o tinha visto, pela última vez, na sua bolsa um pouco antes de deixar Bombaim. Era uma situação muito infeliz e estranha. Estavam numa cidade estrangeira no início de um *tour* pelo mundo com tão pouco dinheiro que não dava nem para pagar a primeira conta do hotel. Sentaram-se no quarto muito tristes e deprimidos, tentando descobrir uma solução.

O que eles fizeram parecia totalmente loucura para alguém, exceto um devoto de Sai Baba. Para ele seria a única coisa sensata a fazer. Com os poucos francos que haviam trazido para a França, enviaram um telegrama para Sai Baba pedindo ajuda. Depois disso se sentiram melhor, sabendo que a ajuda viria de qualquer forma. Mas eles não esperavam, de fato, o que aconteceu.

Um dia ou dois depois do ocorrido, resolveram ir às compras novamente. A Sra. Venkatamuni decidiu fazer uma lista das coisas que compraria quando tivesse o dinheiro. Abriu sua bolsa para apanhar seu lápis e um caderno, e foi quando seu coração deu um salto. Lá, em cima de tudo que havia na bolsa, estava o

talão de cheques de viagem. Eram realmente seus. O Sr. Venkatamuni me contou que a bolsa de sua senhora era de tamanho
médio, por várias vezes haviam retirado tudo de dentro dela à
procura do talão de cheques de viagem. Não havia a menor possibilidade de o talão ter estado dentro da bolsa enquanto ela o
procurava. Em face disso, o Sr. Venkatamuni não teve dúvidas
de que Baba teleportara o talão de onde quer que ele tenha sido
perdido. Um milagre muito útil.

Enviaram outro telegrama de Paris — desta vez de agradecimento. Quando voltaram da maravilhosa viagem foram pessoalmente agradecer a Baba pela grande e misericordiosa ajuda. Ele
somente sorriu, não disse nada — e eles por sua vez não pediram
detalhes.

Um cidadão muito honrado e bastante conhecido em Madras,
que também confirma os milagres de Baba, é o Sr. V. Hanumantha
Rao. Esse homem, agora aposentado, era diretor do Departamento
de Transportes na presidência de Madras (que, na época, incluía o
atual estado de Andhra Pradesh), ocasião em que encontrou Sai
Baba, em 1946.

O relacionamento entre esse homem, um grande filantropo,
com sua esposa e Baba é uma história comovente, envolvendo
outros aspectos dos milagres e travessuras iniciais do amável e alegre Sai. Contarei o fato oportunamente em outro capítulo. Quero, no entanto, mencionar aqui uma interessante historieta que
pode inclusive dar um pouco mais de luz ao *modus operandi* por
trás de pelo menos alguma produção dos fenômenos de Baba.

O Sr. e a Sra. Rao me falaram sobre as maravilhosas qualidades celestiais dos primeiros anos de Sai Baba, quando ele costumava andar de carro com eles: como ele cantava lindas canções e lhes

pedia para dizer o que gostariam de comer, ou que fruta, mesmo que fosse fora de safra, gostariam de saborear. Então, com apenas um movimento, ele produzia instantaneamente qualquer coisa pedida. Quando se hospedava na casa deles, era tão natural e sem cuidado como uma criança, mas parecia ter o poder de comandar, com sua vontade, todas as forças dos três mundos.[45]

Uma vez, contaram, no aniversário do Senhor Krishna, Baba estava andando sem propósito, na sala de estar da casa deles, em Madras. De repente, Baba virou-se para a Sra. Rao e disse: "Há alguns *devas* (anjos) aqui esperando para me oferecer uma vasilha com balas."

Ela olhou, mas não viu nada. Subitamente ele estendeu ambas as mãos e no ar apanhou algo como que de alguma pessoa invisível. Era uma grande e funda vasilha de vidro. Ela pareceu se materializar. Baba a ofereceu à Sra. Rao. Estava cheia de balas, e a Sra. Rao as descreveu como "balas com sabor divino", de muitas variedades, de diferentes partes da Índia.

Depois desse incidente, Sathya pediu um avental. Assim que trouxeram, Sai o vestiu e começou a cantar canções de ninar. Ele representava a babá carregando o bebê Krishna e o embalava para dormir. Então, das dobras do avental retirou um ídolo de sândalo entalhado. No entalhe estava a figura de Krishna, que certamente não se encontrava, até o momento, em nenhuma parte daquela casa.

---

[45]Os três mundos (*tri-loki*) são três palcos da vida ou de evolução do *jiva* (alma individual) que se acha ligado à roda dos renascimentos (*sansara*). São eles: *bhur-loka* (mundo físico, a Terra); *bhuvar-loka* (o mundo do tornar-se, intermediando a Terra) e o *svarga* (Céu). (*N. do T.*)

O Sr. e a Sra. Rao me mostraram, quando os visitei, a vasilha de vidro e a estatueta entalhada, dois tesouros trazidos por Baba para essa casa por métodos totalmente desconhecidos; ou melhor, conhecidos somente pelo jovem Sathya. Parece que ele contou com a ajuda de seres de outros planos de existência que obedecem a seu comando para tais transportes.

A Sra. Nagamani Pourniya, que mora em Bangalore, é a viúva de um funcionário de transportes do governo distrital, e a mãe da popular novelista Kamala Taylor, casada com um inglês e que vive na Inglaterra. Nagamani encontrou Baba pela primeira vez em 1945 e passou longos períodos no *ashram*. Sempre achei que ela ficava muito feliz ao falar de Baba e me ajudou a formar meu quadro mental do início do período confirmando e acrescentando novos feitos à tapeçaria daqueles anos.

Nagamani escreveu, ela mesma, um livro sobre Sai Baba, mas há uma ou duas experiências que merecem ser repetidas aqui. Muitos já haviam me falado a respeito da criação milagrosa de figuras — usualmente estatuetas de deuses hindus —, retirando-as das areias do rio Chitravati. Tive a oportunidade de ver pessoalmente uma vez. Nagamani me contou que numa ocasião, quando um grupo foi com Baba para as areias do rio, ela viu ídolos se levantando daquelas areias. Baba apenas retirava um pouquinho de areia para revelar o topo da cabeça da estátua e, então, a figura começava a subir, por si mesma, como se fosse empurrada por alguma força subterrânea.

Primeiro, ela continuou, veio a figura de Shiva, depois sua companheira Parvati e depois um *lingam*. Quando cada um deles tinha saído poucas polegadas da areia, Baba os puxava, atirando-os rapidamente para um dos lados. Isso porque os objetos eram feitos de metal e estavam bastante quentes — quentes demais para serem seguros por mais de um segundo. Depois de frios, os levou para Mandir, para o *puja* (adoração ritualística).

Mas uma das mais incríveis e fantásticas experiências com ela foi uma operação cirúrgica feita por Baba. Já tinha ouvido de muitos devotos as descrições de tais operações, mas Nagamani relata a primeira da qual jamais ouvira falar.

Um homem e sua esposa vieram ficar um tempo em Puttaparti. Nagamani observou que o homem tinha o estômago em forma de bulbo, terrivelmente inchado. Durante todo o dia ficava deitado, ou no seu quarto ou do lado de fora do Mandir. A esposa contou que ele não conseguia comer nada, nem mesmo tomar café. Nagamani vendo que ele estava nas últimas, foi até Baba e pediu-lhe para curar o homem.

Os dias passaram e nada acontecia. Ela pediu novamente:

— Por favor, Baba, faça alguma coisa por esse pobre homem!

Ele sorriu e respondeu:

— Você acha que isto aqui é hospital?

Então, numa tarde, todos os devotos estavam indo com Baba para o leito do rio Chitravati. Não era um grupo grande, e cada uma das mulheres decidiu levar um pouco de comida para um piquenique. Nagamani levou café. Ela também deixou um pote de água no fogo do lado de fora, perto de Mandir. Com essa água morna ela tencionava lavar os pés de Baba tão logo ele voltasse das areias.

Lá todos se divertiram muito, cantando. Baba contou-lhes lindas histórias sobre deuses, vez por outra criando objetos adequados ao momento. Tudo isso elevou seus espíritos ao ponto de três chitas[46] selvagens se aproximarem deles e eles não sentirem

---

[46]Felino amarelo de manchas pretas encontrado na África e na Ásia; guepardo. (*N. do R. T.*)

o menor temor. Era como se os animais os vissem como amigos somente.

Quando o grupo voltou para Mandir, Nagamani foi revolver o fogo que aquecia a água e Baba sumiu. Ele havia entrado no quarto daquele homem enfermo. Logo em seguida veio correndo em direção ao fogo pedindo água morna para lavar as mãos. Ela riu e viu, então, que sua mão direita estava toda vermelha.

— Você estava pintando? — ela perguntou na brincadeira.

— É sangue — ele respondeu.

Então, forçando um pouco mais a vista, na luz mortiça daquela hora, viu que Baba carregava em sua mão ensangüentada algo que se parecia com "uma bola suja e da cor de folhas velhas de bananeira". Tudo aquilo ele jogou fora, depois retirou o sangue da mão na água que ela lhe deu. "Bem", ele falou brincando, "você insistiu tanto para que este lugar virasse hospital que acabei de fazer uma operação necessária naquele homem."

Estaria ele brincando? Ela vira sangue e algo horrível sendo jogado fora. Teria ele removido um tumor daquele homem? Sai Baba, aparentemente lendo as inquirições na mente de Nagamani, lhe deu um rolo de algodão e disse: "Leve isto à esposa do enfermo e a ajude a colocar um curativo fresco nele."

Ela chegou até a porta mas permaneceu do lado de fora. Queria muito ver o que havia acontecido mas, ao mesmo tempo, sentia medo. Sai Baba veio e a levou para dentro do quarto. O homem ainda estava deitado, sua esposa sentada a seu lado. Baba levantou a camisa do homem para mostrar a operação. Não havia curativo, mas sim uma fina marca como um corte que já tinha cicatrizado e o estômago não mais se apresentava inchado e dilatado. Tanto o homem quanto sua esposa estavam olhando silenciosamente para Baba como se ele fosse Deus. Não se disse uma palavra. Baba levou Nagamani para fora novamente e só então permitiu que ela lavasse seus pés.

Na manhã seguinte, morrendo de vontade de saber o que havia acontecido, perguntou novamente sobre a saúde do paciente. Ele já se levantara e estava tomando o desjejum, o primeiro desde há muito tempo. Ele contou que Sai Baba tinha entrado no quarto na noite anterior e ao deslocar a mão retirou do ar uma faca e alguns instrumentos. Em seguida um pouco de cinza e a esfregou na testa do doente. Pareceu agir como um anestésico porque logo depois o homem perdeu os sentidos e não percebeu nada mais até que a operação tivesse terminado. Baba disse a ele que tudo correra bem e que o corte já se mostrava normal também.

Nagamani quis saber como cicatrizou tão rapidamente. A esposa disse que Baba apenas juntou os dois lados do corte com seus dedos e tudo cicatrizou imediatamente. Em seguida besuntou o ferimento com *vibhuti*, ficou com a mão um pouco sobre o corte, assegurou ao paciente que tudo ficaria certo e saiu.

Nagamani verificou que as instruções de Baba na noite anterior sobre o curativo eram simplesmente para dar a ela coragem para entrar e ver o paciente. Ela ficou surpresa que ele tivesse tido o prazer de satisfazer sua curiosidade, talvez por ela ter mostrado preocupação com o homem. Ela sentiu maior admiração por Baba ao des-cobrir mais esta maravilha. Nada mais que Baba fizesse a surpreenderia depois do grande e profundo amor que ele demonstrou ter.

Há outros tipos e variedades de fenômenos nas narrativas dos primeiros anos, mas como vi com meus próprios olhos esses ocorridos nos anos 60, é melhor que descreva minhas experiências pessoais.

VIII

Nas montanhas com Baba

Venha até mim com as mãos vazias.
Eu as encherei com dádivas e graças.

Sathya Sai Baba

NUM INVERNO EM MADRAS, SAI BABA CONVIDOU MINHA esposa e eu para passarmos o mês de junho com ele em Whitefield, perto de Bangalore. Ficamos muito alegres com as perspectivas, mas já tínhamos aprendido a ser mais sábios e não esperar demais dos futuros movimentos de Baba. Há uma demanda colossal por sua presença e seu tempo, mas parece que ele vai onde é mais necessário; ou, em outras palavras, ele faz o que é mais relevante ao avanço de sua missão. Pelo menos esta é a interpretação que damos aos movimentos de Baba, mas o fato é que eles seguem alguma lei além de nossa compreensão. Por isso comentamos entre nós mesmos que poderíamos, se tivéssemos sorte, ficar com Baba um dia ou dois em Whitefield. Um mês inteiro em sua presença, bem, podia-se até esperar, mas sem certeza de conseguir.

Com esse estado de espírito, chegamos a Bangalore no começo de junho e passamos a noite com um membro da Sociedade Teosófica. Levou-nos de carro na manhã seguinte para Whitefield, alguns quilômetros fora da cidade. No caminho nos explicou que Whitefield tinha sido uma comunidade britânica, mas poucos eram os europeus restantes. Constatamos ser um lugar amplo e aberto, com a maioria das casas grandes e jardins espaçosos e agradáveis. Finalmente, fixo num muro alto de tijolos, encontramos um portão com o nome "Brindavanam" encimando-o, e um *gurkha* (guarda) vestido de roupa cáqui. Pelo nome, ficamos sabendo que se tratava da residência de Baba.

Exatamente dentro, correspondendo ao portão, havia uma casa pequena. Desta veio um homem simpático com cabelos brancos, o Sr. M. S. Dixit. Fomos instalados num quarto de sua cabana. Acredito que tenha sido um abrigo em tempos passados. O Sr. Dixit nos deu a boa-nova de que Sai Baba estava na sua residência. Não podíamos ver nenhum sinal de outra casa, e fiquei a imaginar onde Baba viveria.

Mais tarde, na mesma manhã, o Sr. Dixit nos levou por entre caminhos arborizados onde víamos muitos macacos. Subimos um lance de escadas e finalmente chegamos numa varanda mais alta. Ali havia um jardim tipo parque, cheio de arbustos, passagens cobertas e uma casa confortável onde encontramos Sai Baba cercado por um grupo de convidados e visitantes de Bangalore ali hospedados por vários dias.

"*Swami*",[47] como a maioria de seus devotos se dirige a ele, nos deu as boas-vindas como uma mãe que fica feliz em ter seus

---

[47]Forma carinhosa de se referir a um verdadeiro guru. Faz parte também do nome iniciático de monges de renunciantes de diversas escolas védicas. (*N. do R. T.*)

filhos de volta ao lar. Deu-nos a oportunidade de, se quiséssemos, mudar para a casa maior com ele. Íris dormiria com as mulheres num lado da casa e eu no dormitório dos homens, ou permaneceríamos onde estávamos com o Sr. Dixit, mas as refeições seriam feitas em conjunto. É claro que aceitamos a última sugestão.

Naquela manhã assistimos à "cerimônia do *colar*" no salão central da casa. O menino que recebera o *colar* sagrado era o filho do Sr. Jawa, proprietário das fábricas de sorvete Joy. Os pais, a avó e outros membros da família, todos devotos de Baba, estavam presentes. O hall se encontrava superlotado de espectadores. Sob a supervisão de Baba, sacerdotes, eruditos de Prasanti Nilayam, realizaram o ritual. No momento exato Baba caminhou até o centro da cena, movimentou sua mão e de um lugar oculto no espaço, chamado de "depósito de Sai", produziu o colar necessário, para colocar ao redor do pescoço do menino.

Depois da cerimônia houve uma festa na ampla varanda. Sentamos no chão em posição de lótus em duas longas filas, comendo pratos indianos em folhas de bananeira enquanto um criado com um pau espantava os macacos. *Swami* andava ao redor dos convidados, a fim de se certificar que todos estavam felizes. Nessa ocasião festiva, homens e mulheres comem juntos, mas em Brindavanam normalmente usam a sala de jantar em horas diferentes, Baba comendo com os homens e algumas vezes visitando as senhoras para conversar com elas, durante suas refeições.

Mesmo sem os proveitos da publicidade, multidões tendem a impedir os movimentos de Baba. Assim, minha esposa e eu ficamos muito honrados quando Baba nos confidenciou que levaria um grupo pequeno para passar duas semanas com ele nas montanhas Horsley, que ficam ao norte de Bangalore, e nós nos sentíamos ultrafelizes por termos sido incluídos no grupo. Todas as providências para as acomodações já haviam sido tomadas por um dos devotos — Sr. T. A. Ramanatha Reddy, o engenheiro superintendente de Estradas e Obras na grande área que incluía as montanhas Horsley. Deveríamos estar prontos para partir, disse-nos *Swami*, no período de dois dias. Compreendemos que a informação era confidencial.

Como esperávamos ficar fora de Adyar (Madras, sede da Sociedade Teosófica) durante o verão inteiro e enfrentaríamos diferentes tipos de clima, tínhamos uma grande bagagem conosco. Dessa forma, começamos a planejar o que levar e o que deixar. Foi bom que *Swami* nos tivesse dado vários avisos. Se alguém mais em Brindavanam sabia da partida pendente, não nos disse nada — e nós nada dissemos também.

Ficamos orgulhosos com o aprender a guardar um segredo, mas ainda reberíamos uma importante lição. Como Yama, o rei da morte, Baba pode algumas vezes dar uma advertência, mas nunca se sabe o momento exato que seu dedo indicador será visto. Na manhã seguinte acordamos às 6 horas com uma voz forte: "O que, não estão prontos ainda? *Swami* estará partindo em cinco minutos."

Foi uma situação horrível, nossas coisas esparramadas por toda parte. Não tínhamos nem tomado uma chuveirada, nem nos vestido e muito menos tomado uma xícara de chá. Também a mala ainda não estava pronta. E Baba se encontrava à nossa espera para levar-nos com ele durante duas semanas. Quanto tempo esperaria? Iria sem nós? Ficamos feito baratas tontas tentando pensar em atirar algumas coisas dentro da valise e pronto.

A voz severa do devoto ainda nos concedeu mais 15 minutos. Mesmo assim era impossível. Quando conseguimos nos aprontar e sair meia hora depois, fomos informados que Sai Baba já havia partido. Ficamos arrasados, mas *Swami* foi na frente num carro e nos deixou outro. Nele encontramos outros devotos ansiosos por começar a viagem. Nosso grupo seria conduzido pelo Sr. Ramanatha Reddy.

Numa floresta, algumas milhas adiante, vimos o carro branco de Baba esperando na beira da estrada. Ele estava ao lado do carro, usando sua túnica vermelha, e junto com ele um pequeno grupo de devotos. Ele nos gozou um pouco porque havíamos demorado muito e ficou abismado com nossa bagagem. Antes de partirmos Baba nos levou por entre árvores perfumadas para um piquenique e o desjejum.

Depois houve um remanejamento de passageiros e tive o privilégio de minha primeira viagem com o grande homem. Raja Reddy, talvez o discípulo mais chegado a Baba na ocasião, dirigia o carro. Dois adolescentes se sentavam atrás com Baba enquanto Ramanatha e eu ficamos na frente com o motorista. Rodamos por campos vazios e sem vegetação e aqui e ali surgia uma vila ou cidade com pessoas fervilhando como formigas no açúcar. Colinas rochosas cinza-azulado começavam a se delinear no céu. A última cidade pela qual passamos foi Madanapalle, o local de nascimento de Krishnamurti. Antes de subirmos as íngremes montanhas Horsley passamos por um sinal indicativo do vale Riṣhi, onde a tão conhecida escola, dirigida pelos seguidores de Krishnamurti, está localizada.

No topo das montanhas Horsley, uns 1.500 m acima do nível do mar, chegamos à Circuit House, nosso destino. Não é muito grande mas tem todo o conforto de um hotel de primeira classe, sendo primeiramente construída com a intenção de se tornar uma casa de hóspedes para ministros de governo e autoridades importantes. Nosso anfitrião, o Sr. Ramanatha Reddy, tinha conseguido reservá-la para quem sua mente acreditava ser a mais importante pessoa dentre as mais importantes — Sathya Sai Baba, mais que qualquer grupo vindo com ele.

Além do convidado e de mim mesmo, havia quatro homens no grupo: Dr. Sitaramiah, Sr. V. Raja Reddy e os dois adolescentes; também havia seis mulheres, incluindo três princesas indianas. Sendo o único casal no grupo, Íris e eu recebemos uma suíte, próxima da de Baba. Da suíte, por uma sacada, tínhamos uma vista maravilhosa.

As planícies eram um tapete verde esfumaçado, com colinas isoladas como brinquedos de crianças espalhados sem ordem sobre ele, e as linhas de reservatórios de água brilhavam como pedaços de espelhos quebrados sobre o gigantesco tapete. Estávamos no céu — por vários motivos. Aqui, pensamos, podemos ter Baba para nós, um pequeno grupo. Pelo menos as multidões tinham sido deixadas para trás. Podíamos viver, de maneira íntima, com esse ser sobrenatural, sobre-humano, de manhã à noite. Podíamos conhecer seu modo de viver e nos regozijar com suas maravilhas integralmente.

Qualquer que fosse a hora que nos levantássemos, ele já estava de pé, sempre escrevendo, com a porta de seu quarto aberta; ele mesmo cuida de sua correspondência numerosa, além de escrever artigos regularmente para a revista de seu *ashram*, *Sanatana Sarati* (O eterno condutor).

Em algum momento, na parte da manhã, depois do café conosco, ele nos reunia numa sala para uma palestra espiritual. Normalmente se constituía de narrativas do *Ramayana*, *Mahabharata* ou *Srimad Bhagavata*. Interpretando as passagens, Baba revelava rapidamente a profunda sabedoria da Bhakti Yoga.

Depois de um passeio pelos jardins, seguido de almoço e uma sesta, o chá era servido numa sala de estar. A primeira dificuldade aqui era persuadir as mulheres indianas a se sentarem em cadeiras, pois julgavam incorreto ficar no mesmo nível de Sai Baba, seu *Swami*. Realmente algumas insistiam em sentar a seus pés no tapete, deixando as cadeiras vazias. Mas quando Baba conseguia que a maior parte se sentasse nas cadeiras confortavelmente, ele começava a abordar algum tema engraçado fazendo com que todos rissem. Obviamente, havia sempre implicações e propostas éticas na forma correta de viver.

Nas tardes ou ao anoitecer, o grupo freqüentemente saía para um passeio de carro, seguido talvez de uma caminhada, se o tempo permitisse. Caso contrário, havia algum outro discurso enriquecedor. Numa ocasião, todos nós visitamos uma aldeia indiana, distante das estradas tumultuadas. Era um local bonito e inacreditavelmente silencioso. Ali, na casa de alguns devotos de Baba, éramos entretidos antes do jantar enquanto todos os moradores da aldeia se aglomeravam ao redor do quintal da casa para serem abençoados pelo Avatar.

Mas mesmo nos primeiros dias um outro elemento começou a perturbar o teor de nosso idílio nas montanhas Horsley. Embora fosse o lugar bem afastado, as multidões começaram a se juntar. De alguma forma ficaram sabendo da presença de Sai Baba. Pessoas de lugares próximos ou distantes chegavam de carro, de ônibus, a pé. Antes do café, uns poucos já haviam chegado, e depois disto, durante todo o dia, uma multidão já estava de pé olhando para a sacada, esperando pela bênção de um olhar e um sinal de Baba.

Ele nunca os desapontou. Freqüentemente ia até a sacada, olhava para eles com seu olhar de compaixão e erguia sua mão num gesto característico de bênção. Outras vezes descia e cami-

nhava por entre eles conversando e produzindo *vibhuti* ou outra coisa qualquer para ajudar aos doentes ou àqueles com problemas. Se uma multidão de pobres viesse até ele todo o caminho a pé, ele dava a todos dinheiro para voltarem de ônibus. Sempre ao anoitecer ele fazia todos entrarem para o corredor da Cicuit House e os embalava com lindos cânticos (*bhajan*) por meia hora ou mais.

Entremeando todas essas atividades diárias aconteciam os milagres de fenômenos físicos, vários cada dia. Relatarei aqui os mais marcantes.

Uma tarde, logo após a nossa chegada, fomos dar um passeio, e deixando os carros nos dirigimos para um outeiro rochoso nas montanhas. Baba, por várias vezes, apanhava um pedaço de rocha quebrada, brincava um pouco com ela e então a jogava fora. Finalmente, quando voltávamos, ele manteve um pedaço do mesmo tamanho que um punho de homem fechado e o levou para a Circuit House.

Chegando lá, ele nos conduziu para uma das suítes e sentou-se no tapete enquanto nos acomodávamos em semicírculo. Ele começou a conversar sobre vários assuntos, ocasionalmente atirando um pedaço de rocha para cima e o deixando cair. De repente virou-se para mim e perguntou:

— Você pode comer isto?

Examinei a rocha com cuidado. Era granito duro, riscado e de cor clara. Admitindo não ser possível, devolvi-o — não estava a mais de duas jardas.

Ele apanhou a pedra e, ainda cantando, jogou-a no ar novamente enquanto uma dúzia de pares de olhos observavam atentos. Senti que algo estranho ia acontecer e em nenhum momento tirei os olhos da pedra. Quando já estava no chão, vi uma ligeira mudança na sua aparência. Embora do mesmo tamanho, forma e ainda riscado, parecia de uma cor mais suave do que antes.

Swami me devolveu-a através do tapete:

— Pode comê-la agora?

Para minha surpresa e contentamento não era mais rocha e sim um pedaço de açúcar-cande. Baba o dividiu em pedaços dando a cada um de nós uma porção para comermos. Era doce e delicioso como cande deveria ser. Seria uma ilusão? Estaríamos todos hipnotizados naquele momento? Então coloquei um pedaço em meu bolso. Ainda o tenho e ainda é açúcar-cande.

Pensei na canção popular chamada *The Big Rock Candy Mountains* e, na brincadeira, disse para ele: "Gostaria que você transformasse a montanha toda em cande ou chocolate." Baba pareceu levar a sério ou talvez tenha recebido isto como uma espécie de desafio. Seja como for, me respondeu solenemente que não seria certo interferir tanto no governo da Natureza.

Então me ocorreu que minha piada tinha sido muito superficial. Se com o poder da vontade, ou qualquer poder, ele pode transformar uma pequena coisa em outra, por que não uma grande? E por que não em outra substância? Ouro, por exemplo? Um homem que, como Baba, compreende e pode usar as leis ocultas da Natureza, deve estar acima da Natureza, deve pairar acima dos normais desejos humanos para tais coisas como poder e ganhos materiais. De outra forma, o que poderia acontecer?

Escrevendo sobre este mesmo tema no último quarto do século XIX, quando uma grande quantidade de "fenômenos físicos" chegaram aos olhos públicos, A. P. Sinnett disse em seu livro *Esoteric Buddhism*: "É suficiente dizer que esses poderes são tais que seria perigoso a uma sociedade de um modo geral e um incentivo a todo tipo de crimes incontroláveis, se possuídos por pessoas incapazes de os considerar como algo essencialmente sagrado." Vai além, dizendo que tais poderes nas mãos de pessoas desejosas de usá-los com propósitos egoístas e fins inescrupulosos seriam capazes de levar a um desastre — como se diz ter sido para o povo da Atlântida.[48]

Hoje, em nosso mundo, homens da ciência popular aprenderam o segredo e já dominam o poder de desintegrar matéria e transformá-la em energia atômica. Isso representa constante ameaça à existência da humanidade na Terra. Aprenderam também a transmutar metal básico em ouro, embora o processo seja muito caro, por isso econômica e socialmente inviável. Uma lei que salvaguarda o ocultismo preceitua que os avanços espirituais e morais devem preceder o desenvolvimento do intelecto e a aquisição do conhecimento dos profundos segredos da Natureza. Quando esta lei é quebrada, uma situação perigosíssima surge de maneira inevitável.

Numa manhã cintilante eu estava caminhando com *Swami* e os dois adolescentes no jardim da Circuit House. Baba usava uma veste cor de ocre que lhe caía dos ombros aos pés, semelhante a um cilindro suave. Como Íris havia passado a ferro algumas de suas vestes dois dias antes, eu sabia que não continham nem bolso nem lugares onde algo pudesse ser escondido. As mangas eram retas e largas, sem punhos. Ele nada levava nas mãos.

---

[48]Sobre a humanidade pesa uma ameaça mais apocalíptica do que a guerra química, bacteriológica e mesmo nuclear — a guerra dos *siddhis*, ou poderes paranormais. O poder destrutivo dos *siddhis* é incomparavelmente superior aos poderes químicos, biológicos e atômicos. As grandes potências já estão usando gigantescas verbas em projetos de guerra paranormal. Até que ponto avança a estupidez dos belicistas?!

Um dos jovens estava voltando para Bombaim no dia seguinte e queria tirar algumas fotos de *Swami*. Ele posou para várias fotografias. Ocasionalmente, enquanto caminhávamos e falávamos, ele parava para apanhar uma cereja ou um broto de um dos arbustos. Examinava-os com atenção e interesse de um botânico, depois o jogava fora como se não fossem apropriados para qualquer propósito em mente. Finalmente apanhou um pequeno botão de um arbusto, examinou-o, parecia satisfeito, e me deu, dizendo: "Fique com isto."

Depois que voltamos, ele retornou aos degraus da entrada da frente e não foi para seu aposento, mas diretamente para o nosso. Sentou-se numa poltrona enquanto os jovens, minha esposa e eu nos juntamos ao seu redor, sentados no tapete.

Swami pediu-me o botão que havia me dado. Passeio-o às suas mãos e ele o segurou em seus dedos por um momento, discorrendo sobre o botão.

— Que flor é esta? — ele perguntou.

Confessamos nossa ignorância. Sugeri que poderia ser um botão de rosa e concordamos.

Então, olhando para mim, ele perguntou:

— Em que você gostaria que ele se transformasse?

Fiquei perdido; não sabia o que dizer, então respondi:

— Qualquer coisa que o agrade, *Swami*.

Segurou o botão na palma da mão direita, fechou-a e soprou. Em seguida pediu-me para estender minha mão. Suspirei, e minha esposa deu um grito de entusiasmo ao ver que da mão teúrgica, a princípio segurando um broto de flor, caía em minha mão um diamante cintilante. No tamanho se assemelhava ao broto, que havia desaparecido completamente.

Baba delicadamente me presenteou com esse maravilhoso e assombroso produto de mágica transmutação. Ainda o tenho até hoje.

Sathya Sai Baba

O mais irrestrito e sábio ecumenismo está manifesto na Mandala acima, que se pode ver nas fachadas dos *ashrams* e educandários de Sathya Sai Baba. Nela se destaca, no centro, dentro do círculo, uma lamparina, representando a Luz Sai. Os símbolos das cinco maiores religiões do mundo, à luz dessa Luz, decodificam sua mensagem, acrescentando maior brilho e riqueza. A CRUZ dá a mensagem da eliminação do ego inferior. A CRESCENTE, do islamismo e a ESTRELA, do judaísmo, simbolizam a fé e a lealdade para Deus. As CHAMAS, do mazdaísmo, são uma invocação ao fogo que devemos atear às nossas inferioridades, a nossos impulsos e instintos primitivos. A RODA, dos budistas, lembra tanto a roda dos renascimentos e mortes em *Samsara* como a roda da retidão (*dharma*) que nos liberta da primeira. O OM dos hinduístas sintetiza dentro de si mesmo todos os processos de Ser e do Vir-a-ser, que precisa ser compreendido como a fórmula final do sucesso espiritual.

Estávamos no chão ao redor de Baba esperando o discurso matinal, talvez uma daquelas maravilhosas histórias da mitologia indiana, que conduzem nossas mentes às mais profundas verdades da vida. No entanto, antes de falar, ele nos mostrou uma folha verde e escreveu nela com as unhas. Depois me deu a folha, e a escrita era um mantra em sânscrito.

Em seguida nos pediu um livro, e uma das senhoras na sala passou para Sai a sua *Gramática télugo*. Colocando a folha entre as páginas, fechou o livro e bateu a capa várias vezes. Depois abriu o livro e retirou a folha. O escrito ainda estava nela, mas em vez de verde e fresca estava seca, marrom e facilmente se desfez em poeira.

Baba arremessou o livro sobre o tapete e depois de conversar um pouco, deixou o quarto. Bem, pensei, esse milagre não convenceria ao cético; a folha marrom poderia ter sido de alguma maneira previamente "plantada" no livro. Então apanhei o livro e procurei em suas páginas pela folha verde, mas nada achei.

Por que estou duvidando, perguntei a mim mesmo, depois de ter visto tantos milagres igualmente incríveis e inexplicáveis? Sai Baba tinha, de alguma forma, secado a folha como o Outro havia secado uma árvore dois mil anos atrás. Era como se vários meses de verão tivessem sido irradiados sobre a folha, naquele exato momento em que ele bateu o livro.

Nos planos sutis do ser, interpenetrando nosso plano físico de existência, pode bem haver classes de entidades para as quais nosso espaço físico é realmente não existente: nosso "aqui" e "lá" seriam uma só coisa para eles. A sabedoria antiga ensina que há tais seres. Também ensina que um objeto físico pode ser desintegrado em substâncias mais sutis ou "sistema de energia" que podem ser mudados por algum agente com velocidade próxima à da luz e reintegrar-se formando o objeto original. Este é o princípio geral por trás do fenômeno conhecido como um aporte.

Nas montanhas Horsley, Sai Baba produziu um exemplo particularmente marcante de tais telecinesias. Uma noite, uma parte do nosso grupo estava sentada no tapete do quarto de Baba; Ramanatha Reddy, o médico, o jovem, Íris e eu mesmo. *Swami* perguntou o ano de meu aniversário, e quando lhe disse, ele me afirmou que traria da América uma moeda cunhada no mesmo ano de meu nascimento.

Começou a movimentar a mão no ar, virada para baixo, à nossa frente, fazendo talvez cerca de uma dúzia de pequenos círculos, dizendo: "Está vindo agora... vindo... aqui está."

Então ele fechou a mão e a manteve na minha frente sorrindo como se gostasse de minha expectativa ansiosa. Assim que a moeda caiu de sua mão para a minha, notei a princípio ser pesada e dourada. Após um exame mais acurado descobri, para minha alegria, que era uma moeda de dez dólares, genuína, com o ano de meu nascimento estampado embaixo da cabeça da Estátua da Liberdade.

— Nasceu no mesmo ano que você — *Swami* sorriu.

O que os céticos diriam sobre isso, fiquei a imaginar. Sugeririam que Baba carregava consigo um estoque de moedas e assim teria uma para combinar com o ano de meu nascimento. Tais moedas americanas antigas, agora fora de circulação, dificilmente seriam obtidas na Índia por meios normais.

Não tenho a menor dúvida de que esse foi um dos muitos aportes incríveis de Baba. Enquanto movimentava a mão em círculos perto de nossas faces, algum agente, sob seu comando, tinha desmaterializado a moeda de ouro em algum lugar, transformando-a e transportando-a numa velocidade aniquilante do espaço, para em seguida rematerializá-la na mão de Sai.

De onde veio? Quem sabe? Baba não diria nunca; talvez de algum velho tesouro, escondida, perdida, esquecida ao longo dos anos e agora pertencendo a alguém vivo.

Embora tivesse vindo para conhecer através de experiências de primeira mão que Sai Baba não era nenhum impostor e que seus milagres eram genuínos, não pude deixar de pensar que o uso de areia como um meio para a criação era alguma coisa que propiciava combustível ao cético. Vários de seus seguidores me haviam contado que, de fato, tudo que havia produzido da areia, em outras ocasiões, havia criado sem ela, isto é, do ar.

Mesmo assim, um investigador psíquico objetivo, ao ouvir os relatos sobre as maravilhas da areia, pode ainda suspeitar: será que os objetos não foram previamente colocados na areia? Ou será que não poderia, com um movimento relâmpago de suas ágeis mãos, fazê-la deslizar até lá e depois retirá-la?

De fato, para alguém que ainda não tenha visto os milagres de Baba nem sentido a elevada espiritualidade de sua presença, creio que a "criação na areia" deve deixar uma interrogação maior do que com "outras criações".

Mas isso acontecia porque tais eventos ainda não me haviam sido, total e profundamente, esclarecidos por um observador cuidadoso. Mais tarde tive minhas observações pessoais dos milagres na areia confirmadas por diversos cientistas indianos — mas falar sobre isso agora seria colocar o carro à frente dos bois.

O primeiro aspecto que quero esclarecer sobre minha experiência nas montanhas Horsley com as "produções na areia" por Sai Baba é que no trajeto da Circuit House ao local dos milagres sentei-me à frente no carro com Sai e Raja Reddy, que estava dirigindo. Baba não carregava nada nas mãos e usava sua roupa de sempre, nenhum dos objetos criados mais tarde caberiam em sua roupa.

Após nos afastarmos uns poucos quilômetros da Circuit House, nosso carro e os outros que nos seguiam pararam. Descemos todos e fomos para um atalho, de areia, mais ou menos uns 50 m distante da rodovia, um lugar que tínhamos visto, da estrada, numa viagem anterior.

Baba pediu aos jovens do grupo que fizessem uma plataforma de areia, então eles cavaram e empurraram a areia com as mãos para construir uma plataforma achatada com cerca de 30 cm de altura e 1,20 m de diâmetro. Baba se sentou de pernas cruzadas no centro da plataforma e o grupo se juntou num semicírculo ao seu redor. Eu estava logo na frente, bem próximo da plataforma. O pensamento que passou pela minha cabeça foi que se qualquer objeto tivesse sido anteriormente enterrado aqui, perto de onde Baba se encontrava sentado, ele teria que cavar através do monte de areia até poder achá-lo.

Ele começou, como sempre, com um discurso espiritual, o qual, aparentemente, sempre tem o efeito de harmonizar e purificar a atmosfera psíquica ao redor. Talvez esta seja uma preparação necessária para os milagres. Então, com seu dedo indicador, fez um desenho sobre a areia à sua frente, e me perguntou o que era. De onde eu estava parecia bastante com uma figura humana, eu lhe disse.

Rindo, e com a expressão de uma criança feliz brincando na praia, escavou a areia e formou um pequeno monte de 15 cm de altura sobre o desenho. Ainda com o mesmo ar de alegre expectativa, pôs seus dedos ligeiramente no alto do monte, talvez 3 cm para dentro, e tirou, a cabeça primeiro, uma imagem prateada e reluzente, exatamente como o desenho que havia feito. Era uma estátua do deus Vishnu, com aproximadamente 10 cm de altura. Levantou-a para que todos pudessem vê-la; colocou-a de lado, desfez o monte para voltar a ser novamente uma superfície horizontal e uma vez mais começou a falar sobre assuntos espirituais.

Logo em seguida, fez outro desenho na areia no mesmo local. Novamente escavou a areia, cobrindo o desenho, fez um monte com a parte de cima completamente achatada. Ainda alegre, sentiu com os dedos a parte de cima do monte e retirou um pouco de areia, logo abaixo estava uma fotografia. Pegou-a, sacudiu a areia amarelada e ergueu-a para que a pudéssemos ver. Era uma estampa brilhante, em preto e branco, com cerca de 25 cm de altura.

Passou-nos o retrato para que o examinássemos com cuidado e mais tarde ainda o examinei mais. Era uma fotografia de deuses hindus e Avatares de pé em duas filas formando uma seta, com o Senhor Krishna na ponta. As cabeças de Sathya Sai e de Baba de Shirdi podiam ser vistas inseridas no corpo de Krishna. Essa estampa, pensei, não podia ser produzida em nenhum estúdio terreno. Mais tarde, Baba presenteou o Sr. e a Sra. Ramanatha Reddy com a fotografia. A mesma fotografia permaneceu junto da estátua de Vishnu por alguns dias numa mesa na sala de jantar da Circuit House.

Outros objetos criados da areia, da mesma forma, foram dados a várias pessoas na platéia. Um *jappamala* (rosário) foi dado ao Sr. Niak, o coletor do distrito de Kolar, e um *pendentif* (pingente) para um funcionário do governo.

Mas uma produção suprema saiu daquele areal, da qual todos participamos. Baba delineou um esquema que eu podia ver de onde estava. Era um pequeno depósito de algum tipo. Então, de maneira comum, limpou a parte mais alta do monte com mãos abertas para fazer um montículo sobre o desenho. Parou por um momento com um sorriso encantador, remexeu o alto do montículo e apareceu um depósito de prata com forma circular, um pescoço e uma tampa de rosca.

Sai Baba retirou a tampa e um perfume delicioso se misturou com o ar. Colocando-o de lado, recomeçou todo o processo de arrumar a areia e construir o montículo. Dessa vez o produto foi uma colher dourada, uma pequena colher de chá. Com ela, ele misturou o conteúdo da vasilha e, levantando-se, começou a dar a cada um dos espectadores um pouco.

Como os outros, abri minha boca enquanto Baba derramava uma colher cheia na minha língua. A palavra que veio à minha mente foi "ambrosíaco"; parecia o próprio alimento dos deuses; sugeria a mistura de essências das mais celestiais frutas, os divinos arquétipos das mais adoráveis frutas da Terra. O sabor era indescritível, tinha que ser vivenciado.

Os devotos chamam esse néctar glorioso de *amrita*, que quer dizer ambrosia — o alimento dos imortais. Vários devotos, incluindo alguns ocidentais como Nirmalananda e Gabriela, me disseram que Baba produz tal néctar a partir da areia em raríssimas ocasiões, e todos tentaram, em vão, descrever seu estranho sabor e aroma. Outros, incluindo o Dr. Sitaramiah, testemunharam Baba produzir *amrita* apertando sua própria mão, e por outras maneiras. Mas havia pelo menos três anos desde a última vez que Baba havia produzido o tal néctar. Minha esposa e eu ficamos muito agradecidos com a oportunidade que Baba nos deu de experimentarmos esse milagre profundamente comovente. Foi testemunhado nessa ocasião, nas montanhas

Horsley, por cerca de 45 homens e mais de uma dúzia de mulheres. Baba deu um pouco desse néctar a todos, exceto às mulheres que estavam na Circuit House. Havia suficiente *amrita* para todos e cada pessoa recebia uma colher cheia, e mesmo assim a vasilha estava sempre cheia.

Baba nos deu um pouco para levarmos ao nosso alojamento. Senti-me bastante honrado e o carreguei com o máximo cuidado em minha mão. Ainda havia areia agarrada nos desenhos entalhados no metal prateado, o qual me disseram ser uma combinação sagrada de metais chamada *panchaloja*. Na sacada da Circuit House devolvi o depósito para Baba e ele imediatamente passou a dar a cada uma das mulheres, que ainda não haviam provado o "alimento dos deuses".

Perguntei-me várias vezes depois do ocorrido sobre o que teria sido feito com o depósito e, para minha surpresa, um ano mais tarde um devoto de Bombaim me contou que ao visitar Baba, dois dias após o ocorrido, fora presenteado com o depósito. Ainda continha *amrita* e o depósito milagroso agora ocupa um lugar de honra em sua casa.

Dessa forma, aqui estão as respostas aos dois pontos despertados por meu pesquisador interno. Primeiro, os objetos não podiam ser previamente escondidos no banco de areia porque vieram da parte de cima do monte e tudo fora feito diante de nossos olhos. Segundo, mesmo que Baba tivesse carregado os objetos para a areia naquela noite, sem ser visto, uma completa impossibilidade, não poderia, através da mais especializada trapaça, fazer deslizar tais artigos como um ídolo, uma fotografia, um volumoso *jappamala* e um depósito de néctar para dentro da areia diante de nosso nariz sem que notássemos. Se ele o pudesse fazer, teríamos que considerá-lo superior ao mais astuto trapaceiro e o veríamos acumulando riquezas e construindo fama nos palcos, mas isso não acontece.

À parte da produção milagrosa de tais objetos, há o incrível mistério do *amrita* em si — sua qualidade ambrosial com um sabor inexistente neste mundo, seu poder (mostrado em várias ocasiões) de aumentar em quantidade para satisfazer as necessidades de qualquer que venha a ser o número de pessoas presentes. Qual, eu perguntava, era o verdadeiro, o real sentido? Decidi fazer esta pergunta a Sai Baba na primeira oportunidade.

IX

Retorno a Brindavanam

Sem que eu o soubesse, meu rei, tu imprimiste
o sinal da eternidade em muitos momentos fugazes.

Rabindranath Tagore

Numa reunião do grupo, um dia após ter sido produzi-do o "alimento dos deuses", perguntei a *Swami* sobre seu significado interior. Ele nos relatou o mito hindu sobre sua criação, como brevemente segue.

Uma vez, em tempos passados, um grande *rishi*[49] amaldiçoou Indra, o rei dos deuses inferiores (alguns *rishis* possuíam poderes tremendos). Como resultado, os deuses e os três mundos começaram a perder seu vigor. Vishnu, o Protetor na Divina Trindade hindu e portanto mais elevado que Indra, ofereceu aos deuses uma solução. Ele os informou que para que se salvassem deveriam bater o oceano de leite até que pudessem retirar dali o elixir conhecido como "*amrita*". Esse néctar iria destruir a terrí-

---

[49]*Rishi* — sábio; vidente da Verdade Absoluta. (*N. do R. T.*)

vel maldição do *rishi*, bem como renovaria as forças dos deuses, e dos três mundos por eles dominados.

Para a operação de bater, Vishnu lhes disse que eles poderiam usar o monte Mandara como pau e a grande cobra Vasuki como corda para movimentá-lo. Também disse que os deuses deveriam fazer uma aliança com os demônios e persuadi-los a puxar uma das pontas da corda (a cobra) enquanto os deuses puxavam a outra. Assim o monte Mandara poderia ser girado da mesma forma que o pau, numa antiga batedeira hindu.

Muitas dificuldades surgiram na grande operação de bater. Por uma coisa qualquer, a pobre cobra foi machucada a ponto de o veneno sair de sua boca para um grande rio, ameaçando destruir todas as pessoas.

Para salvar a situação, Shiva, outro membro da Trindade superior, apareceu e bebeu o veneno. O único dano que sofreu foi ter sua garganta queimada, causando uma mancha azul no local; e esta é a razão pela qual Shiva também é conhecido como Nilakanta, ou o "deus de garganta azul".

Houve, por outro lado, bons resultados, e muitas coisas maravilhosas saíram do oceano de leite, subprodutos da batida. Finalmente, o produto principal apareceu: Dhanvantari, o médico dos deuses, e incidentalmente o inventor do sistema Ayurvedic de medicina ainda praticado na Índia saiu do oceano. Em sua mão ele carregava a fulgurante taça de *amrita*, o elixir da juventude e vigor eternos.

Imediatamente os espertos demônios arrebataram-lhe a taça e fugiram. Mas, para ajudar aos deuses, Vishnu apareceu entre os demônios como uma mulher sedutora. Então, se esquecendo do precioso licor da imortalidade, os demônios começaram a lutar entre si para possuírem a bela mulher. Durante o conflito,

Vishnu apanhou a taça de *amrita* e a levou aos inconsolados deuses. Todos eles beberam, cada um pôde provar um pouco antes que acabasse. Assim recobraram sua força imortal e desprenderam novo poder e vigor nos seus mundos e nos dos homens.

Baba depois falou sobre o significado simbólico da narrativa: o creme da verdade, sabedoria e imortalidade, simbolizado por *amrita*, deve ser retirado (como quem bate leite para retirar o creme) do grande oceano cósmico, o universo fenomênico no qual vivemos e nos movemos. Porque este universo é baseado, e deve sempre operar, no princípio dos opostos, as forças más (demônios) são tão necessárias quanto as boas (deuses) para a ação de bater, isto é, para a constante luta nas vidas dos homens. Mas, infelizmente, a maioria dos homens se assemelha aos demônios: eles se esquecem de algo sem preço — a imortalidade — na sua busca por prazeres passageiros, simbolizada pela sedutora mulher.

"Uma vez que *amrita*, isto é, a falsidade, penetra no homem", diz Sai Baba, "os homens perdem o contato com *amrita*." Ainda continua Baba: "Aquele que é falso sente medo da verdade, e é cego para sua própria herança de imortalidade, e com isso sofre muitas mortes." Assim, ele explicou, quando os homens caem como presas do orgulho, do apego, da irrealidade, seus pensamentos e sentimentos devem ser batidos para que o creme da verdade espiritual se faça. Os grupos em ambas as pontas da corda, que imprime o virar do pau da batedeira, são sempre as "influências evolutivas e involutivas" — os deuses e os demônios, ou, vistos de outra maneira, as forças divinas e as forças animais dentro de nós mesmos.

Depois de cerca de 12 dias, nas "culminâncias do Olimpo" do monte Horsley, voltamos para Whitefield. Nessa viagem Íris e eu tivemos a honra e a satisfação de nos sentarmos com *Swami* no carro da frente. Durante o trajeto, Baba encheu o carro com lindas canções em louvor a Deus, a maioria delas compostas por ele mesmo. Eram algumas das canções usadas diariamente nas seções *bhajans* no *ashram*, ou em qualquer lugar onde acontecesse de Sai Baba estar.

Enquanto entrávamos numa vila ao longo da estrada, dois ônibus lotados passaram por nós e as pessoas reconheceram Baba. Na rua da vila um pouco adiante pararam e formaram um bloqueio humano. Meu único instinto seria buzinar fortemente para forçar passagem através do que eu via como uma agitada multidão. Mas *Swami* jamais parece se preocupar ou alarmar com as multidões que sempre o cercam. As únicas reações que sempre vi nele são amor e compreensão, embora muitas vezes algumas pessoas percam a compostura pelo desejo de chegar perto e tocá-lo. Na ocasião, pediu ao motorista que parasse e, abrindo sua janela, nela se debruçou e abençoou a todos. Com isto, a multidão se foi, sorrindo alegremente enquanto Baba acenava a falava. Era como acompanhar uma personagem real; só que era muito mais que isto. Os rostos dessas pessoas ficaram tão radiantes que fariam qualquer pessoa chorar.

Em Brindavanam, *Swami* decidiu que nós dois deveríamos ficar com ele na casa grande. Deu-nos um quarto com banheiro. Aqui vimos mais algumas facetas de seu caráter.

Antes de nos instalarmos, Sai chamou alguns jovens, os quais estão sempre felizes em poder servi-lo, e os colocou a limpar o quarto e arrumar a mobília. Jamais tinha visto indianos andarem tão rápido e trabalharem com tamanha eficiência como fizeram sob a supervisão de Baba. Não nos permitiu mover um dedo, mas ele, Baba, deu uma mãozinha. De algum lugar trouxe tapetes hindus, ornamentos e cortinas. Finalmente nos permitiu entrar e se desculpou pelo quarto não ser muito confortável. Nós, no entanto, o adoramos. Não podíamos deixar de admirar *Swami* neste novo papel de supervisor do trabalho e decorador de interiores. Qualquer coisa que faça, em qualquer nível que seja, o faz com perfeição suprema.

O que mais nos agradou nesse quarto foi que Baba, de uma outra porta, podia nos fazer uma visita sem aviso: sentava-se um pouco e conversava, respondendo às perguntas de nossas mentes, ou perguntando se nossos estômagos haviam estranhado a apimentada comida indiana servida no refeitório. A comida era bem temperada com pimentas, assim achamos melhor evitar algumas refeições e voltamos a comer no quarto.

Um dia pedimos a Baba algumas fatias de pão, um prato estranho no refeitório. Baba enviou um carro a Bangalore para comprar o pão e outros alimentos adequados ao paladar ocidental. Voltou com um enorme pacote de compras — pão, manteiga, potes de geléias, bolo, queijo e latas de achocolatados. Alguns devotos ficaram sabendo de nosso pedido e por isso recebemos tantos pães que poderíamos abrir uma padaria. A fraternidade e a generosidade são típicas dos devotos de Baba.

Baba decidiu nos presentear com uma cerimônia hindu conhecida como *Shastipoorti*. É um tipo de recasamento realizado assim que o marido completa seu 60º aniversário. Para a cerimônia, *Swami* presenteou Íris com um lindo sari de seda e nos deu um *dhoti* e *angavastram* em seda branca, dizendo que era correto para nós usarmos novos atavios para a ocasião.

Um jovem casal pertencente aos devotos de Baba casou primeiro, e assim pudemos nos sentar e observar com uma grande multidão que se juntara no salão central. Depois de uma hora chegou nossa vez. Sentamo-nos na posição de lótus no tablado

baixo enquanto dois sacerdotes de Prasanti Nilayam realizaram o ritual colorido. Diante de nós havia um grande coco, algumas bananas, vasilhas com arroz, pasta de sândalo, açafrão, *kum-kum* (pó vermelho), incenso e outras coisas essenciais ao ritual. Os sacerdotes cantaram alguns mantras sânscritos e em momentos específicos eles (ou nós, seguindo suas instruções) respingavam algo de uma das vasilhas dentro do coco ou nos ungíamos com uma pasta.

Baba, que estava sentado, presenciava e às vezes dirigia os procedimentos. No momento certo, ele andou para a frente, movimentou sua mão mágica, na forma habitual, e materializou dois anéis de ouro, cada um com uma grande pedra preciosa incrustada. Um para eu colocar no dedo de minha esposa e outro para mim mesmo. Depois disso Baba nos deu guirlandas de flores para nos adornarmos, e uma outra nos foi dada para, juntos, colocarmos sobre a cabeça de *Swami*. A cerimônia terminou com um canto de dois *punditis*,[50] invocando — nos disseram — as bênçãos de uma vida longa sob a proteção e orientação de Sri Sathya Sai Baba.

Todo o ritual foi radiante com o cálido amor que emana de *Swami*. Ninguém podia evitar sentir que por uns 40 minutos poderes beneficentes invisíveis tinham sido focalizados sobre nós e em nossa união, como se tivesse sido renovada e supremamente abençoada.

No dia seguinte veio a outra cerimônia, que, segundo Baba, deve se realizar após *Shastipoorti*: alimentar e vestir os pobres. A notícia se espalhou e milhares de pobres — homens, mulheres e

---

[50]*Punditi* — pessoa de considerável erudição e conhecimento das sagradas escrituras. (*N. do T.*)

crianças — foram acolhidos nos solos de Brindavanam. Sentaram-se em filas para receber sua substancial parcela de arroz, preparada e servida pelos devotos de Baba.

Então, 60 dos mais pobres homens e o mesmo número de mulheres foram trazidos para se sentar em ambos os lados da passagem para carro no interior do *ashram*. Cada homem iria receber um *dhoti* e cada mulher um sari. Como era nossa cerimônia, Íris e eu iríamos distribuir as roupas que Baba nos forneceu.

Swami, o doador, se ausentou enquanto Raja Reddy, testemunha de muitas ocasiões como essa, supervisionou a distribuição. Vários devotos jovens foram incumbidos de carregar as grandes pilhas de roupas. Enquanto de um lado minha esposa dava os saris, eu, do outro, os *dhotis*. Algumas das pobres almas tentaram tocar meus pés em gratidão e eu me sentia muito constrangido com isso. A cada um dizia que o presente era de Baba. Se entenderam minha língua ou não, o fato é que conheciam bem o nome abençoado de Baba.

Para as multidões desditadas, Sai Baba tem sido uma encarnação da Providência. Em ocasiões como o grande Festival Dásara, em outubro, ele alimenta milhares de pobres que se amontoam para sua bênção em Prasanti Nilayam. Algumas vezes, ele pessoalmente serve a sobremesa colocando boa quantidade no prato de folha de bananeira de cada um daqueles milhares. Então, também os velhos e decrépitos, os aleijados e cegos recebem novas roupas para o festival.

A não ser devido à ocasião do importante cerimonial de *Shivarathri*, Sai Baba não costuma fazer materializações espetaculares diante de grandes platéias, mas eu o vi fazer uma em homenagem ao Sr. Modi — e não poderia ter sido melhor.

Dr. Shree Murugappa Modi é conhecido em toda a Índia e em círculos médicos no exterior como um cirurgião e oftalmologista. Mas, para os 6 milhões de cegos na Índia ele é mais que tudo isso. Ele é uma esperança de luz dentro da escuridão. Eles o chamam "Nosso irmão que dá a visão". Filho de um comerciante de Bombaim, tornou-se médico profissional naquela cidade em 1940, especializando-se em cirurgia de olhos.

"Muitos de meus pacientes tiveram que vender uma vaca preciosa ou mesmo suas casas de barro e palha para viajar e obter tratamento", ele relembra, "por isso decidi ir até eles."

Em 1943, desistiu de sua prática particular e começou a tratar gratuitamente em seus Acampamentos de Olhos. Com suas instalações na cidade de Davangere (estado de Mysore), ocupa uma área bastante grande (48.000 km^2), com uma população quase tão numerosa quanto a dos Estados Unidos da América.

Freqüentemente, instala seu hospital móvel numa escola e é apoiado pelas agradecidas autoridades da cidade. Qualquer pessoa no distrito, rica ou pobre, pode vir e terá o problema de seus olhos examinado e tratado sem pagar nada. Hospitalização gratuita é oferecida no prédio da escola. O Acampamento de Olhos geralmente dura cerca de duas semanas, e naquele período o Dr. Modi cuida de milhares de casos. Enquanto corrige estrabismo e outros problemas óticos, a maioria de suas operações é de catarata. Dr. Modi alcançou alto grau de destreza que, com a ajuda de assistentes, faz mais de 700 operações de catarata num dia. Essa produção em série capacita-o a atender numerosos pacientes e, aparentemente, a eficiência não sofre nada. Mais de 99% das operações são um sucesso. Desde que começou sua batalha contra a cegueira, aproximadamente há 25 anos, suas operações devolveram a visão a milhares de pessoas. Departamentos de Saúde locais e estaduais, organizações filantrópicas e algumas pessoas ricas pagam as despesas dos acampamentos, mas o Dr. Modi não aceita nada para si.

Encontrei o Dr. Modi quando fora trazido a Whitefield. Estava lá com o Sr. Niak, para levar Sai Baba a Kolar. Baba tinha concordado em estar presente no encerramento das atividades de um Acampamento de Olhos numa cidade distante 50 km de Whitefield.

Fiquei muito contente ao ser convidado a acompanhá-los. No carro também estavam Raja Reddy e Seshgiri Rao, que mora em Whitefield e é primo do meu amigo de Madras, G. Venkateshwara Rao. Enquanto íamos pela estrada sob o sol quente da tardinha, o Dr. Modi respondeu perguntas sobre seu trabalho. É um homem próximo dos 50 anos, forte, com uma careca brilhosa e grandes olhos gentis. Observei que havia um toque ocidental nas suas maneiras e na forma de falar, e compreendi o porquê quando me disse que durante o trimestre das monções,[51] quando fica difícil a seus clientes chegarem até ele, viaja algumas vezes para a América, Inglaterra e outros países, para manter-se em dia com as novas técnicas de cirurgia de olhos.

Do lado de fora do prédio da escola, onde o hospital de olhos tinha sido instalado, uma multidão de cerca de 5 mil pessoas estava esperando. Fomos conduzidos até a plataforma decorada. Primeiro o Sr. Niak dirigiu umas poucas palavras, então o Dr. Modi, que tinha estado sentado perto de mim no lado do palco, dirigiu-se ao microfone. Como ele falou no dialeto local, não pude compreender muito do que disse, mas entendi um

---

[51]Monções — os meses em que chuvas incessantes se despejam sobre o território da Índia, trazendo fertilidade ao solo. (*N. do T.*)

ponto: ele afirmou que embora curasse a cegueira física, todos nós estávamos espiritualmente cegos até que nossos olhos interiores fossem abertos pelo grande Mestre Sai Baba.

Assim que terminou, mas antes de retornar ao seu lugar, Baba se levantou ao lado dele e movimentou a mão teúrgica em vários círculos rápidos. Houve um *flash* dourado entre o polegar e o indicador de Baba, e surgiu um anel, em ouro maciço, com um grande rubi. Em seguida, colocou-o no dedo do médico. Um profundo sussurro se formou na multidão dos que olhavam antes de irromperem num efusivo aplauso. O médico parecia subjugado pela emoção quando se sentou novamente e nos permitiu uma olhada no lindo anel. Servia no seu dedo como se tivesse sido feito sob medida.

Sai Baba usualmente começa seus discursos com uma canção *bhajan*, fazendo um solo com sua voz doce e divina; depois fala por uma hora ou mais e termina conduzindo a multidão a entoar mais canções sagradas e cânticos. Seus discursos ou sermões são feitos com fluência incrível, sem ler nada, uma poderosa oratória, sem consultar anotações, que mantém o auditório em profundo silêncio.

Depois de algum tempo Seshgiri Rao, nosso motorista, sumiu. Isso fazia parte da estratégia de fuga, pois há sempre um para cada lugar e ocasião. De outra forma Baba seria esmagado por milhares que querem se aproximar e tocá-lo. Tinha sido previsto que a saída seria difícil. Por isso, ao se aproximar do fim, Baba, aconselhado por Raja, também se foi.

Justamente atrás do palco estava a escola. Eu fui para lá contando em encontrar Seshgiri Rao esperando no carro do outro lado. Mas ele não se achava no local. Fui até onde havíamos deixado o carro e o encontrei sentado à direção com uma pequena multidão ao seu redor.

Explicou-me que só iria para a porta da escola, por onde Baba iria sair, no último momento. O carro branco de Baba seria logo reconhecido e uma grande multidão rapidamente se formaria. Sentamo-nos e ficamos a falar sobre as maravilhas de Baba.

O motorista usava um anel idêntico ao que seu primo Venkateshwara sempre usa. Tem uma grande esmeralda cercada por pequenos diamantes e dentro da esmeralda pode-se ver, com clareza, a silhueta da cabeça e dos ombros de Sai. Pedi-lhe para me contar a origem do anel, pois sabia que haveria uma interessante história por trás daquilo.

Baba, disse ele, produziu o anel da forma de sempre, ou seja, com um movimento da mão. Mas no início não tinha a imagem de Baba na esmeralda. Disse que poderia comprar um anel igual àquele, mas o que realmente desejava era um com a imagem de Sai. Ouvindo isso, *Swami* pegou de volta o anel, segurou-o na mão por um momento e o devolveu. A inconfundível silhueta apareceu na pedra enquanto Sai Baba o segurara. Depois, com um outro movimento da mão, produziu um outro anel igual com a mesma imagem para G. Venkateshwara Rao.

Ouvimos o som do início do *bhajan*. Com isso iniciávamos a contagem regressiva para nossa partida. No final da segunda canção, fomos para o lado contrário a fim de confundir a multidão antes de voltarmos e estacionarmos ao lado da porta da escola. O canto terminou, o silêncio tomou conta do local, mas Baba não apareceu através da porta, conforme esperávamos.

Então fomos vistos. Multidões começaram a correr em nossa direção. Logo éramos uma ilha no grande mar humano se comprimindo contra todos os lados do carro. Cada janela era um quadro de rostos e olhos humanos e dentro tornou-se quente, sufocante e sem ar. Só podíamos ver uma grande massa de pessoas. Quando a gente se acha no centro de tal massa humana sente que não é número de indivíduos separados, mas um grande animal irracional que pode ser levado a fazer qualquer coisa. Estávamos sem saída, e não era seguro partirmos com o carro pois poderíamos ferir alguém.

Quando quase morríamos com a falta de ar, uns policiais subitamente apareceram e abriram caminho, pelo qual caminhava *Swami*, sereno e risonho. Raja estava imediatamente atrás dele. Tão logo entraram, a polícia abriu uma passagem para o carro poder passar. Seshgiri Rao acelerou o veículo como se fugisse de algum perigo. Baba, no banco de trás, dizia: "Devagar, devagar." Fez-nos baixar os vidros do carro enquanto ele se debruçava e dava suas bênçãos a todos.

Agora a multidão já não era mais um animal assustado como antes, mas somente um grupo de seres humanos acalentados por uma grandiosa visão. Alguns se prostravam no chão, outros corriam atrás do carro jubilosamente gritando: "Sai Baba, Sai Baba", olhos e semblantes luzindo com o brilho do amor e da alegria.

O Sr. Niak estava à frente em outro carro, e todos nos dirigíamos para sua grande casa dentro de espaçoso terreno e cercada por um muro alto. Assim que entramos, o portão foi fechado e trancado. Não demorou muito para que a multidão do lado de fora começasse a gritar.

"Colocavam as crianças na frente da multidão; eles acreditavam que isto nos forçaria a abrir o portão", comentou o Sr. Niak.

Baba sorriu gentilmente. Em seguida, para nossa preocupação, ordenou que o portão fosse aberto. De uma janela vi a multidão entrando como se fosse água escapando pela brecha da represa. *Swami* saiu ao encontro da enchente. O Sr. Niak e outros foram também e logo vi a multidão se sentando em silêncio num círculo. Baba andou de um lado para o outro a fim de que todos o vissem de perto. Muitos tocaram sua roupa e pés, alguns conseguiram dar uma palavra com ele e uns poucos receberam *vibhuti* sagrada de suas mãos.

A partir daí, o Dr. Modi se tornou parte da grande família de Sai. Baba convidou o Dr. Modi a dirigir um Acampamento de Olhos em Prasanti Nilayam no início do ano seguinte. Muitas pessoas viriam de longas distâncias para se tratarem e os moradores do *ashram* serviriam de assistentes hospitalares.

Quando o mês de junho já se aproximava do fim, começamos a sentir que nossos dias estavam por terminar em Brindavanam, aquele lugar calmo e tranqüilo onde Baba de alguma forma nos fazia lembrar, mais do que nunca, o Senhor Krishna. Baba tinha prometido nos levar com ele a Prasanti Nilayam, mas não disse quando.

Ouvimos um rumor que Baba iria partir. Conhecendo agora sua maneira de partir sem aviso, planejamos as coisas que levaríamos, e ficamos preparados para uma partida rápida. Estávamos determinados a não ser apanhados novamente desprevenidos uma segunda vez.

X

Um lugar à parte

Todos os lugares que o olho do céu visita
São, para o homem sábio, portos e céus de alegria

Shakespeare — Richardo II

UMA NOITE, ENQUANTO BABA JANTAVA FORA, NA CASA DE um devoto em Bangalore, espalhou-se a notícia de que estava partindo na manhã seguinte para Puttaparti. Todos pareciam ter certeza sobre isso e, assim, tratamos de embalar tudo que pretendíamos levar.

Na manhã seguinte, antes do café, Baba entrou em nosso quarto, olhou com surpresa nossas coisas já arrumadas, e disse:

— O quê? Vocês estão indo embora?

— Ouvimos que você estava indo para Puttaparti esta manhã, então, *Swami*, assim, nós...

— Não, não — ele me interrompeu. — Mas estou indo a Madras, só por uma noite. Você gostaria de vir? — dirigiu a pergunta a mim somente. Provavelmente seria uma reunião masculina.

Depois do café partimos — Raja na direção, dois outros homens, Baba e eu. Após termos nos afastado um pouco de Whitefield, paramos para abastecer, e antes que o tanque estivesse cheio, uma multidão já havia se juntado. Dentre eles havia uma pedinte à qual *Swami* deu dinheiro. Nunca o vi passar por algum pedinte sem que lhe desse algo. Mesmo se estiver na beira da estrada, no interior, quando os carros normalmente rodam mais rápido, Sai Baba pára o carro nem que seja somente para demonstrar sua simpatia e amor ao sofredor.

No banco traseiro do carro estávamos eu e um jovem, com Baba entre nós dois. Nunca se sabe o que vai acontecer quando se está dirigindo com *Swami* no carro. Algumas vezes ele se senta silenciosamente por longos períodos, como se estivesse ausente, ou em relaxamento — seus companheiros de viagem respeitam seu silêncio, ou o que ele signifique, e permanecem quietos. Outras vezes começa a cantar e pede que o acompanhem. E então sempre algo muito interessante ocorre.

Uma vez, por exemplo, enquanto passávamos, bem devagar, por uma rua estreita de uma vila, um homem surgiu na frente do carro com um coco na mão. Nosso motorista parou o carro enquanto o homem quebrava o coco na rua, na nossa frente — este é um ritual de adoração hindu. Em seguida veio até a janela do carro para receber a bênção de *Swami*. Numa outra ocasião estávamos viajando por lugares muito distantes do *ashram*. As únicas pessoas à vista eram trabalhadores afastados da estrada. Eles se encontravam inclinados sobre suas pás, trabalhando de costas para nós. Assim que passamos por eles, um se levantou, nos encarou, juntou as palmas das mãos, na maneira hindu, em agradecimento, e reverentemente se curvou. Os outros dois, no entanto, continuaram como estavam, trabalhando. Como, eu pergunto, só esse trabalhador soube? Será que viu o carro pelo canto do olho e o reconheceu ou apenas sentiu a aproximação de um grande santo?

Hoje Baba se achava com disposição para divertir o jovem com alguma magia. Apanhando uma folha verde de bétel, Baba fez com sua unha um círculo marcado com um símbolo. Passando o círculo cortado para mim, perguntou-me que símbolo era. Podia ter sido um mantra sânscrito, mas realmente eu não tinha idéia. Sem esclarecer, pegou de volta o círculo e o colocou na palma da mão do jovem, ainda segurando-o com as pontas dos dedos. Assim que retirou seus dedos, o disco de folha verde havia desaparecido e no mesmo local havia outro com o mesmo tamanho, mas este tinha uma frente esmaltada com o retrato da cabeça de Vishnu. Quando me foi dado para examinar de perto, pude ver, com interesse, que se tratava de um retrato verde num fundo branco, e o verde tinha o mesmo tom que o da folha. Era, na verdade, um pingente com um gancho para prender. Virando-o, vi que havia nas costas uma leve falha no metal.

Se era por causa da imperfeição ou por outra razão eu não sei, mas Baba mantinha a peça contra a palma da mão do menino, deixando lá agora uma outra similar, mas agora com as cabeças da Trindade hindu — Shiva, Vishnu e Brahma. A cor do segundo era diferente, e não havia imperfeição. Baba lhe disse para ficar com aquela enquanto a primeira simplesmente desaparecia entre os dedos do santo homem.

Rememorando minha breve estada em Madras com Sai, duas coisas saltam da riqueza de impressões. Uma é a maneira misteriosa como sua presença se tornou conhecida pelo público. Chegamos para um almoço tardio e depois de um pequeno descanso dei uma olhada por uma das janelas da casa dos Verkatamuni, onde estávamos hospedados. O jardim da frente se achava quase repleto, eram centenas de pessoas sentadas no chão, como de costume, esperando para ver, mesmo que rapidamente, o grande homem. Nenhum aviso público tinha sido feito, nenhuma publicidade de qualquer tipo. De fato, nossos anfitriões só tomaram conhecimento de nossa chegada umas poucas horas antes, e tiveram tempo de telefonar somente para uns poucos amigos e parentes com os quais o *Swami*, por esta ou aquela razão, precisava falar. Esses poucos falariam a alguns amigos que também seriam discípulos chegados. Mas os devotos estão sempre cautelosos em dar publicidade a notícias da próxima vinda de Baba.

As multidões começaram a aglomerar-se muito rapidamente e *Swami* parece gostar de um começo tranqüilo para suas atividades, para poder conversar com as famílias que o amam tanto e com tanto fervor. Mesmo assim, algum sussurro telepático atravessou a cidade e de noite os jardins fronteiros e laterais já se apresentavam abarrotados de pessoas esperando o aparecimento da amada figura.

A outra coisa que pude verificar mais do que nunca foi a energia super-humana de Baba. Do meio-dia até alta noite conversava com pessoas, individualmente ou em grupos, se movimentando entre as grandes multidões ou saindo para visitar casas de devotos doentes ou necessitados de alguma forma.

A mesma atividade constante continuava no dia seguinte até de noite, por volta das 19 horas, quando partimos para Whitefield. Uns poucos quilômetros fora de Madras, esperando no acostamento, havia um carro lotado com seus mais devotados seguidores ansiosos por mais uma visão, mais uma palavra, mais uma bênção do santo homem. Baba os abençoou e os olhos de seus devotos se encheram com lágrimas de amor. Então, iniciamos nossa jornada de cinco horas na escuridão, por entre vilas, búfalos e negligentes vacas que infestam as ruas da Índia. Chegamos a Brindavanam após a meia-noite e lá estavam grupos de visitantes à sua espera, mesmo àquela hora.

Em passeios subseqüentes pude ver o mesmo padrão de programas diários, com o acréscimo de sessões da *bhajan*, conferências públicas e outras grandes funções. Nós, seus companheiros de passeios, vez por outra tínhamos que descansar um pouco ou ficar no carro, mas Baba continuava, jamais parava, visitando as casas de devotos, levando-lhes alegria, esperança e nutrição espiritual.

De manhã à noite, e freqüentemente até meia-noite ou mais tarde, Baba está na ativa, se entregando totalmente às necessidades e bem-estar daqueles que chegam até ele ou imploram para que vá até eles — verbalmente ou pela telepatia da oração. Baba sozinho faz o trabalho de várias pessoas e nunca o vi demonstrar fadiga. Algumas vezes, podia parecer levemente cansado, mas rapidamente recobrava seu vigor totalmente. É como se bebesse na fonte da energia plena.

Numa ocasião, ao perguntar-lhe se faria algo por mim, respondeu-me: "Sim, naturalmente. Sou sua propriedade; não tenho direitos."

Sua vida é um constante sacrifício, um contínuo serviço aos devotos, e, através deles, a todos os homens, pois quando o divino seixo do amor é atirado dentro do lago da ignorância e do sofrimento humanos, as ondas se alargam em círculos cada vez maiores até alcançar o verdadeiro limite.

Uns poucos dias após nosso regresso de Madras chegou o momento de nossa viagem de volta de Whitefield para Puttaparti. Somente minha esposa, Raja (dirigindo) e eu estávamos com *Swami* dessa vez. Era a primeira visita de Íris ao *ashram*, e ao longo do nosso caminho Baba chamava sua atenção para a paisagem. Ele também começou a ensinar-lhe um canto sagrado em hindi.[52] Mas o silêncio se fez durante a maior parte da duração da viagem.

Assim que entrávamos em Prasanti Nilayam, meu coração palpitou forte ao ver os residentes, centenas deles, alinhados pelo caminho com seus rostos felizes e sorridentes. Na grande sala de oração paramos e nos perdemos de Baba: fora sugado pela multidão. Recebemos, no entanto, muito boa acolhida por amigos como o Sr. N. Kasturi, e logo nos encontramos instalados no meu antigo quarto na casa de hóspedes.

Descobri que a vida ali continuava a mesma. Ainda havia o sino matinal para nos acordar na madrugada para a meditação na sala de orações. Nem todos os moradores do *ashram* vão lá: alguns meditam em seus próprios quartos; outros escolhem seus próprios locais sob a *banian*, a árvore sagrada, plantada por Baba há muitos anos, na montanha próxima ao hospital. Eu, pessoalmente, preferia ir para as pedras, onde podia fazer alguns exercícios de yoga e observar o nascer do sol espalhando sua luz mágica a dourar os vales.

Mais tarde a multidão se reúne em torno do jardim circular, em frente à construção principal, para o primeiro contato visual com Baba ao chegar à sacada, erguer sua mão e abençoar os presentes. Esta é a primeira bênção (*dharshan*) do dia. Logo após, as entrevistas começam; com grupos de 12 a 20 pessoas, Baba passa talvez meia hora ou mais com cada uma delas. Dessa forma ele faz contato mais íntimo com cerca de 150 pessoas por dia — mais em outras ocasiões.

---

[52]Hindi — um dos mais importantes idiomas falados na Índia. (*N. do T.*)

Na mesma manhã ainda, há um *bhajan* com uma hora de duração. Baba freqüentemente vem e se senta em sua cadeira na sala, parte da manhã. Por algum tempo ele caminha entre as pessoas sentadas sob as árvores. Algumas vezes, passa a maior parte do *bhajan* com seus grupos de entrevistas nos quartos. A única coisa que se sabe é que Baba jamais cumpre a mesma rotina de ação duas vezes seguidas.

Quando o segundo *bhajan* começa, à tardinha, Baba ainda estará costumeiramente com os grupos de entrevista. Depois de algum tempo, se ausenta um pouco para alimentar sua jovem elefanta, Sai Gita. Assim que o animal o vê, se aproxima com imponência, segurando na sua tromba erguida uma guirlanda de flores confeccionada por algumas senhoras do *ashram*. Quando os dois se encontram, Sai Gita coloca a guirlanda na cabeça de Baba e se curva dobrando a pata dianteira direita. Baba dá uns tapinhas nela e a alimenta com frutas numa cesta. Não demora muito e Baba deixa Gita, indo ao encontro daqueles que, sentados ao longo do caminho, esperam ouvir uma palavra dele. Durante todo o tempo Gita observa seu dono, e toda vez que ele se movimenta ela gira, de forma a ficar sempre de frente para ele.

Tão logo a cesta esteja vazia, Gita a leva para o estábulo. Mas se Baba pede para ela parar ou vir até ele, ela obedece imediatamente. Essa elefanta lhe foi ofertada, quando ainda era bebê, por alguns devotos do Sul. Ela se tornou uma figura muito amada no *ashram*, dando sua saudação sonora sempre que vê à distância a vestimenta vermelha de Baba ou sente sua presença, sem vê-lo. Em ocasiões especiais, ricamente ajaezada, participa de cerimônias externas importantes, como as procissões em Prasanti Nilayam.

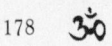

Após o *bhajan* da tardinha e seu lindo ritual final do *arati*,[53] com cânfora acesa e um hino de adoração, o povo flui da sala e de sob as árvores e se junta na frente do edifício. Aqui todos aguardam de pé a bênção. Logo Sai, com sua vasta cabeleira encaracolada e sua roupa vermelha, aparece na sacada iluminada. Há uma profunda calma; seus lábios se movem silenciosamente, suas mãos se movem num gesto de elevação. Alguma coisa mais sutil que o ar em torno parece também se mover para o alto, apertando nosso coração e o elevando até que nossos olhos se umedecem.

Depois da solenidade todos vamos para a ceia. Mas Baba ainda continua a atender pessoas: funcionários do *ashram* com problemas administrativos e visitantes com problemas pessoais urgentes.

Nada mudara em Prasanti Nilayam desde minha última visita. Quando se passa pelo portão parece que se entra numa aura gloriosa de paz e alegria. Não que você se desligue do mundo onde vive como um sonhador, mas seu sentido de valor muda, os problemas e conflitos mundanos são vistos como através do extremo oposto de um telescópio, pequeninos e muito distantes. Mesmo os contratempos imediatos da vida no *ashram* — a adaptação a certos "desconfortos", a briga por assegurar-se algumas comodidades ocidentais como pão, manteiga, queijo — parecem nada. Sempre o fator imensamente importante é o envolvente amor emanado do centro. O que o famoso milionário "pulmão-de-aço" da América, Fred Snite, disse sobre Lourdes se aplica a Prasanti Nilayam: "Aqui a vida é uma oração (...) Estamos num lugar fora do mundo — a meio caminho do Céu."

Uma das mais interessantes características da vida no *ashram* é o próprio povo de lá, residentes e visitantes. Um livro inteiro poderia ser escrito sobre isso. Eles aqui chegam por várias razões.

---

[53]*Arati* — cerimônia do fogo. (*N. do T.*)

Alguns viajam centenas de quilômetros, como os que iam ao Oráculo délfico dos antigos para saber sobre o futuro. Outros, por motivos comerciais: para saber se devem ou não vender uma loja, abrir uma fábrica, aceitar um contrato, procurar um novo emprego. Muitos com sérios problemas de saúde; outros, como representantes dos grupos de Sai Baba em outros lugares, para convidar *Swami* a visitar um local; uns poucos para pedir a presença dele em seus lares, provavelmente para realizar um casamento, ou dar nome a uma criança, ou abençoar a casa nova — ou simplesmente pela indescritível satisfação de sua presença. Baba seria obrigado a ter vários corpos para atender a todos os pedidos.

Um aspecto interessante a ser notado sobre Sai Baba, tanto neste corpo como no anterior, é que ele não se importa de ser encarado como adivinho, investigador psíquico, profeta, conselheiro de negócios ou médico universal. Ele considera todos que chegam até ele como seus filhos; uns querendo remendar um brinquedo, outros com dor de ouvido, outros necessitando uma palavra de encorajamento do pai eterno. Sai Baba tenta satisfazer a todos no próprio nível em que se encontram, por meio de sua poderosa força espiritual, e assim elevá-lo a uma raça de super-homens, que o Homem deve alcançar.

O Senhor Krishna classificava os que vinham até ele em quatro divisões principais:

1. aqueles que estavam em desespero;
2. os ansiosos por lucros humanos;
3. os que buscavam conhecimento e compreensão espirituais;
4. os que já haviam alcançado um alto nível de sabedoria espiritual, os *jnanis*.

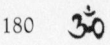

Sua tarefa, dizia Krishna, era dar a cada um o que era solicitado. Suas bênçãos eram derramadas igualmente sobre todos os homens, mas cada um só recebia de acordo com sua capacidade, ou com a posição na escada da subida espiritual. Sai explica o assunto da seguinte maneira: os raios do sol caem igualmente sobre todos que estão diretamente no seu caminho. Se alguém está atrás de um obstáculo, ou num quarto, receberá somente parte da iluminação. Desenvolver a aspiração mais alta é como sair do confinamento de um quarto para os raios plenos do sol.

Agora, cinco mil anos após o Senhor Krishna, aqueles que se aproximam de Sai Baba também se enquadram nas mesmas classes. E, de igual maneira, ele considera todos merecedores de ajuda. Derrama suas bênçãos sobre todos, mas suas próprias limitações condicionam o que recebem. Se suas necessidades do momento são para saúde do corpo ou prosperidade material, isto é o que eles conseguem. Existem os de níveis mais elevados, os *jnanis*, que estão abertos para a plena iluminação do sol, mas são, como antigamente, em número muito menor. Com grande júbilo e raro sentimento de elevação, encontrei alguns deles — vivendo não somente uma vida de renúncia no *ashram*, mas também como chefes de família.

Quando se tornou público que eu estava escrevendo este livro, uma das mais brilhantes luzes do *ashram*, uma mulher dedicada completamente à grande missão de Sai, me emprestou o diário que ela mantinha desde sua primeira visita a Puttaparti, por volta de 1950. É um interessante documento, mostrando um quadro da vida com Sai Baba em Puttaparti, nos anos anteriores à construção de Prasanti Nilayam.

Por exemplo: muita gente pensa que, antes do período em que ele fazia discursos públicos — isto é, antes dos seus 32 anos de idade —, ele não dava instruções espirituais. É verdade que nas três primeiras décadas de sua vida ele se entregava mais a *lilas* (brincadeiras, travessuras) e *mahimas* (fenômenos paranormais), como exibições de visões, viagens astrais, curas miraculosas, milagres enfim. No entanto, o diário revela que ele dava ensinamentos espirituais sim.

Sem dúvida, aqueles que vieram por mera curiosidade para ver o jovem taumaturgo de Puttaparti se encontravam no jardim de infância da escola espiritual. Precisavam de provas visuais de incríveis maravilhas para o sustento de sua fé. Ou mais, careciam de ajuda super-humana para curar enfermidades ou dar solução a problemas materiais. Quando saciavam a curiosidade, ficavam satisfeitos ou obtinham todos os benefícios materiais que queriam (ou ficavam, talvez, desapontados), despreparados para ouvir a orientação mais profunda, desertavam.

Mas havia outros que pertenciam, na escola da vida, aos graus mais elevados, que desejam intensamente o conhecimento, a compreensão e a felicidade que o mundo não pode oferecer. Para estes Sai Baba, desde o começo, dava instruções pessoais sobre o correto pensar, sentir e agir e aplicava disciplinas espirituais individualizadas.

A maior parte de seu ensino foi ministrada, como ainda hoje o é, através de histórias, parábolas e deliciosas analogias. Todos os seus ensinamentos ressaltavam, tal como agora, a necessidade de viver a vida realmente; enfatizavam também que a mera construção de lindas frases e as fascinantes teias da especulação metafísica não levarão a nenhum lugar. O caminho pelo qual Baba tem, desde o início, conduzido seus discípulos é principalmente o *bhakti marga*, ou a yoga do amor divino.

Este tipo de yoga, como todos os outros, requer nossa superação ao apego pessoal, à fama, ao orgulho, à autovalorização, e que alijemos os últimos bolsões do egoísmo escondido nos cantos escuros de nossa mente. Para tanto, devemos estar preparados para padecer de muitas austeridades e de uma boa dose do que podemos, a princípio, considerar injustiça pessoal.

Um outro aspecto curioso que captei no diário foi que, quando Baba parece ser duro e severo com alguns de seus discípulos, realmente o está distinguindo e abençoando, a dureza é um disfarce. Não significa, como alguns pensam, que tais seguidores perderam o amor de Baba e vão ser lançados nas trevas exteriores. Ao contrário, quer dizer que Baba tem uma elevada consideração por aqueles que se submetem a provas; é um treinamento para um progresso maior na escola do espírito.

Algumas vezes, dessa forma, e aparentemente com esse propósito, parece pôr à prova as pessoas, para elevar ainda mais o nível de tolerância. Mesmo depois de o seu caráter ter sido testado e comprovado, ele, se necessário, as submeterá ao que se chama de "processo de polimento". Isso pode originar uma enorme angústia mental até que a compreensão mais profunda atinja o iniciado. Até aqui achamos que muitos dos antigos discípulos de Baba nos ajudaram a perceber as dimensões ocultas da missão e do profundo propósito de seu mestre. Deixavam bem claro o significado por baixo da superfície de suas ações e palavras.

Com o passar dos dias no *ashram*, muitos devotos novos penetraram no círculo de nossas amizades. Um número considerável deles tinha fatos comoventes a contar sobre as experiências espirituais e milagrosas com Sai. Anotei várias delas, e obtive permissão de muitos dos narradores para usar seus nomes. Essas pessoas meritórias, muitas conhecidas, são testemunhas vivas da verdade dos estranhos fatos que escrevo. Isso pode ajudar alguns leitores a aceitar o que é realmente tão fora da experiência comum do dia-a-dia.

Entretanto devo tentar descrever a peculiaridade de nossa última entrevista com *Swami* antes de deixarmos o *ashram* no final de agosto. Naturalmente, em Prasanti Nilayam não houve um contato tão pessoal como o que desfrutamos em Brindavanam, mais particularmente nas montanhas Horsley. No *ashram* a vida paira numa escala diferente. Multidões de visitantes estão constantemente de passagem ou se juntando para um grande festival religioso ou qualquer outro evento.

Durante nossa estada houve duas ocasiões desse tipo: *Guru Pournima* (o dia de Guru Pournima) — um festival em homenagem aos grandes gurus —, em julho, e a inauguração oficial de Prasanti Nilayam como município. Para este último evento, muitos funcionários importantes vieram de cidades próximas como Penukonda, Anantapur, e de Hyderabad. Alguns dos visitantes eram devotos de Baba, outros, não.

Após a cerimônia de inauguração, Sai Baba ofereceu um vasto banquete para todos. Mais de mil pessoas puderam saborear um finíssimo jantar indiano, enquanto *Swami* ia e vinha incansável, atendendo aos seus convidados e se certificando de que todos estavam alimentados e felizes.

Apesar de sua vida ocupadíssima, tivemos a sorte de mais uma vez poder ver bastante do grande mestre. Fui com Baba num passeio oficial de três dias a Anantapur, onde encontrei e conversei com vários devotos que o conheciam desde muito jovem. E nos chamava sempre, a Íris e a mim, que ia atender a algum grupo de visitantes estrangeiros. Sentávamos a seus pés no meio de franceses, alemães, persas, sul-americanos, dinamarqueses. Víamos quando Baba os assombrava e deleitava com suas materializações: produção de *vibhuti* ou doces para todos comerem, ou uma jóia para um deles. E em todas as ocasiões testemunhamos o milagre mais importante — os corações de todos tocados pela varinha de condão do amor destituído de ego.

Tivemos memoráveis sessões dessa natureza com *Swami*, e então, quando restavam apenas uns poucos dias para nossa partida, ele nos queria sempre a seu lado. Essas reuniões de despedida duravam horas e com a presença de amigos especiais no *ashram*. Alguns, como nós, estavam de partida, outros, não. Baba sempre falava sobre assuntos espirituais em primeiro lugar, depois sobre coisas gerais ou problemas pessoais que pudessem ser discutidos em grupo.

Presentes no último encontro estavam o Sr. e a Sra. K. R. K. Bhat, em cujo carro fomos até Bangalore. Ele é aposentado como diretor da Companhia de Seguros de Vida, na Índia. Sofrera um sério ataque cardíaco antes de ser aposentado e vive agora a maior parte do tempo em Prasanti, estando ainda vivo, como ele diz, "pela graça de Baba". Ele e sua esposa estavam voltando a Bangalore somente para resolver alguns assuntos pessoais. Mas durante alguns dias vinha sentindo dor no lado esquerdo, próximo do coração, e como os médicos haviam proibido que ele guiasse, achei melhor me oferecer para fazê-lo.

Depois de uma conversa geral com o grupo de oito pessoas, Baba conduziu aqueles que estavam de partida a um outro quarto para falar com cada um particularmente. Em primeiro lugar, a *maharani* de Kutch e sua filha Nanda, que também faziam parte do grupo e estavam de partida. A *maharani* ia voltar para sua casa em Bombaim e Nanda ia com ela somente parte do caminho, para depois retornar ao *ashram*, que ela escolhera para seu lar.

Íris e eu fomos chamados a seguir. Logo *Swami* estava sozinho conosco e nos falou com muita seriedade, com uma voz de profunda afeição. Ele parecia ser a essência de todas as mães que a Terra conheceu. A torrente de afeto jorrando dele era como um rio que nos transportava para um oceano de amor. Nesse oceano, nosso corpo físico parecia desaparecer, e todo áspero inchaço do ego era separado — a ansiedade, a preocupação e o medo escondido se evaporavam. Em momentos como esse, se toca a fímbria do infinito e se sente sua inefável alegria.

Muitos devotos de Baba já me haviam falado acerca de sua própria experiência desse momento, onde o homem toca o mais profundo dos mistérios e milagres e, momentaneamente, se torna um com o divino no homem. Mas, como eu, nenhum deles pôde descrever adequadamente o momento, pois está além do alcance das palavras.

Depois de nos aconselhar sobre nosso trabalho, saúde e vidas, e nos afirmar que não há razão para medo ou preocupação, porque ele está sempre conosco em nossos corações, Baba moveu a mão, dessa vez em grandes círculos verticais, como uma roda em movimento. Quando sua mão parou, continha um pequeno depósito de prata de uma polegada de altura por uma de diâmetro. Ao abrir a tampa, um perfume delicioso tomou conta do local. O depósito estava cheio de *vibhuti* cinza-claro e era tão delicioso ao paladar como ao olfato. Nos entregou o recipiente e disse para ingerirmos um pouco do conteúdo todos os dias que traria benefícios ao corpo e à alma.

As últimas pessoas com as quais conversou particularmente foram o Sr. e a Sra. Bhat. Como era um dia favorável para os devotos do Divino Senhor Subrahmanyam, seu Deus doméstico mais importante, a Sra. Bhat tinha trazido um pequeno buquê de flores e folhas de *tulsi*. Colocou-o aos pés de Baba, que para ela era a corporificação do Senhor Subrahmanyam. A razão para isto será compreendida após sua experiência ser relatada no próximo capítulo.

Baba colocou algumas das flores no cabelo da Sra. Bhat. Então pediu-nos para esperar por algum *prasad* (presentes de pacotes de *vibhuti*, pensamentos) e subiu as escadas até sua sala de jantar, diretamente em cima da sala de entrevistas. Ele levou consigo, presumimos, o restante do buquê e todos ficamos a esperar. Íris e eu estávamos em pé do lado esquerdo do Sr. Bhat. A Sra. Bhat situava-se à direita de seu marido, enquanto o restante do grupo se achava no outro lado da sala.

Conversávamos com o Sr. Bhat, um homem bem alto, quando Íris viu algo caindo do teto e pensou que eram pedaços de tinta seca. Eu não notei os "flocos" até que estivessem próximos do ombro esquerdo do Sr. Bhat e ali viessem descansar. Só então pude observar que os "flocos" eram realmente folhas de *tulsi* e algumas pétalas de flores.

Pude perceber, devido à expressão no rosto do Sr. Bhat, que algo miraculoso havia acontecido, mas tentei buscar uma explicação natural. Parecia, no entanto, impossível achar uma. As folhas e as pétalas não podiam ter caído de dentro da sala, que estava desmobiliada, com exceção de uma cadeira e um guarda-louça num canto distante de onde nos encontrávamos, e as paredes estavam nuas.

Por outro lado, as pétalas e as flores não poderiam ter caído da cabeça da Sra. Bhat, por ser ela muito baixa e se achar do lado direito de seu esposo, enquanto elas caíam de uma boa altura à sua esquerda. Além do mais, não havia folhas em seu cabelo, somente flores, e estas continuavam ainda no lugar após a ocorrência. Nem os tufos de folhagem poderiam ter vindo voando pela janela; primeiro porque não havia vento, o ar estava parado; segundo, porque não há arbustos de *tulsi* próximos da janela; e terceiro, porque se tivessem vindo de fora não teriam estado no alto onde foram primeiro vistos por minha esposa, ou mesmo por mim. Eu não poderia pensar absolutamente em nenhum lugar de onde pudessem ter vindo pelas forças normais da natureza.

Os Bhat não tinham dúvida, sabiam que era outro dos trabalhos inescrutáveis de Sai Baba. Ele tinha feito o buquê e as pétalas passarem através do teto sólido para dentro da sala e cair sobre o ombro do Sr. Bhat — no seu lado esquerdo, onde a dor o incomodara nos últimos dias. Desde os tempos de Krishna que as folhas de *tulsi* são associadas à cura, e é interessante que a dor do Sr. Bhat tenha desaparecido imediatamente.

Logo em seguida chegou um mensageiro com alguns pacotes, que os devotos chamam de "*vibhuti* de emergência" para aqueles que partem. É uma substância maravilhosa de cor cinza-escuro, e se sabe que tem operado grandes milagres em momentos de sérias doenças e acidentes graves.

Mas após o contato das folhas no ombro do Sr. Bhat, ele não precisou de mais nada. Sentia-se tão bem que guiou o carro na maior parte da viagem. Ficamos hospedados na sua casa em Bangalore durante uma semana e cada dia nos levava a algum lugar diferente. Num desses dias foi conosco até Whitefield para recolhermos o restante de nossa bagagem e lá reencontrarmos o Sr. e a Sra. Dixit. Nunca mais o Sr. Bhat sentiu qualquer dor, foi como se o cair das pétalas e das flores a tivesse expulsado de seu corpo.

XI

Ruflar de asas

Não onde os gigantes sistemas anoitecem,
E nossa entorpecida concepção se sublima:
O ruflar de asas nós escutaríamos,
Batidas em nossas próprias portas pelo barro obstruídas.

Francis Thompson

EMBORA HAJA UMA MULTIDÃO DE DEUSES HINDUS, A MAIORIA dos indianos, e certamente os educados, entende que cada um é somente uma limitada expressão do Supremo e Inexpressável Brahman. "Deus tem mil cabeças", dizem eles, "e não há discussão sobre as muitas diferentes formas usadas para representar as múltiplas facetas da mais elevada divindade, que absolutamente é sem forma." De fato, nas salas de *puja* hindus, aqueles santuários organizados nos lares para adoração e oração, na maioria das vezes se encontram estátuas ou retratos de muitos seres divinos, freqüentemente incluindo Jesus de Nazaré.

Cada família tem uma especial divindade doméstica, que ocupa o lugar mais honrado. Na família do Sr. K. R. K. Bhat, a

divindade doméstica tradicional era o Senhor Subrahmanyam. Mas o próprio Sr. Bhat era mais inclinado à adoração do Senhor Krishna. Talvez por esta razão, ou por ser muito ocupado como um executivo de destaque no mundo do seguro, era sua jovem esposa que conduzia o diário cerimonial divino de adoração ao Senhor Subrahmanyam.

Em 1943, a Sra. Bhat contraiu câncer no útero. Médicos aconselharam uma operação, mas sem a certeza de que seria bem-sucedida. A mãe viúva do Sr. Bhat, estando com o jovem casal na ocasião, disse ao filho: "O Senhor Subrahmanyam curou seu pai de câncer sem qualquer operação; da mesma maneira, ele vai curar sua esposa."

A fé da senhora era tão grande que o casal decidiu abandonar a cirurgia e se entregar completamente nas mãos da divindade doméstica. *Pujas* ao Senhor Subrahmanyam foram intensificados, as práticas religiosas se tornaram mais severas e devotadas do que nunca, as orações, mais prolongadas e fervorosas. Os *pujas* eram agora conduzidos pela mãe do Sr. Bhat, enquanto a esposa ficava na cama cada vez mais fraca e magra. Durante seis meses a situação se manteve.

Então, uma noite, num estado de sonolência, a paciente viu na luz fraca da lua uma grande naja rondando sua cama. Alarmada, acendeu o abajur e acordou sua sogra, que dormia no mesmo quarto. Seu marido estava numa viagem de negócios.

Nenhuma cobra foi encontrada no quarto. Tão logo se apagou a luz novamente ela a viu próxima à cama. Quase que imediatamente a naja tomou a forma de Subrahmanyam, como a Sra. Bhat o conhecia num retrato dele pendurado na sala de *pujas*. Ele parecia flutuar acima dela. Então, perfurando seu peito com sua *velayudhan* (um tipo de lança que Subrahmanyam carrega), ele parecia levá-la consigo.

Logo a paciente se via de pé diante dele, no pico de uma colina rochosa. Ajoelhou-se e tocou os pés do Divino com suas mãos e sua testa, e Subrahmanyam começou a falar com ela. Perguntou-lhe se queria ficar com ele ou voltar para o mundo. A Sra. Bhat entendeu a proposta como uma opção entre a vida e a morte. Pensando no marido, nas crianças e o quanto elas ainda tinham necessidade da mãe, respondeu a Subrahmanyam que gostaria de voltar.

Ainda conversaram um pouco mais, e finalmente Subrahmanyam disse:

— Você está curada de sua doença e em breve se fortalecerá. Eu a protegerei durante sua vida; sempre que pensar em mim, estarei lá. Agora volte.

— Como? — ela perguntou.

Subrahmanyam apontou para uma escada sinuosa e estreita que surgiu próxima a seus pés, conduzindo para baixo. A Sra. Bhat começou a descer — então parece ter havido uma interrupção de consciência e ela se sentiu novamente na cama e acordada. Imediatamente chamou sua sogra e lhe contou a visão. Quando o marido voltou, ela também lhe relatou o ocorrido. A Sra. Bhat encarou a experiência como sendo sagrada, e somente os membros mais chegados da família tomaram conhecimento.

Daquela noite em diante ganhou peso e força muito rapidamente e os sinais de câncer desapareceram. Logo estava de pé e levando uma vida normal. Havia somente uma diferença: além de seus deveres domésticos e tarefas religiosas, ela se dedicou ao trabalho social com os pobres e necessitados. Deus havia lhe restituído a vida e ela estava determinada a usá-la integralmente a Seu serviço, da melhor forma possível.

Somente 20 anos mais tarde foi que o Sr. e a Sra. Bhat ouviram falar de Sai Baba e foram a Prasanti Nilayam. À Sra. Bhat ele disse:

— Eu já falei com você muito tempo atrás, 20 anos passados.

Muito surpresa, ela respondeu:

— Não, *Swamiji*, esta é minha primeira visita.

— Sim, sim, mas eu vim até você quando ainda vivia em Mysore. — E mencionou o nome da rua e a cidade na qual vivia por ocasião de seu câncer, quando teve a visão de Subrahmanyam.

Então ele a conduziu por uma escada sinuosa e estreita, o meio de se chegar aos quartos na parte de cima. Lá chegando, Sai lhe disse: "Olhe para baixo." Imediatamente a Sra. Bhat se lembrou da escada na qual estivera por ocasião do encontro com Subrahmanyam. De fato as duas escadas eram idênticas. Ela estava mais surpresa do que nunca.

Para ajudá-la a compreender, *Swami* fez um movimento com a mão e do ar retirou uma fotografia dele na *somasutra* (carruagem) de Subrahmanyam, com a naja ao seu redor. A partir daí ela começou a ver mais claramente. Deus pode assumir qualquer forma, pensou. Ele fora até ela, 20 anos atrás, na forma em que ela e sua família o veneravam. Agora estava diante dela na forma de Sathya Sai Baba. A Sra. Bhat se ajoelhou, chorando lágrimas de júbilo.

Quando encontrei o Sr. C. Ramachandran de Kirkee (Poona) pela primeira vez em Prasanti Nilayam, em 1967, ele era delegado-chefe, inspetor de explosivos militares no Ministério da Defesa.

Ele me contou que tinha tido muitas preocupações de família, alguns anos antes, e por esta razão decidira visitar Sai Baba em Shirdi, a 350 km de sua casa. Essa visita lhe trouxera muita paz à mente, e desde então se tornara, gradualmente, um devoto de Baba de Shirdi.

Certa vez escutara que esse grande santo tinha reencarnado em Puttaparti e o conheciam como Sathya Sai Baba. Bem, pensou ele, provavelmente não passa de outro impostor, um dos muitos que tentaram ganhar dinheiro afirmando ser o grande Sai Baba reencarnado. No entanto, um pouco mais tarde, leu nos jornais um depoimento de como Sai Baba tinha aliviado o sofrimento de um de seus devotos curando-o de sua paralisia, tomando para si mesmo a doença, diante de uma multidão num dia de Guru Pournima. Com isto, passou a sentir que Baba de Puttaparti devia ser, pelo menos, um homem santo, talvez um verdadeiro *mahatma*.[54]

Quando um membro de sua família lhe trouxe uma foto pequena de Sathya Sai e a colocou na sala de *puja* em sua casa, Ramachandran deixou-a ficar. Dois ou três dias após, observou que um pouco de cinza havia se formado sobre a foto. Limpou-a. Mas então, uma vez, durante a cerimônia (*puja*), ele viu a cinza realmente se formando sobre a foto. Parecia primeiro com vapor, que virava gotas de leite, escorria sobre o vidro e secava se tornando cinza.

Talvez, ele pensou, isto se deva a algo peculiar no próprio vidro ou na moldura, ou mesmo no papel usado como fundo. Como era químico, decidiu testar aquilo, mas era tudo normal;

---

[54]*Mahatma – Maha*, grande; *atma*, espírito. (*N. do T.*)

no entanto, resolveu trocá-los. Nada adiantou, a cinza continuou a aparecer no novo vidro e na moldura também mudada.

Um dia, um jovem amigo trouxe outra foto de Sathya Sai. Essa era impressa sobre cartolina e sem vidro. Com a permissão de Ramachandran, ele a colocou entre as outras fotografias na sala de *pujas* e foi embora. Mas antes que tivesse alcançado a porta de saída Ramachandran o chamou. Os olhos do amigo se arregalaram ao ver a cinza se formando na foto que ele havia acabado de trazer.

"Realmente não acreditei na sua história", confessou, "mas agora vejo que é verdade."

Esses acontecimentos forçaram Ramachandran a ir a Prasanti Nilayam para ter com Sai Baba. Algum tempo após sua decisão, ele de repente se surpreendeu aborrecido com o hábito de fumar cigarros. Um dia, jogando fora um cigarro, jurou para si mesmo que não voltaria mais a fumar até ter se encontrado com Sai Baba.

Suas férias seriam cerca de seis semanas mais tarde, em junho de 1946, e ele aproveitou a oportunidade para fazer sua primeira viagem ao *ashram*. Os desconfortos e a falta de meios de transporte o irritaram um pouco no início, mas ele permaneceu, e alguns dias após já se encontrava numa sala de entrevistas, com outras pessoas, esperando pelo homem santo.

Baba entrou e com seu movimento da mão produziu *vibhuti*. Deu-a aos visitantes, exceto ao Sr. Ramachandran, que ficou muito desapontado ao ser discriminado, e pediu um pouco. Baba olhou para ele e disse: "Eu já lhe dei algum não faz muito tempo."

Ramachandran ficou atônito, e então compreendeu que Baba se referia à cinza que aparecera nas fotos. *Swami* riu docemente e prosseguiu:

"Não se preocupe. Dar-lhe-ei muita coisa, muita mesmo, mas não retome seu antigo mau hábito."

Ramachandran sabia a que ele se referia. Um calafrio percorreu seus nervos, pois o homem sabia demais sobre sua vida e seus pensamentos.

Depois disso, ele fez várias visitas ao *ashram*, e então, em fins de abril de 1965, recebeu em sua casa um telegrama com as seguintes palavras: "Sai chegará em sua casa, 5 de maio, para realizar *Upanayanam* e dar *Brahmopadesam*."

Ramachandran ficou sobressaltado. Isto se referia à cerimônia do cordão iniciático para seus dois filhos, que estavam muito atrasados, pois seu mais velho, Raja, já contava 17 anos e meio. Estaria Baba realmente vindo? Tal coisa nunca teria sido considerada e Ramachandran não se sentia merecedor de tal honra. Certamente, não saberia como receber um tão grande homem santo. Primeiramente, ele iria checar para ver se a mensagem era realmente genuína.

Com a ajuda de alguns funcionários, resolveu remontar o telegrama à sua origem. Descobriu que havia sido entregue ao Correio principal de Poona e daí despachado para Kirkee. O funcionário do Correio em Poona tinha um bom motivo para se lembrar do expedidor do telegrama. Era, disse, um homem com uma pequena barba. Foi trazido num táxi, que o esperava enquanto redigia a mensagem. Ao perguntar por seu endereço, o funcionário obteve como resposta que ele estava de passagem e não tinha residência fixa em Poona. Mesmo assim, o funcionário insistiu para que o homem escrevesse seu endereço permanente no formulário. Após alguma hesitação, o homem escreveu: "All Índia Sai Samaj, Madras." E partiu.

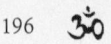

Esse Sai Samaj foi fundado, há alguns anos, por Swami Na-rasimha, que escreveu a biografia de Sai Baba de Shirdi. O centro é dedicado à disseminação dos ensinamentos do velho Santo de Shirdi. Na investigação descobriu-se que o viajante com barba era totalmente desconhecido naquele lugar. Assim, o trabalho detetivesco de Ramachandran chegou a um impasse.

Ramachandran fora informado que *Swami* estava em Brinda-navam e tomou a precaução de expedir um telegrama pedindo confirmação da data pretendida para a visita. Repetiu o mesmo pedido num outro telegrama ao Sr. Kasturi, em Prasanti Nila-yam. Não houve resposta.

Mais tarde, veio a saber que o Sr. Kasturi jamais recebera qualquer telegrama. Ramachandran não perguntou a Baba sobre o que havia enviado para ele acreditando que provavelmente nenhuma resposta seria dada por Baba.

"Não sabia o que esperar no dia 5 de maio", Ramachandran me disse, "mas julguei apropriado preparar tudo para a cerimônia, e não contar nada a ninguém sobre a possibilidade da visita de Sai Baba."

Um problema, disse, era não ter dinheiro suficiente no momento. Mas indo a seu banco para ver o que fazer, descobriu, para sua surpresa, que uma soma de 468 rupias tinha aparecido misteriosamente na sua conta. Não foi capaz de saber a origem do dinheiro e jamais o conseguiu; mas era uma ajuda e tanto. Decidiu convidar para a cerimônia parentes e amigos íntimos, que já significava dar almoço para cerca de 50 pessoas.

Alguns dias antes, amigos e mesmo estranhos começaram a perguntar se era verdade que Sai Baba estava vindo à sua casa. "Tudo que eu podia fazer", ele me falou, "era dar uma resposta sem compromisso e tentar despistar."

Sem se importarem com isto, na manhã de 5 de maio as pessoas começaram a chegar bem cedinho para conseguir melhor lugar no espaçoso jardim na casa de Ramachandran. Assim que a manhã esquentou, milhares de pessoas em puro tumulto se achavam sentadas à espera de Sai Baba. Todos pareciam ter certeza de que ele estava vindo; a única dúvida era como e de onde ele viria.

Dentro da casa, Ramachandran e sua esposa trabalhavam com afinco, e oravam para que tudo ficasse pronto para quando e se *Swami* chegasse. Havia flores, decorações e todos os apetrechos necessários para a cerimônia. Num tablado colocaram sua melhor cadeira, cobriram com um tecido de cetim e puseram flores em cada um dos braços da mesma. Este era o assento de honra para *Swami*. Os ponteiros do relógio se moviam, as sombras no jardim se reduziam, mas não havia sinal da chegada do guru.

Por volta de 11 horas, Ramachandran entrou no quarto de *pujas*, fez uma prece pedindo orientação e então conduziu a cerimônia do cordão ele mesmo. Imediatamente depois, viu um garoto com cerca de oito anos — um completo estranho — entre as pessoas no interior da casa. O menino parecia conhecer a anfitriã, Sra. Ramachandran, pois se dirigiu até ela e, dizendo-se um órfão, pediu comida. Ela deu, mas ficou surpresa ao ver que ele comeu só um pouquinho e desapareceu.

Ninguém viu o menino sair. Parecia ter sumido no ar. E, afinal, quem era ele? Não era da vizinhança, e nenhum de seus amigos jamais o tinha visto antes.

Logo a seguir observou-se que havia uma marca na cobertura da cadeira de Baba, como se alguém estivesse sentado lá. Também as flores sobre um dos braços da cadeira estavam amassadas, como se algum braço tivesse se apoiado ali. Mas ninguém poderia ter sentado ali, em lugar tão destacado, sem ser visto. Além disso, ninguém na casa teria pretendido sentar-se na cadeira destinada ao santo. Os seguidores de Sai, com seu forte sentimento de veneração e *bhakti*, jamais sonhariam em fazer tal coisa, mesmo sem serem vistos. Então passou-se a acreditar que o próprio Sai estivera presente em corpo astral ou sutil, e deixara tais marcas de propósito, para que soubessem de sua visita. Esta convicção também se instalou na cabeça de Ramachandran quando seu filho mais velho, Raja, lhe confidenciou algo.

Como parte da cerimônia, o menino recebe um mantra de quem realiza o ritual, enquanto ambos se ajoelham com um tecido cobrindo suas cabeças. Neste caso, naturalmente, era o pai, Ramachandran, que dava o mantra, mas Raja afirmava ter visto, sob o tecido, não o rosto de seu pai, mas o de Sai, já que o conhecia através de fotografias. Certamente, algo impressionou Raja demais pois, após aquele dia, seu pai conta, o caráter do menino mudou completamente. Não mais usou seu tempo com frivolidades, como malandrar nos bazares, mas plenamente concentrado em seus estudos.

Depois da cerimônia veio o almoço. Todos que estavam do lado de fora começaram a entrar não somente para ver as misteriosas impressões deixadas, mas também para comer.

O Sr. e a Sra. Ramachandran tinham alguns suprimentos extras guardados para caso de emergência. Embora esperassem só 50 pessoas, prepararam comida suficiente para 100. Então decidiram começar a alimentar a multidão com o pouco que tinham. O incrível aconteceu: a comida não acabou nem mesmo depois que todos estavam satisfeitos.

"Não alimentamos 10 mil, como Cristo", disse o Sr. Ramachandran, "mas havia pelo menos mil; desta forma, a comida foi multiplicada dez vezes. Sem dúvida, era um dos milagres de Sai Baba."

Mesmo depois de terminado o almoço, não houve descanso para o lar de Ramachandran. Aqueles que tinham se retirado falaram a amigos sobre as impressões encontradas na cadeira, assim outros vieram para ver e reverenciar os sinais da invisível presença. Continuaram a vir durante a noite até às três da manhã.

Muitos dos mais devotos seguidores de Baba experimentaram sinais de sua presença sutil, pegadas na poeira sobre o assoalho, uma rápida visão de sua forma e outras manifestações. Eu mesmo vi, uma noite durante um *puja* na casa do Sr. Bhat, em Bangalore, duas reentrâncias, como marcas de pés, aparecerem numa almofada colocada no chão, na frente de uma cadeira vazia que é sempre deixada lá como símbolo da presença de Baba.

Também alguns devotos contam sobre incidentes onde Baba lhes veio em sua forma física e noutras que não a sua própria. Veio como mendigo, um *saddhu*, um trabalhador, ou mesmo um animal. Freqüentemente aqueles que o percebem não afirmam ser Baba, até que tenham um sinal ulterior — ou Baba pode, num próximo encontro, mencionar a ocorrência, sobretudo se não tivessem tratado bem a pessoa ou o animal. O Sr. Ramachandran é inclinado a pensar que o menino órfão que apareceu em sua casa pediu comida, comeu um pouco e sumiu era uma manifestação de Baba, uma daquelas "outras formas". Mas Baba nada disse sobre isso.

Esse acontecimento e outros igualmente inescrutáveis aproximaram o Sr. Ramachandran de Sai Baba e ele tem recebido muito, conforme Baba lhe prometera na primeira visita. A primeira bênção foi a cura de uma úlcera péptica que há muito vinha resistindo a qualquer tratamento médico. Sumiu logo após a primeira entrevista. Em outro encontro, Baba materializou um *jappamala* para ele "retirando-o do ar acima de seu ombro", como Ramachandran descreveu — da mesma forma que vi Baba criar diversos grandes objetos, talvez de uma quarta dimensão. Na ocasião, Ramachandran me contou, Sai Baba estava lhe dando instruções pessoais sobre o uso do *jappamala*, e o orientando em seus exercícios espirituais. De fato Sai tem trazido uma completa mudança no conteúdo, visão e significado para a vida desse homem, como o tem feito a tantos outros.

O que aconteceu com Ramachandran tem ocorrido com outros devotos. Muitos sentiram a presença de Baba em situações de crises, tiveram visões dele, ou lhes foram deixados sinais de sua visita invisível. Contei este relato particular de Ramachandran aqui (somente pequena parte das ricas experiências de Sai) porque o fato de ele ser um cientista prático, com posição oficial de destaque no mundo, pode acrescentar peso à evidência, à mente cética.

A Srta. Leela Mudalia é uma conferencista em Botânica no Queen Mary College, Universidade de Madras, mas em suas horas de lazer é sacerdotisa num pequeno templo em Guindy, onde mora, nas redondezas de Madras. De volta a 1943, quando Leela tinha apenas 14 anos e aquele pequeno templo ainda não existia, pudemos conhecer os acontecimentos que levaram à sua construção e ao serviço nele, relatos quase tão extraordinários quanto se pode imaginar.

A primeira manifestação estranha foi uma profecia, uns 40 anos antes da construção do templo. Em 1904, um itinerante *siddhipurusha* (homem santo com alguns poderes milagrosos) pediu permissão ao avô de Leela para construir um túmulo para si num pedaço de suas terras em Guindy. A permissão foi dada e o tal homem profetizou que, à direita de seu túmulo, se levantaria um templo em homenagem a um grande santo e à esquerda uma propriedade industrial.

O homem sagrado, dizia-se, tinha 125 anos na ocasião em que entrou no túmulo, entrou em *mahasamadhi* (transe no qual o corpo é deixado para sempre) e foi enterrado. Sua primeira profecia foi escrita na folha de palmeira, e vista por muitas pessoas, incluindo o pai de Leela, Sr. M. J. Logananda Mudalia. Na ocasião, no primeiro ano do século XX, o túmulo era cercado por um terreno vazio, mas atualmente há o templo de um lado e a propriedade do outro — como o profeta previra meio século antes.

Mas antes que a profecia se concretizasse, alguns acontecimentos maus iriam suceder nesse pedaço de terra. Nos anos 40, um *Swami* de Gujarat ergueu uma cabana e se instalou perto do túmulo do homem santo. Mas esse *Swami* era do "caminho-da-mão-esquerda".[55] Brevemente se tornou conhecido no distrito como praticante da magia negra e com ela arruinara a vida de várias pessoas usando seus malditos poderes (*siddhis* sujos).

Logananda Mudalia, proprietário da terra, ordenou que o feiticeiro partisse de lá, mas ele recusou. Várias vezes o fez inutilmente; por fim, em 1943, Mudalia foi com um policial para seu terreno em Guindy. O bruxo não se encontrava em casa, e assim, em sua ausência, passaram a demolir a cabana. Quando a cabana estava quase toda arrasada, chegou o feiticeiro.

---

[55]*Swami* do caminho-da-mão-esquerda — um mago negro, alguém que usa conhecimentos e poderes ocultos para fazer dano a alguém e em proveito próprio. (*N. do T.*)

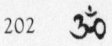

Sua raiva era enorme. Esbravejou e gritou. Finalmente, amaldiçoou Logananda Mudalia. Disse-lhe que ficaria totalmente louco. Olhando para ele com olhos raivosos, disse: "A partir de amanhã você se tornará lunático."

Logananda não ligou; julgava-se imune a tais poderes negros. Nem se incomodou em mencionar o incidente para sua esposa, tampouco para sua filha Leela. Mas, no dia seguinte, a loucura se abateu sobre ele.

"Tornou-se completamente insano e violento", declarou Leela. "O superintendente do Hospital Mental em Madras foi chamado e disse que meu pai devia ser internado."

Mas, evidentemente, sua esposa era contrária à remoção; decidiu mantê-lo em casa por mais um dia, esperando e orando para que melhorasse, mesmo que tivesse grande dificuldade em controlá-lo durante seus momentos de violência.

A loucura o assaltara na quinta-feira; ficou violento durante dois dias e, então, no sábado à noite ou no domingo de manhã, ele teve um sonho ou visão. Nele, um jovem *Swami* se aproximou e lhe deu um recipiente contendo água e folhas de *tulsi*. Recomendou que ele tomasse do preparado pois ficaria curado. Logananda assim o fez, e o jovem *Swami* desapareceu.

Quando Logananda acordou na manhã seguinte, a loucura havia ido embora. Contou a visão à sua filha e à esposa, descrevendo o *Swami* como "um jovem usando uma veste vermelha, com uma densa cabeleira que se expandia da cabeça, num formato de esponja, como um cabelo de mulher".

Nessa ocasião, Sathya Sai Baba, então um jovem, estava hospedado na casa de um devoto em Madras. Antes do almoço, no domingo seguinte ao sonho de Logananda Mudalia, Baba era levado de carro para a casa de um outro devoto. No caminho, passou próximo da casa de Logananda. Quando chegaram na casa, Sai Baba pediu a seus devotos que esperassem no carro, enquanto ele tinha que ver alguém lá dentro. Logananda ainda estava de repouso devido à tempestuosa loucura mental e o jovem visitante vestido de vermelho foi conduzido a seu quarto pela filha e pela esposa.

Tão logo entrou no quarto, Logananda o reconheceu como o homem que o curara em seu sonho e Sai Baba confirmou isto ao dizer: "Na noite passada estive aqui e lhe dei um pouco de água de *tulsi*. Providenciarei para que você não sofra mais a loucura."

Com um movimento da mão, produziu um talismã protetor para Logananda usar no pescoço. Logananda tentou se ajoelhar diante de Sai Baba mas não conseguiu, pois seu joelho se deslocara. Baba, tão prático como milagroso, deu um puxão no pé de Logananda e o joelho ficou bom novamente.

"Você é Deus", Mudalia declarou, se ajoelhando. Segurou Baba pela cintura e tentou erguê-lo. Baba riu e o fez desistir, batendo afetuosamente em suas costas.

Mais tarde, Baba chamou a esposa de Mudalia e disse que ela teria que ir até o pedaço de terra em Guindy, que lhes pertencia, a fim de procurar por uns pedaços quebrados de cerâmica, à flor da terra. No local que os encontrasse, deveria escavar o chão e ali encontraria os corpos de um cabrito e uma galinha. As carcaças tinham que ser removidas, pois estavam diretamente ligadas aos rituais de bruxaria responsáveis pela loucura. Em seguida, Baba produziu, de forma fenomenal, uma lima (fruta), e disse-lhe para colocá-la sob o travesseiro do marido sem que ele soubesse. Finalmente, com outro movimento de mão, produziu *vibhuti* e deu um pouco para cada um da família. Na saída, advertiu Logananda que ele deveria ir a Puttaparti o mais breve possível.

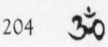

Naquele mesmo dia Leela e sua mãe foram até o local e realmente encontraram e removeram os animais, seguindo as instruções de Baba. No dia seguinte, Logananda partiu para Puttaparti. Coisas muito estranhas e maravilhosas aconteceram a ele, lá, e de lá voltou mais convencido do que nunca de que Sai Baba era, sem dúvida, uma encarnação da Divindade.

Decidiu construir uma casa para Baba na sua terra em Guindy. Mas antes de começar uma forma de Shirdi Baba apareceu para ele num sonho e ordenou que fosse edificado, em vez de uma casa, um templo em homenagem a Sai Baba e para que colocasse lá uma estátua do corpo de Sai Baba (de Shirdi). Um dia após o sonho, uma carta chegou a Sathya Sai com exatamente as mesmas instruções.

O templo foi construído depois de Logananda ter vendido três de suas casas para angariar fundos. Nesse meio tempo, um escultor em Madras começou a ter sonhos constantes que lhe diziam para ir até Guindy, onde havia trabalho para ele. Deveria ir à estação ferroviária do local. Os sonhos impressionaram tanto o escultor que finalmente ele pegou o trem e desceu em Guindy. Lá foi abordado por um homem que sabia seu nome e disse: "Por favor, venha comigo."

Abismado, o escultor o seguiu. O estranho o levou até onde o templo estava sendo construído e o apresentou a Logananda como o artista que viera para fazer a estátua de Baba de Shirdi. Em seguida o estranho desapareceu, e nem o escultor nem Logananda o viram novamente.

O incrível foi o escultor aceitar fazer a estátua de alguém que não conhecia. Nunca tinha visto o velho santo e contava apenas com uma fotografia para guiá-lo em seu trabalho. Mas não sentiu a menor dificuldade; alguma força sutil e inteligente parecia guiar seu cérebro e sua mão.

A figura, em granito preto, mostra Baba de Shirdi sentado na sua postura característica, perna direita colocada horizontalmente sobre seu joelho esquerdo. Como Moisés de Michelangelo, deu-me pessoalmente a impressão de estar vivo.

No dia em que Sathya Sai a instalou no templo com os devidos rituais e cerimônias, as centenas de pessoas presentes pensaram ter visto a figura adquirir vida. Levitou, eles contam, cerca de um metro acima do pedestal, permaneceu suspensa no ar por alguns segundos e então voltou à posição normal.

Quando a construção foi finalizada, em 1947, Logananda deixou sua casa e passou a residir no templo, para cuidar dele e conduzir os *pujas*. Depois de sua morte, Leela tomou seu lugar, morando na casa de seu irmão perto dali, mas dormindo e passando a maior parte do dia no templo.

Um domingo pela manhã, minha esposa e eu decidimos visitar Leela em nossas bicicletas. Primeiro Leela nos mostrou o local, depois vimos o túmulo do profeta e também os de seu pai e de sua mãe. Em seguida entramos no templo. Aqui senti uma atmosfera poderosa, um sentimento de elevação, tal como experimentei em outros locais na Terra — em Lourdes, na Catedral de Chartres, e em Fátima, em Portugal... Há uma forte impressão de ser tocado e levado por anjos dos mundos invisíveis. E aqui aconteceu algo que serviu para confirmar esta impressão.

Duas flores estavam diante da estátua de Baba de Shirdi quando Leela nos levou até ela, acompanhada por um outro visitante, uma velha amiga nossa de Puttaparti, chamada Balbir Kaur, a Kanwarani de Ladhran (Punjab). Leela deu uma flor para cada senhora, como bênçãos de Baba.

Logo depois disto, fomos para o lado final do templo. As senhoras se sentaram no tapete para conversar. Leela gentilmente me forneceu uma cadeira, mas estava muito afastada para que eu me juntasse à conversa. Então decidi me aproximar um pouco mais. Depois de dez minutos de conversa, Balbir apontou para meus pés e, num tom surpreso e místico, disse: "Olhe! Veja o que chegou!"

Meus pés estavam separados e entre eles, sobre o ladrilho polido, havia uma linda e colorida flor cor de laranja. Sabia, com certeza, que a flor não estava lá quando me sentei, porque eu observara especialmente o ladrilho plano e simples no momento de colocar minha cadeira na posição. O chão estava totalmente nu. Além do mais, a flor não poderia ter sido atirada por nenhum visitante depois de me sentar, pois ninguém se aproximara do grupo desde então.

"Tais flores não são encontradas neste distrito", comentou Leela depois de examiná-la, e ela é botânica.

Um jovem, que também ajudava no templo, atraído por nossa conversa animada, se aproximou. Quando soube o que acontecera, disse a Leela: "Sim, eu vi você dar uma flor para cada uma das senhoras e nenhuma para o homem. Agora uma veio para ele através do poder de Baba. Que gesto da Graça!"

Leela, que tem presenciado muitos milagres no templo, concordou sem surpresa. Nós três nos sentimos como que transbordando de contentamento, como se tivéssemos visto Sai em pessoa. Os poderes de outros mundos parecem encontrar livre acesso a esse doce santuário, com sua rara pureza e livre de qualquer nódoa de comercialização ou exploração sacerdotal.

XII

Mais curas maravilhosas

Luz e vida Ele traz a todos.
Ele que surgiu com o poder de curar, em suas asas.

Charles Wesley

Q UEM REALMENTE PODE CONHECER O NÚMERO DE CURAS milagrosas realizadas por Sai Baba? Não há órgãos oficiais para investigar e compilar estatísticas como há, por exemplo, com os milagres de Lourdes. Mas sempre se ouve falar de suas curas toda vez que se anda por entre seus devotos. Ocorrem há anos e ainda continuam. Os meios e métodos que ele usa são muitos e variados, de cinza sagrada a instrumentos cirúrgicos materializados por ele no próprio local. Qualquer que seja seu método, no entanto, o maravilhoso elemento inexplicável pela medicina sempre está neles.

Na maioria dos casos que se seguem, entrevistei os ex-pacientes pessoalmente e pessoas que lhe são próximas. Os outros casos foram investigados por médicos e várias testemunhas res-

ponsáveis e relatados a mim ou à revista mensal publicada em Prasanti Nilayam.

O Sr. T. N. Natarajan mora em Ernakulum, Kerala, e é um elemento bastante ativo no movimento de Sai Baba em sua área. É proprietário de um táxi, mas alguém parecendo menos com um típico motorista de táxi seria difícil de encontrar. Como tantos devotos de Sai, ele é gentil e cheio de amor fraternal. Tive longas conversas com ele em Prasanti Nilayam sobre muitas coisas, incluindo sua cura maravilhosa.

Contou-me que em 1957 perdeu a visão de seu olho esquerdo. Primeiro foi ao médico da família, que o enviou a um oftalmologista em Bangalore. Naquela cidade, consultou dois especialistas (cujos nomes me foram dados) e ambos disseram que não havia esperança. Foi um deprimente veredicto.

Mas no mesmo dia a esperança voltou. O Sr. Natarajan visitou seu primo, viu uma foto de um homem com um manto vermelho, com vasta cabeleira em forma de esponja, e perguntou quem ele era. Seu primo era um devoto de Baba, e o choque foi que o Sr. Natarajan tinha justamente ido a Madras para ver Baba, que na ocasião estava hospedado na casa do Sr. Hanumantha Rao.

Na primeira entrevista, o Sr. Natarajan apresentou a carta, que havia trazido de seu primo, mas Sai Baba não a pegou, dizendo que já sabia tudo sobre o assunto: "Não se preocupe, sei tudo sobre o assunto. Curarei você. Mas é preciso que vá a Puttaparti e lá permaneça por 15 dias."

Então ele voltou para Ernakulum, fez todos os arranjos necessários e seguiu diretamente para Puttaparti. Lá foi informado que deveria, todas as manhãs, se aproximar de Baba, sempre trazendo um pequeno colar de jasmins. Baba abençoava as flores cada vez que Natarajan aparecia e então segurava o colar de flores e as pressionava sobre os olhos do paciente. As flores deveriam ser mantidas durante todo o dia e a noite. Em cada manhã, Baba jogava fora as flores antigas e as substituía por outro colar novo. Isto durou cerca de dez dias.

Então, uma noite, depois de um *bhajan*, Baba o chamou no quarto, movimentou a mão e materializou uma pequena garrafa. Derramou no olho doente algumas gotas do líquido. Este, por sua vez, irritou a vista, mas Baba o acalmou dizendo: "Não se importe, brevemente estará curado." No dia seguinte, Baba mandou buscá-lo e dessa vez materializou o que os hindus chamam de *rudraksha*, uma espécie de talismã feito das amoras de uma árvore que cresce no Himalaia e usado para proteção e outros benefícios. Baba o presenteou com isso e explicou como deveria ser usado.

Uns poucos dias após, o Sr. Natarajan voltou para Ernakulum. A visão de seu olho ruim estava muito melhor e continuava a melhorar. Dentro de três meses se mostrava normal, e não teve mais problema nos dez anos após o ocorrido.

Aqui estão duas outras curas realizadas por Baba:

Um exemplo de seu poder para exorcizar maus espíritos e curar loucura foi dado por Lilli Krishnan. Ela nos contou que alguns anos atrás chegou no *ashram* uma mulher possuída por um demônio. Tinha um olhar selvagem, costumava gritar, arrancar os cabelos, se comportar violentamente e comer todo tipo de porcaria e sujeira. Baba, por meios somente dele conhecidos, expulsou o demônio. "Depois de seus tratamentos, não houve mais sinais de selvageria e violência", Lilli disse. "A mulher se tornou dócil e gentil."

O Dr. D. S. Chander, um cirurgião-dentista de Bangalore, um devoto ardoroso por mais de 20 anos, contou-me que em 1958 estava sofrendo dores horríveis devido a uma pedra na vesícula. Seu médico advertiu-o que uma operação cirúrgica seria a saída. O Dr. Chander foi até Baba, que fez uma jocosa observação: "Vossos cirurgiões só sabem pensar em facas e garfos." Então apanhou, no ar, uma pequena quantidade de *vibhuti* e o deu ao dentista, dizendo-lhe que tomasse um pouco, dissolvido em água, diariamente. Num curto espaço de tempo a dor sumiu e nenhuma operação foi necessária. O dentista não teve mais problemas com sua vesícula.

Apesar da piada de Baba sobre os cirurgiões e seu amor às facas, há ocasiões em que ele mesmo precisa se utilizar de cirurgias para extirpar tumores. Quando isto acontece, ele sempre materializa qualquer que seja o instrumento cirúrgico necessário. E para isto somente um movimento de sua mão se faz necessário. Depois de utilizá-los, faz com que sumam. Muitas foram as pessoas merecedoras de crédito que já puderam testemunhar o fenômeno.

Não obstante cirurgias emergenciais e produção de vários tipos de remédios, o instrumento de cura universal de Baba é seu ilimitado suprimento de cinza sagrada. Através desse maravilhoso médium, o poder divino flui para sanar sofrimentos e também agir como incrível tratamento de primeiros socorros em acidentes.

Um caso surpreendente,[56] com o uso de *vibhuti* a distância, envolve um menino de 14 anos chamado Siva Kumar, que sofria de doença cardíaca.

---

[56]Esta história foi primeiro publicada na revista *Santana Sarati* e confirmada pelo editor, Sr. N. Kasturi, M. A., B. L., professor do Departamento de História da Universidade de Mysore.

Em 1946, quando Siva Kumar estava hospedado na casa de seu tio, Dr. M. D. V. Raman, em Bombaim, desenvolveu uma meningite cérebro-espinhal com paralisia parcial do lado esquerdo, completa perda de visão e da fala. No dia 30 de novembro, tornou-se inconsciente, e às 11h45 da manhã seguinte o menino foi acometido por cianose, ficando totalmente azul. Os médicos lhe deram poucas horas de vida.

Ao entardecer, parecia fazer um sinal como se quisesse alguma coisa. As pessoas presentes interpretaram seus sinais e descobriram que ele queria um banho e um pouco de *vibhuti*, que tinha sido enviado por um amigo chegado de Puttaparti naquela manhã. Fizeram como ele pediu, banhando-o e aplicando cinza consagrada. Em seguida fez sinais que queria uma fotografia de Sai Baba. A mesma foi trazida e colocada à sua frente. Então Siva esfregou sua perna esquerda paralisada com sua mão direita ainda perfeita.

De repente ele saiu da cama e caminhou, cambaleando e com ajuda, para dentro do quarto dos *pujas*. Lá se sentou perto do altar, e pareceu estar em meditação. Assim ficou por cerca de duas horas; depois saiu do quarto, dessa vez sem ajuda, olhou ao redor e foi sentar-se numa cadeira.

Sua visão retornou; e depois a fala. Contou aos presentes que Sai havia aparecido para ele numa visão dizendo que sua vida seria salva. Siva havia implorado para poder ver de novo e falar também, e Baba disse a ele tudo que deveria ser feito.

Logo Siva pôde voltar à escola e aos estudos que ele amava. Quando tais fatos foram narrados, um ano após o milagre, o menino estava com ótima saúde.

Em Prasanti Nilayam, em 1967, encontrei o Sr. Russi C. Patel e sua esposa, ambos de Bombaim. Relataram-me o que acontecera com sua filha Ketu.

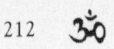

Com dois anos e meio de idade, ela não podia falar, andar ou ficar de pé. Fizera vários tratamentos médicos, incluindo remédios modernos e fisioterapia. Nada parecia surtir efeito. A causa do problema era um mistério. Alguns acharam que se tratava de retardamento mental, outros, um problema neurológico profundo.

Esta era a situação em fevereiro de 1965, quando o Sr. Patel decidiu ir a Puttaparti e ver Sai Baba. Sua esposa, que era uma *parsi* (zoroastrina), muito ortodoxa, não foi a favor da idéia, julgando ser uma perda de tempo e de dinheiro.

O Festival Mahashivarathri estava se realizando por ocasião da chegada do Sr. Patel no *ashram* e havia grande multidão. Embora as pessoas insistissem para que ele pedisse uma entrevista, o Sr. Patel estava relutante, especialmente porque sabia que Baba conhecia todo o seu problema e a razão pela qual viera.

Por várias vezes escreveu recados, com a intenção de entregá-los a Baba quando passasse perto dele, entre os devotos. Cada vez que via Baba, aquela figura pequena com o rosto iluminado, cheio de luz e compreensão, decidia não ser necessário entregar a carta e a rasgava. "Quando Baba sentir vontade, ele me chamará", Patel dizia a seus amigos.

Os dias passavam e nada. Muitas pessoas iam ter com Baba, mas Patel não. Então uma manhã, alguns dias após a produção do *lingam*, anunciou-se que não haveria mais entrevistas pessoais. No entanto, Baba chegou até a varanda e deu sua bênção a todos os devotos visitantes ali reunidos, antes de regressarem a seus lares. O Sr. Patel sentiu grande compaixão derramada na multidão e em seu coração.

Na viagem de trem de volta para casa, sua fé e ânimo tinham desmoronado. Pensou nos dias que tinha estado lá e as chances de falar com Baba desperdiçadas. Pensou em sua pobre filhinha sem poder se sentar e falar uma palavra. Imaginou a reprovação de sua esposa quanto ao tempo e dinheiro jogados fora. Chegou à porta de sua casa deveras deprimido.

Quando abriu a porta, a primeira visão que teve o atordoou, era Ketu, que não podia ficar em pé quando ele partiu, caminhando e gritando: "Papai, papai!" Ele a pegou e a beijou, em seguida beijou sua esposa enquanto ambos choravam de alegria pelo milagre que de algum modo acontecera.

Ao checar os fatos com a esposa, o Sr. Patel descobriu que Ketu tinha começado a falar e andar um dia antes de sua chegada, justamente quando Sai Baba estava dando suas bênçãos da sacada aos devotos. Algum tempo após, o Sr. Patel levou sua esposa e sua filha para ver Sai na ocasião em que o santo visitava Bombaim. No meio das milhares de pessoas, Sai Baba os viu, e nas palavras do Sr. Patel, "saudou a menina como se fossem velhos amigos após uma longa ausência". Sentou-a sobre seu joelho, materializou *vibhuti* e colocou na sua boca. Depois disto, a fala da menina teve uma grande melhora e ela começou a usar palavras mais longas.

O que vem a seguir está relacionado a uma amiga que compartilhou conosco a experiência do templo em Guindy — Balbir Kaur, a *Kanwarani* de Ladhran (Punjab), neta do Rajá Gurdit Singh, Retgariha de Patiala. Essa senhora *sikhi*[57] de olhos negros e fala

---

[57]*Sikhi* — um seguidor da religião sikh, criada pelo Guru Nanak, que foi um grande reformador religioso e propôs uma religião que harmonizasse virtudes espirituais com a energia que deveria ser oposta às violências praticadas pelas invasões muçulmanas às populações da Índia. (*N. do T.*)

macia parecia ter cerca de 40 anos quando a encontrei em 1967, como um membro do grupo de Baba em Horsley Hills. Foi lá que ela contou à minha esposa a comovente "cura impossível" que a trouxe aos pés de Baba. O caso foi confirmado por sua filha, a *Maharani* de Jind.

Em abril de 1966, Balbir Kaur submeteu-se a uma operação para um tumor interno e os testes revelaram ser maligno. Nada lhe disseram, mas avisaram a sua filha e ela levou o resultado para um especialista em Bombaim. Em julho, Balbir teve uma forte hemorragia e foi levada de sua casa no Punjab para Bombaim e admitida no Tata Memorial Hospital. A hemorragia fora provocada pelo crescimento de um câncer, que se tornara tão grande como uma rosa, na expressão da *Maharani* de Jind, que completou: "O câncer de mamãe trabalhou mais rápido uma vez liberado pela primeira operação.

"Os médicos se recusaram a tocá-la novamente, dizendo que já não havia esperanças nem jeito dela sair com vida da operação. Sarcoma é o mais forte e rápido câncer; a operação é por demais agressiva e dolorosa. No entanto, com muitos pedidos e muitas lágrimas de minha parte, os médicos finalmente decidiram aceitar", disse ainda sua filha, a *Maharani*.

Assim, no dia 2 de agosto a Sra. Kaur teve sua segunda e maior operação, num período de um pouco mais de três meses. Estava já na mesa por mais de quatro horas. A despeito dos temores dos médicos, ela ainda sobreviveu, voltando à consciência e se vendo com seis drenos no corpo. Ligadas aos tubos estavam máquinas elétricas para sugar e expulsar os fluidos indesejáveis. "Com seus horrendos e constantes barulhinhos", conforme sua filha descreveu, "pareciam estar retirando o pouco de vida que ainda existia nela."

Vinte e um dias depois da operação, os drenos ainda estavam lá. O rápido desenvolvimento do câncer, alguns danos no processo de cicatrização e algumas falhas cirúrgicas aparentemente causaram muitos prejuízos ao corpo. Balbir ficou tão fraca que parecia estar na fronteira da morte. Deram-lhe glicose e uma transfusão de sangue. Depois ocorreu um escape de sangue de um dos tubos. Chapas de raios X mostravam uma perfuração no ureter. Os médicos decidiram que uma terceira operação seria necessária para reparar o furo no ureter ou para o funcionamento do rim esquerdo.

Mas Balbir sentiu que não agüentaria mais nenhuma cirurgia. Suas forças estavam no final; tinha muita tosse e sua boca se apresentava completamente inchada por causa dos antibióticos que havia ingerido por um tubo no nariz. Por isso, passar por mais uma operação antes de readquirir vitalidade seria seu fim — ela sabia.

Por alguma sorte do destino, um pouco antes de vir a Bombaim para a cirurgia do câncer foi presenteada, por uma amiga, com uma fotografia de Sai Baba e um livro sobre sua vida, escrito por N. Kasturi. O retrato a tocara profundamente, e sua fé aumentou ao ler o livro.

No hospital de Bombaim ela chegara a um ponto de onde não havia saída. Não podia viver dessa maneira. Outra cirurgia não daria certo em suas condições atuais. Sua vida, ela já sabia, estava por um fio. Somente um milagre poderia salvá-la. Começou a orar a Sai Baba com muito fervor. Suas preces se intensificaram e orava sem parar enquanto já estava na mesa sendo examinada e tirando chapas para mais uma operação, marcada para o dia seguinte. Exatamente antes de terminar todos os exames, às 16 horas, a secreção do ureter pareceu parar, mas

pensaram ser temporário e assim a operação ainda continuou marcada.

Naquela noite ela orou com toda a alma, pedindo a Baba para curá-la e poupá-la da cirurgia, pois ela sabia o resultado qual seria. No dia seguinte, os médicos observaram que a secreção continuava parada e concluíram que, por ação de algo misterioso, o furo no ureter devia estar cicatrizado.

"Eles sabiam que eu estivera orando a Sai Baba", ela me disse, "e se viram forçados a aceitar que o milagre ocorrera. Em vez de ser operada naquele dia, tive os tubos retirados e já comecei a me recuperar, graças a Sai Baba."

O câncer havia desaparecido, tudo havia cicatrizado, e Balbir Kaur não demorou muito para se recuperar e deixar o hospital. Então seu único desejo era ir até Puttaparti e ver em carne e osso o santo que havia salvado sua vida. Mas várias pessoas tentaram persuadi-la a não ir, dizendo que o conforto no *ashram* seria pouco para ela.

Novamente ela se aproximou de Sai Baba pela oração. "Diga-me o que fazer." Num sonho ela o viu de pé na sacada em Prasanti Nilayam, onde jamais estivera em sua vida. Suas palavras foram claras e distintas: "Venha aqui."

Chegando lá, imediatamente viu o prédio e a sacada de seu sonho. Baba viu-a e a chamou a um quarto. Ela não deu o nome a ninguém no *ashram*. Ainda assim ele imediatamente a reconheceu e disse-lhe tudo sobre as operações, sua quase morte e sua cura.

Atualmente reside em Prasanti Nilayam, onde Sai, de forma inimitável, lhe dá instruções espirituais a fim de melhor conduzir sua vida, a vida que ela ainda estava tendo através de sua graça. O milagre dessa mulher foi mais uma forma da revelação de

Sai Baba a muitas pessoas, incluindo sua filha, que se tornou fervorosa devota dele.

Num dos números atrasados da revista editada no *ashram*, li uma série de cartas de H. N. Banerji, na ocasião professor de Fisiologia na Escola de Medicina em Gwalior, no Norte da Índia. As cartas foram endereçadas a Y. V. Narayanayya, um cientista residente em Prasanti Nilayam. As cartas mencionavam sua sobrinha, a Sra. Chatterji, uma senhora de 38 anos e mãe de sete crianças. O professor afirma que no início de 1965 os médicos suspeitaram que tinha câncer no seio esquerdo. Tão logo ele soube disso, levou-a para ser completamente examinada em Gwalior e depois no All India Institute of Medical Science, em Délhi, e os resultados foram positivos, confirmando o diagnóstico de câncer.

No All India Institute um eminente cirurgião, Professor B. N. Rao F. R. C. S. (Londres), operou a Sra. Chatterji. Depois, na primeira carta do Professor Banerji ao Sr. Narayanayya, datada de fevereiro de 1965, enviada de Gwalior, ele escreveu:

"O relatório patológico do tecido retirado constatou um tipo muito perigoso de carcinoma. O Dr. Ramalingaswami, renomado patologista do instituto, examinou, ele mesmo, o tecido. Esse tipo de carcinoma é muito letal; dificilmente *ela terá oito meses de vida*." A carta termina com um pedido fervoroso pela ajuda de Sathya Sai Baba.

Tal apelo chegou aos ouvidos de Baba. Ele "produziu" *vibhuti* e deu instruções para ser enviado ao Professor Banerji.

A segunda carta do professor, escrita no dia 20 de fevereiro, confirmava o recebimento da cinza. Ela foi usada como deveria, e, "com a graça do Altíssimo, a temperatura que a atormentava nos dez últimos dias, atingindo os 41° ou 42° (graus centígrados),

causando grande sensação de calor e queimadura e uma terrível depressão, desapareceu hoje, e nenhum dos sintomas dolorosos retornou. Que milagre isto já é..."

Dezoito dias após, no dia 10 de março, ele escreveu uma terceira carta: "Minha sobrinha está muito melhor agora. Superou a anemia, se movimenta e já se alimenta normalmente. Além do mais, o cobalto 60, que tanto contratempo causou, está sendo tomado agora satisfatoriamente. Câncer é imprevisível, de acordo com a ciência médica, mas estou certo de que ela terá, a partir de agora, uma vida florescente graças às bênçãos de *Bhagavan* Sri Sathya Sai Baba."

A última carta do professor para seu amigo, conforme publicada na revista do *ashram*, datada de 23 de abril, é parcialmente transcrita aqui: "Minha sobrinha está, graças a Sai Baba, indo bem. Deveria se submeter a uma ovariotomia, como medida preventiva. No entanto os médicos já mudaram de idéia, pois que a mesma não é mais indicada. Tenho plena convicção de que minha sobrinha foi salva por Sai Baba. Ela recebeu alta e foi para Calcutá com o marido no mesmo dia. Ofereço minha mais profunda gratidão etc..."

Muitos médicos e cientistas estavam estudando o caso, incluindo o próprio irmão da Sra. Chatterji, que era médico distrital, e também seu marido, engenheiro de eletricidade. A cura aconteceu, assim, no meio de pessoas que não podem ser tratadas como visionárias e fora da realidade.

Anotei, entretanto, que o Professor Banerji havia escrito, em 1965, aquela opinião médica que fora dada sobre sua sobrinha: ela não poderia sobreviver por mais de oito meses. Em sua última carta, cerca de dois meses e meio após, ela "estava bem". Mas o que aconteceu depois? Era possível que a recuperação fosse apenas temporária e o câncer recrudescesse, pois, como o professor dissera, câncer é uma doença muito imprevisível.

Decidi descobrir escrevendo para o Sr. Narayanayya em Prasanti Nilayam, a quem conhecia pessoalmente. Quando minha carta chegou, o próprio Professor Banerji estava visitando o *ashram*. Sem demora, em fevereiro de 1968, recebi uma carta do professor na qual ele confirmava os detalhes médicos do caso na forma que foram publicados na revista, declarando: "Num dia verdadeiramente crucial recebi um envelope de meu amigo, Sr. Narayanayya, contendo o *vibhuti* dado pessoalmente por Baba a meu amigo... A magia aconteceu. A paciente se levantou. Passa bem. Está sendo examinada por um especialista todo mês. Três anos já se passaram, e pela graça de *Bhagavan*, ela está ótima. Em termos médicos, a sentença de morte foi pronunciada e todas as esperanças afastadas. Milagres acontecem, se assim podemos chamá-los, ou nada mais é que a graça e misericórdia de Baba."

A carta chegou de Patna, porque depois da notável recuperação de sua sobrinha ele se aposentou do magistério na Escola de Medicina em Gwalior, sendo nomeado como chefe do Departamento de Bioquímica do Instituto de Pesquisa Rajendra Memorial de Ciências Médicas, em Patna. Ele pode, creio, ser julgado como uma testemunha de primeira classe do poder milagroso de Sai Baba, transmitido através da Índia nuns poucos pacotinhos de *vibhuti*.

O Sr. P. S. Dikshit, de Bombaim, é produtor de filmes documentários para o governo de Maharastra e famoso cantor de canções *bhajan*. A primeira vez que ouvi falar sobre sua maravilhosa cura foi por intermédio da *maharani* de Kutch e outros devotos de Baba; mais tarde, então, o Sr. Dikshit pessoalmente me relatou o fato.

Sua irmã estava com um problema no seio esquerdo, onde havia um caroço suspeito. Testes clínicos no Tata Memorial Hospital em Bombaim confirmaram a presença de um tumor maligno, e os doutores recomendaram a imediata extirpação do seio. O cirurgião-chefe concordou em fazer a operação alguns dias mais tarde, na terça-feira seguinte: Mas seus assistentes se lembraram de que era feriado, então decidiram mudar a operação para a quarta. Como havia muito tempo disponível, o Sr. Dikshit tentou localizar o paradeiro de Baba a fim de obter sua permissão e proteção. Descobrindo que Baba estava em visita a Anantapur em Andhra Pradesh, ele e sua irmã tomaram um trem para a cidade.

Baba estava hospedado numa casa nas redondezas de Anantapur e, na ocasião, eu estava lá com seu grupo. O Sr. Dikshit e sua irmã chegaram na casa bem cedo pela manhã e esperaram, na varanda envidraçada, por Baba, que estava se banhando. Embora ninguém o tivesse informado sobre a vinda do Sr. Dikshit nem mesmo a razão da visita, assim que Baba o viu disse: "Eu sei — é câncer no seio esquerdo de sua irmã. A operação ia ser na próxima terça-feira mas foi mudada para quarta. Na verdade, acontecerá na quinta. Estarei lá e tudo sairá bem. Não se preocupe."

Então *Swami* produziu algum *vibhuti* no seu jeito tradicional, deu uma porção para a paciente comer e esfregou o restante no seio, massageando bem a pele por debaixo da blusa. Finalmente deu uma pancadinha em seu próprio peito e disse: "Agora vá." E eles partiram.

Chegaram de volta a Bombaim na terça de manhã, e o Sr. Dikshit levou sua irmã para ser internada na quarta-feira. A operação foi marcada, como Baba previra, para quinta.

Na quarta-feira de noite, enquanto o Sr. Dikshit estava sentado na cama antes de se deitar, um líquido incolor começou a sair copiosamente de sua narina esquerda. Não havia dor, somente o líquido correndo. Dentro de dois minutos molhou todo o pijama, de forma que teve que trocá-lo.

Tanto ele quanto sua esposa ficaram aturdidos com o fluido, que cessou de correr tão imediatamente como começara. Ele não estava resfriado e mais, por que sair só de uma das narinas, e em tão grande quantidade? No entanto, logo esqueceram o episódio, pois seus pensamentos estavam voltados para o dia seguinte, quando se realizaria a operação.

Às nove horas da manhã a irmã de Dikshit foi levada à sala de operação. Um patologista chegou até ele e disse: "Não estamos conseguindo encontrar o caroço que apareceu claramente na radiografia. No local só há um líquido aquoso. Nenhum sinal de câncer. Nós drenamos o líquido e o estamos congelando por 24 horas para fazer uma biópsia e ver se tudo está bem."

Na sexta de manhã, o Sr. Dikshit voltou ao hospital para saber do resultado da biópsia. O mesmo patologista veio a ele e relatou: "Tudo perfeito; não há nada. Não há nenhum vestígio de câncer. De um modo ou de outro, sumiu!"

Os médicos que cuidavam do caso ficaram atônitos com o inexplicável desaparecimento do tumor maligno que fora assinalado em todos os testes científicos. O Sr. Dikshit não ficou surpreso, seu coração estava cheio de gratidão ao grande Médico dos médicos.

Nesse ínterim, o esposo de sua irmã chegou de Délhi em tempo para assistir a operação. Após saber do ocorrido, foi

direto para Prasanti Nilayam, para onde Baba retornara. Lá esperou na Sala de Orações a fim de expressar a Baba seus mais sinceros agradecimentos. Não demorou muito e Baba surgiu na
sacada. Ao avistá-lo, sorriu e disse: "Não havia nada. Somente
água! Bem, você pode ficar contente pois sua esposa está ótima."

Um estranho método, na verdade, e muito raro, curar uma
pessoa por meio de outra. Mas como a parapsicologia moderna
está descobrindo, em níveis mais profundos da mente e da emoção, os indivíduos se acham intimamente ligados. E no mais profundo dos níveis, a filosofia espiritual ensina, não há realmente
divisão ou separação entre nós: somos um só. Mesmo assim,
pode-se perguntar, por que Baba adotou esse procedimento tão
raro? Os devotos responderiam: "Quem pode desvendar os mistérios de Baba? Somente temos que aceitar os benefícios e ser
agradecidos."

Mas menos raro do que a cura de um devoto por meio de
outro é a grande prática de *sadguru*, que consiste em curar os
devotos através de seu próprio corpo.

Já li relatos de grandes yoguis que às vezes tomam para si as
queixas e acidentes cármicos de ações praticadas por seus seguidores.
Há alguns exemplos disso na *Autobiografia de um iogue*, por Swami
Yogananda; *Vida de Sai Baba*, de Narasimha Swami, e outros relatos
dos trabalhos milagrosos de santos da Índia.

Sathya Sai igualmente tem sofrido e atraído para si mesmo
as dores físicas em favor de devotos seus. N. Kasturi relata em
seu livro, sobre a vida de Baba, que uma vez um médico que vivia
próximo de Madura escreveu-lhe dizendo que vinha sofrendo
com dores e sangramento no ouvido, mas que tudo havia parado
de repente, de uma forma maravilhosa. O Sr. Kasturi disse que a

carta do médico chegou até Baba "justamente quando Baba estava livre de um ligeiro sangramento e dor no ouvido, que ele tinha anunciado como tendo sido retirados de um devoto seu que sofria desses desconfortos". O Sr. Kasturi afirma mais tarde que "Sathya Sai tomou para si e sofreu de caxumba, febre tifóide, dores do parto e queimaduras escaldantes de seus devotos". Um exemplo marcante desse tipo de fenômeno misericordioso me foi descrito por um bom número de testemunhas, presentes no *ashram* na ocasião do acontecimento.

Na noite de 28 junho de 1963, Baba pediu ao Sr. Kasturi para anunciar no *ashram* que não haveria mais entrevistas por uma semana. Nem o Sr. Kasturi nem os outros compreenderam ou poderiam desconfiar da razão disso. Mas logo descobriram. No sábado, dia 29 de junho, às 6h30, Baba subitamente ficou inconsciente. Inicialmente os devotos se aproximaram ao seu redor e pensaram que tivesse entrado em transe, como quando viajava em seu corpo sutil a fim de levar socorro urgente a algum devoto em qualquer lugar. Esses transes, era sabido, duravam umas poucas horas, mas dessa vez *Swami* permaneceu inconsciente por mais tempo.

Seus devotos se tornaram apreensivos e começaram a buscar ajuda médica. Além do médico do hospital do *ashram*, o Dr. Prasannasimha Rao, diretor-assistente dos Serviços Médicos de Mysore, fora chamado a Bangalore. Ele escreveu o seguinte após examinar Baba: "O diagnóstico diferencial de tais condições (...) me leva a concluir tratar-se de meningite tuberculosa com, talvez, uma tuberculoma, há muito escondida..."

Quando o médico tentou submetê-lo ao devido tratamento, Baba recobrou um pouco da consciência e recusou as injeções e outra assistência médica. Afirmou mais tarde que o desconforto passaria em cinco dias.

Durante aqueles cinco dias ele teve quatro severos ataques do coração, seu lado esquerdo paralisou, ficando inútil, insensível; a visão de seu olho esquerdo e sua fala foram afetados também.

Na quinta-feira, dia 4 de julho, cinco dias após o ataque ter começado, *Swami* voltou a ficar lúcido e forte o bastante para anunciar que o coágulo no seu cérebro se dissolvera e não haveria mais ataques cardíacos. No entanto, o lado esquerdo do corpo ainda estava paralisado e sua fala grossa e débil. Seus seguidores pensaram que vários meses seriam necessários para que Baba recuperasse a saúde.

Durante o período de seu sofrimento, Baba tinha dito àqueles que cuidavam dele que um devoto longe dali estava prestes a sofrer uns ataques cardíacos tão fortes que o teriam matado. Por isso Baba captou a doença com todos os seus sintomas: paralisia, ataques cardíacos, hipotermia, perda parcial da visão, terríveis dores físicas e outros males. Seus discípulos compreenderam e aceitaram a explicação.

Mas o Guru Pournima, o dia do grande festival religioso, aproximava-se, e muitos visitantes estavam se congregando no *ashram*. Os visitantes ficaram desconcertados e aborrecidos com o que ouviram sobre as condições de Baba. Não conhecendo a causa — ou não crendo nela — começaram a duvidar. "Se Baba é Deus em forma humana, como pode ter sofrimentos físicos?", perguntavam. "Por que ele mesmo não se cura?"

Na noite do Guru Pournima, 6 de julho, a cena final aconteceu. Praticamente carregado por vários discípulos, Baba desceu a escada circular de seu quarto para a superlotada sala de oração. Todo o lado esquerdo do seu corpo estava paralisado e sua fala era apenas um murmúrio fraco e dificilmente inteligível.

Um médico presente descreve assim a cena: "Seu aspecto era o característico de um hemiplégico, com a perna esquerda sendo arrastada num semicírculo, os calcanhares arranhando o assoalho. Vendo Baba em tal condição, o mais valente soluçava."

Por alguns minutos Baba sentou na sua cadeira, no tablado diante do povo — uns cinco mil dentro e fora da sala. Todos estavam pesarosos, profundamente comovidos. Então Baba fez um sinal que queria água. Trouxeram-na e Raja Reddy a levou aos lábios de Baba. Ele bebeu um pouquinho; depois, colocando a ponta dos dedos na água, respingou umas gotas sobre seu braço e perna paralíticos. Em seguida golpeou sua mão esquerda, com a mão direita e também a perna esquerda mas *com suas duas mãos*. Os corações pulsaram mais forte com a visão, com o nascer da esperança.

O Sr. T. A. Ramanatha Reddhy, engenheiro do governo, a quem conheci em Horsley Hills, estava numa das primeiras filas e muito próximo de Baba. Disse: "Num segundo, o olho, a perna e todo o lado esquerdo do corpo se normalizaram. Foi um espetáculo para deuses ver sua súbita recuperação, e os devotos presentes testemunharam a grandiosidade de seu poder divino..."

O Sr. N. Kasturi descreve assim: "Ele levantou e pudemos ouvir sua voz divina nos chamando, como sempre fazia (...) Começou seu discurso pelo dia do Guru. As pessoas não acreditavam no que os olhos viam e os ouvidos escutavam. Quando viram que Baba estava de pé diante deles, falando, pularam de alegria, dançaram, gritaram, choraram; alguns ficaram tão tomados de gratidão estática e alegres que gargalhavam histericamente e corriam em direção da multidão que entrava."

Baba, de pé, falou por mais de uma hora. Depois cantou várias canções *bhajan* e, finalmente, subiu os degraus sem ajuda. Aquela noite começou como sempre, e no dia seguinte ele mostrava seu normal vigor, sua saúde, cumprindo toda a sua programação. O ataque mortal, que tinha vindo à sua vontade, foi embora no tempo previsto, não deixando vestígio.

Está documentado que houve várias outras ocasiões em que o Baba de Shirdi, em favor de discípulos mais próximos, se deixou adoecer e acidentar. Como na vez em que, na mesquita onde vivia, atirou seu braço no fogo justamente no momento em que o filho de um devoto caíra numa fornalha, em algum lugar. Baba suportou as queimaduras e feridas no braço por longo tempo, mas afirmou ter salvo a vida da criança.

No *Evangelho de Sai Baba*, também chamado *Códigos e provérbios de Baba*, ele afirmou que daria a própria vida, se necessário, para salvar a vida de um devoto que fosse completamente entregue a ele. Muitos acreditam que foi assim que Sai Baba de Shirdi morreu, em 1918.

XIII

A questão de salvar da morte

E até virá, como coroamento de tudo,
O fim da Morte, a morte da Ignorância...

Sri Aurobindo

ACONTECEU, EM FINS DE 1953, UM EVENTO QUASE TÃO dramático como a volta de Lázaro da morte. Muitas pessoas me falaram sobre o assunto, incluindo o homem mais intimamente relacionado, o "Lázaro" do caso, o Sr. Radhakrishna. Finalmente, mais tarde, tive todos os fatos cuidadosamente apresentados por Vijaya, filha do Sr. Radhakrishna, que foi uma testemunha visual e descreveu todos os detalhes no diário que ela sempre mantém em dia, registrando todas as suas experiências com Sai Baba. Enquanto me fazia o relato da experiência, tinha diante de si o diário.

O Sr. V. Radhakrishna, proprietário de uma fábrica e um cidadão conhecido em Kuppam (Andhra Pradesh), tinha cerca de 60 anos quando visitou Puttaparti. Com ele foram sua esposa, sua filha Vijaya e o marido, Sr. K. S. Hemchand. Sua filha, na

ocasião, tinha cerca de 18 anos e estava casada há pouco. Seu pai, ela me disse, sofria então de úlcera gástrica com várias complicações. Achava-se realmente muito doente, e uma das razões para visitar o *ashram* era a esperança de ter seu grande sofrimento aliviado. O grande festival religioso de Dásara acontecia, e muitas pessoas estavam visitando Puttaparti. Deram um quarto ao Sr. Radhakrishna no mesmo local onde vivia Baba, e lá teve que permanecer na cama durante todo o tempo.

Um dia Baba veio visitá-lo e passou todo o seu tempo com o enfermo, que disse preferir a morte a continuar sofrendo como estava. *Swami* simplesmente riu e não fez nenhuma promessa de curá-lo ou deixá-lo morrer.

Uma noite, Radhakrishna entrou em coma e sua respiração parecia a de um homem perto da morte. Alarmada, a esposa correu para ver *Swami*. Ele veio até o quarto, olhou para o doente e disse: "Não se preocupe, tudo ficará bem", e saiu. No dia seguinte, o doente ainda estava inconsciente. O Sr. K. S. Hemchand, o genro, trouxe um enfermeiro do distrito, que, após não conseguir apanhar o pulso e fazer outros exames, deu sua opinião pessoal, dizendo que o enfermo estava tão perto da morte que não havia mais chance.

Cerca de uma hora após, o paciente ficou frio. Os três parentes ansiosos e tensos ouviram "o estertor da morte" em sua garganta e o viram ficar hirto e azul. Vijaya e sua mãe foram ver Baba, que se encontrava no andar de cima em sua sala de jantar. Quando lhe disseram que Radhakrishna parecia estar morto, ele riu e foi para o quarto. Vijaya e a mãe voltaram para o aposento do "morto" e aguardaram. Depois de pouco tempo, *Swami* entrou e olhou o corpo, mas saiu novamente sem nada dizer ou fazer.

Isto aconteceu na noite do segundo dia desde que o Sr. Radhakrishna tinha ficado inconsciente. A situação continuou a mesma durante toda a noite. Os parentes permaneceram ali acordados e à espera de um sinal de volta à vida. Nada aconteceu, mas eles ainda acreditavam que Baba faria qualquer coisa para salvar o enfermo, pois ele não tinha dito que tudo estaria bem?

Na manhã do terceiro dia o corpo parecia ainda mais um cadáver — escuro, frio, duro e começando a cheirar. Outras pessoas que haviam comparecido em solidariedade aos familiares disseram à Sra. Radhakrishna que ela deveria remover o corpo do *ashram*. Mas ela respondeu: "Não, até que Baba ordene." Alguns foram até Baba e sugeriram a remoção, pois o homem já estava morto e o corpo cheirava mal. Outros achavam que o corpo deveria ser mandado de volta a Kuppam ou cremado em Puttaparti. *Swami* simplesmente respondeu: "Veremos."

Quando a esposa decidiu subir novamente para contar a Baba o que as pessoas estavam lhe sugerindo, ele respondeu: "Não lhes dê atenção; não tenha medo; eu estou aqui." E disse que iria descer logo em seguida para ver o "morto".

Ela desceu e aguardou com sua filha e genro, perto do corpo. Os minutos passaram — uma hora passou —, mas *Swami* não apareceu. Quando já começavam a se desesperar inteiramente, a porta se abriu e Baba entrou sorrindo. Agora eram 14h30 do terceiro dia. A Sra. Radhakrishna se dirigiu a Baba e começou a chorar. Vijaya, sua filha, começou a gritar. Pareciam Marta e Maria, as irmãs de Lázaro, soluçando diante de seu Senhor, pensando que tinha chegado tarde demais.

Gentilmente Baba pediu às mulheres chorosas e ao genro que se retirassem da sala. Assim que saíram ele fechou a porta.

Eles não sabem — nenhum homem sabe — o que aconteceu naquela sala onde *Swami* ficou com o homem "morto".

Depois de uns poucos minutos, Baba abriu a porta e acenou para que entrassem. Radhakrishna estava olhando para eles e sorrindo com alegria. Surpreendentemente, a rigidez da morte tinha sumido e sua cor natural estava voltando. Baba se curvou e bateu na cabeça do paciente dizendo:

"Converse com eles, estão muito preocupados."

"Por que preocupados?" — perguntou. "Eu estou bem. Você está aqui."

Swami virou para a Sra. Radhakrishna e disse:

"Trouxe seu marido de volta para você, agora arrume uma bebida quente para ele."

Tão logo ela voltou com a bebida, foi o próprio *Swami* quem lhe misturou o remédio vagarosamente com a ajuda de uma colher. Baba ainda ficou lá por mais meia hora, fortalecendo o homem que ele tinha "levantado". Então abençoou toda a família colocando a mão sobre a cabeça de Radhakrishna e deixou o quarto.

No dia seguinte, o paciente estava forte o bastante para ir ao *bhajan*. No terceiro dia, ele escreveu uma carta de sete páginas para uma de suas filhas na Itália. A família permaneceu ainda alguns dias no *ashram*, e com a permissão de Baba "o homem que veio da morte" voltou para casa, em Kuppam. A úlcera e as complicações desapareceram para sempre.

Quando conversei com o Sr. Radhakrishna, perguntei sobre sua experiência, se ele tinha idéia do que acontecera enquanto estivera inconsciente e aparentemente morto, ele respondeu: "Não. Quando recobrei a consciência, a princípio pensei ser o mesmo dia, mas fui informado mais tarde que estivera inconsciente por três dias, que estivera 'morto' e realmente começara a cheirar mal. Mas *Swami* pode fazer qualquer coisa que desejar. Ele é Deus."

Quando é que alguém está morto? O homem sabe? Alguns que pareciam mortos, segundo testes médicos, de fato voltaram a seus corpos — freqüente e infortunadamente — após colocados em seus túmulos. Comprovou-se isto ao se ver que os corpos mudaram de posição. Quando Jesus foi informado que Lázaro estava morto, Ele disse a seus discípulos: "Nosso amigo Lázaro dorme; mas eu o despertarei de seu sono."

Sai Baba mesmo, durante seus primeiros anos em Shirdi, uma vez abandonou seu corpo por três dias. Pediu a um discípulo para guardá-lo, dizendo: "Estou indo para Alá. Se eu não retornar em três dias, então enterre o meu corpo naquele lugar", apontando para uma *neem*, uma árvore sagrada. Um inquérito foi aberto. Sai Baba foi considerado morto e ordenou-se que fosse enterrado. Mas o discípulo, com a ajuda de alguns outros, opôs-se firmemente, e decidiram mantê-lo. No fim do terceiro dia, Sai Baba voltou ao seu corpo e nele continuou por mais 32 anos.

Quando o Sr. N. Kasturi estava, alguns anos atrás, escrevendo algo sobre o incidente do Sr. Radhakrishna sendo ressuscitado da morte, Baba lhe pediu para usar a palavra "morto" entre aspas. Talvez devêssemos dizer aqui que Radhakrishna esteve perto da morte, no limiar da porta da morte, quando Baba o chamou de volta à vida. Talvez o mesmo possa ser dito de Lázaro.

Mas por que Baba cura algumas pessoas e tira outras das garras da morte? Por que usa seus miraculosos poderes para salvar uns e outros, não? Por que não cura todos e não salva todos da morte? Muitos fazem tais perguntas. Estas mesmas perguntas

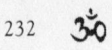

devem ser feitas em relação a Cristo, que em seus dias não curou todos os enfermos a seu redor. E por que Lázaro foi o único que ele tirou do sepulcro?

Quando Jesus foi informado sobre a doença de Lázaro, fez uma observação enigmática: "Esta doença não é para a morte, mas para a glória de Deus, e para que o filho de Deus seja glorificado." Assim, sob condições normais, o que seria uma doença mortal pode ser uma ocasião para a glorificação a Deus por meio da ação de um homem divino. Acreditamos também que a profunda e complexa questão do karma se acha envolvida nisto tudo. Até onde se trata de uma doença específica ou da aproximação da morte *cármica*? Até onde um homem divino pode interferir com o karma do paciente?

Há dois casos, numa mesma família: um, onde os reclamos do karma podem ser colocados de lado, por assim dizer; e o outro, no qual é mais sábio não interferir.

O primeiro foi quando a mãe do Sr. G. Venkatamuni, com quase 80 anos, estava tão perto da morte que todos os parentes foram avisados, sua esposa, Sushila, pegou um *jappamala* presenteado por Baba e o colocou sobre o peito da senhora. Baba tinha dito que o *jappamala* podia ser usado em emergências como um amuleto curativo.

A paciente logo começou a demonstrar notáveis sinais de melhora. Isto aconteceu por volta das 22 horas, e quando, na manhã seguinte, outros pacientes próximos chegaram para dar o último adeus, ela perguntou, num tom surpreso, o porquê de todos estarem ali. Ficou forte logo em seguida e ainda viveu muitos anos.

Mas, no entanto, quando um dos filhos do Sr. Venkatamuni, um epilético, ficou muito doente e parecia estar morrendo, Sushila decidiu usar o *jappamala* de Sai Baba para tentar salvar o menino. Foi apanhá-lo onde sabia estar guardado, junto de outras coisas numa caixa na sala de *pujas*. Retornou sem ele, dizendo a seu marido, num tom triste queixoso, que não conseguira pegá-lo. Todas as vezes que tentava fazê-lo, ele se desviava de sua mão. Após uma longa conversa concluíram que, neste caso, Baba não queria o uso do *jappamala*, o uso do amuleto curador.

O menino morreu. Logo em seguida os pais pediram para ver Baba. Tinham sempre escutado suas sábias palavras sobre a verdadeira natureza da morte, mas eram humanos e mostravam faces muito tristes. Mais ainda, ficaram um pouco feridos ao ver que Baba estava bem longe da tristeza, de fato estava sorridente.

Baba disse: "Vocês não devem sentir pelo menino. Acabei de vê-lo muito feliz 'lá'. Tinha um pequenino karma para resgatar aqui na Terra, e quando completou, teve que ir. Foi muito melhor para ele ir."

Então os pais compreenderam que realmente estavam penalizados por si mesmos em sua perda. E ficaram confortados quando souberam que o menino que amavam, que parecia morto, estava de fato vivo e fora do alcance de sofrimentos físicos. A fé do Sr. e Sra. Venkatamuni em Baba não vacilou em nenhum momento. Mas há devotos cuja fé é sacudida quando morre alguém próximo e querido. Muitos já me falaram sobre isto, dizendo que, muitas vezes, a situação se agrava quando alguns parentes dizem: "Bem, por que Baba não o salvou?" Mesmo a fé de profundos devotos e seguidores inteligentes se vê abalada ou eclipsada sob circunstâncias suficientemente trágicas.

Por exemplo, o Sr. V. Hanumantha Rao, mencionado anteriormente, tinha um filho que, com a idade de seis meses, foi acometido de pólio. E para piorar era o único filho.

O Sr. e Sra. Rao encontraram Baba quando o menino tinha quatro anos. O jovem e amável *Swami* tornou-se membro da família. Mas intrigava o casal a freqüência com que se referia ao menino como "meu menino", e sempre o chamava de "Shiva", embora seu nome fosse "Iswari Prasad Dattatreya". Baba sempre dizia: "Shiva é a corda que nos juntou e nos mantém assim."

Os pais não compreendiam isto e muitas expressões do jovem *Swami*. Mas como ele fizera tantos milagres em sua presença, alimentavam a esperança de que ele iria curar o menino.

O garoto se alegrava muito na presença de Baba, mas a saúde piorava. A pólio afetava o cérebro; houve freqüentes ataques, e em alguns anos o pequeno "Shiva" morreu. E com sua morte a corda foi cortada. Os pais, desolados, pararam de ver Baba. Sem dúvida sentiram que Baba havia falhado com eles.

O tempo que tinham passado juntos, a elevada influência espiritual de Baba, seus ensinamentos — verbalizados ou não — vieram a exercer um efeito profundo sobre os dois. Logo depois da morte do filho adorado, o Sr. Rao deu grande parte de sua fortuna para a criação e manutenção, em Madras, de um centro ortopédico para crianças acometidas de pólio. O centro, um dos poucos na Índia, recebeu o nome do filho do Sr. Rao — Iswari Prasad Dattatreya — como uma homenagem. Lá as crianças recebem tratamento médico, cirúrgico e fisioterápico, além de educação regular. Está localizado na margem do rio Adyar, no lado oposto à Sociedade Teosófica, e freqüentemente vou lá para ver o Sr. Rao. Pude observar a luz no rosto das crianças vitimadas quando o velho comissário dos transportes, agora aposentado, andava no meio delas visitando as salas de aula. Também vi crianças com muletas, em cadeiras de roda, saudando, com uma profunda reverência, o busto de seu filho, Iswari, na entrada do hospital. Eles percebem que, de certa forma, o menino morreu por eles, e que foi seu espírito que trouxe a moderna ajuda científica a seus sofrimentos e a esperança de uma vida mais feliz.

Quando o casal superou seu grande sofrimento e o transformou em coisa tão valiosa, um véu pareceu cair de seu olhos. Perceberam como estavam errados em culpar Sai Baba por não manter vivo seu menino. Um dia o Sr. Rao me disse: "Deve haver sofrimento no mundo; pertence à natureza das coisas daqui, porque o homem o traz sobre si mesmo." Eles compreendem que o divino não pode retirar todos os karmas dos ombros do homem, e também que muita coisa boa pode de fato advir do que parece ruim sob o nosso limitado ponto de vista.

Assim, o Sr. e a Sra. Rao se voltaram para aquele que, ao seu ver, é o foco da divindade na Terra e hoje são dos mais fiéis devotos. Em sua casa eles mantêm um quarto especial para Sai Baba. O quarto jamais é usado por outra pessoa, e o pedido constante deles é que, quando quer que seja, Sai Baba os agracie com sua presença.

Minha esposa e eu estivemos diversas vezes na casa de Rao quando Sai Baba os visitou. É uma alegria incrível testemunhar a visita de Baba. Como em tempos passados, ainda parece ser um membro da família — feliz, despreocupado, infantil, brincalhão. É como se fosse o filho enquanto, ao mesmo tempo, é pai, mãe, Deus desse doce casal de anciãos. A alma da criança que partiu, a corda que os conduziu à luz, parece ainda estar lá, de forma invisível.

Quando Baba não salva nem cura — ou seja, não realiza o milagre exterior —, notei que há uma grande mutação *interior*, um milagre interno. Ele tem, talvez, curado o desejo de ser curado, ensinando e provocando a aceitação; ele tem cicatrizado almas feridas pela dor do despojamento e elevado corações e mentes para uma melhor compreensão da vida. Tem trazido também uma nova e mais ampla visão do sofrimento e da morte.

Acontece agora como antigamente em Shirdi. Lá, e naqueles dias, ele curou e salvou muitos. Mas alguns ele não salvou. Um desses casos foi o da filha de seu grande devoto, Sr. H. S. Dixit. Na ocasião, murmuravam: "Se Baba não pode salvar a vida da filha de Dixit, qual a vantagem então de um *sadguru*?"

Sobre isto o Sr. B. V. Narasimha, neste aspecto, um profundo apóstolo de Sai Baba, escreve: "Deve-se também dizer quando os queridos partem — 'Para que serve Deus'? A fé não é uma garantia que não haverá morte ou maldade no mundo, nem dores na vida. Mas, no caso de Dixit, a fé intensa o levou a superar todas as inevitáveis calamidades e a aprender mais e mais sobre o esquema de Deus para as nossas vidas. A vida não foi criada para ser um mar de rosas e um depósito de riquezas (...) A fé habilita o devoto a ver o que a vida é, qual o plano de Deus, e melhorar sua própria maneira de encarar a vida."

Nesta, como em outras encarnações passadas, Sai Baba algumas vezes disse que curar uma certa pessoa, salvá-la da morte, ou remover alguma deficiência física inata, seria interferir indevidamente no karma da pessoa. Em tais casos, ele deixa a pessoa carregar sua própria cruz.

Devemos concluir de tudo isso que algumas doenças são cármicas e outras, não. Algumas são o resultado de nossas próprias ações (muitas em encarnações anteriores) e parte da grande lei moral da compensação. Devemos expiar malfeitos passados carregando as conseqüências e aprendendo com elas. Por outro lado, algumas aflições — doenças, acidentes etc. — são apenas, num grau limitado, se tanto, criadas por nossas próprias ações. E, com tais aflições, não necessitamos sofrer longamente a fim de aprender alguma lição específica de nosso erro no passado.

Do mesmo modo devemos encarar a morte. Geralmente, creio, o momento da morte não é estritamente predeterminado; há diversos pontos, vamos dizer, ao longo da nossa linha de vida, até que nos encontremos com a morte, mas não é uma necessidade cármica que devamos morrer no primeiro ou segundo daqueles pontos. Contudo, no atual estado do homem, a morte ainda é essencial, todo homem deve morrer. Não obstante Lázaro ter sido chamado de volta do sepulcro e alguns anos depois vir a morrer. Assim também acontece com muitos cuja vida Sai Baba salva. Quando chegamos naquele ponto final, momento em que é melhor morrer, pois seria pouco sábio e prejudicial à alma prosseguir, que santo iluminado deve interferir? Os *Illuminati*, os homens-deuses e os grandes yoguis sabem quando o "momento certo" chegou para aqueles que os procuram, como também sabem naturalmente de seu próprio momento. Quando as escrituras antigas dizem que o yogui vence a morte, não querem dizer com isto que viverão para sempre. Pretendem, sim, dizer que eles próprios decidem o momento certo de partir da Terra, e então deixam seus corpos, *conscientemente* e *voluntariamente*.

Mas da maneira como a humanidade está hoje, não podemos esperar que Baba, ou qualquer outro com poderes divinos, dissipe a espessa nuvem dos pecados cármicos do homem, curando doenças, fazendo aleijados andar, limpando leprosos, abrindo os olhos de milhões de cegos existentes somente na Índia. O máximo que ele pode fazer é aliviar um pouco o pesado karma do homem aqui e além, e mostrar o caminho.

XIV

Eterno aqui e agora

Lá o Quando é um eterno Agora
O Onde um eterno Aqui.

O Sonho de Ravan

O SR. KASTURI TRANSCREVEU O SEGUINTE INCIDENTE.

No dia 21 de junho de 1959, por volta de 13h30, os discípulos mais íntimos de Baba ficaram alarmados porque sua temperatura, de repente, subiu para 43 graus. Cerca de cinco minutos mais tarde o termômetro registrou uma queda para 37 graus. Era um mistério para eles, e Baba, na ocasião, não os esclareceu.

Entretanto, naquela noite ele jantou com um grupo de devotos no terraço, ao luar. Entre eles, estava um jovem de Madras que tinha estado com Baba durante alguns dias, mas partiria no dia seguinte. De repente o *Swami* lhe disse: "Quando amanhã estiver com sua mãe, diga-lhe para ter mais cuidado com fogo."

Isto levantou muita curiosidade e alguma ansiedade. Então Baba esclareceu que o sari (veste) da senhora, pegara fogo naquela manhã, em Madras, enquanto ela estava na sala de *puja*, mas que as chamas tinham sido extintas a tempo. O sari ficou imprestável, mas ela não fora atingida.

Depois do jantar, um dos devotos sugeriu que dessem um telefonema para Madras. Baba concordou, e foi feito. A própria senhora atendeu o telefone e contou, com detalhes, o acidente. Então Baba falou com ela e os devotos o viram rir e dizer: "Não, não queimei minhas mãos. Somente minha temperatura subiu um pouco por um breve tempo."

Anos mais tarde, tudo isso me foi confirmado, em primeira mão, pelo Sr. G. Venkatamuni, cuja esposa, Sushila, era a pessoa envolvida. Sim, seu sari pegara fogo enquanto estava na sala de *pujas* ele disse, e num momento estava envolta em chamas. O pânico tomou conta dela, mas como era uma devota há muito tempo, as primeiras palavras que saíram da sua boca foram "Sai Baba". Imediatamente as chamas se apagaram e Sushila, conhecendo por experiência própria o poder de Baba, estava certa de que ele viera de alguma forma socorrê-la na crise.

Esquecendo que Baba não tinha vindo até ela em seu corpo físico, perguntou-lhe se tinha queimado as mãos. Mas esta não é uma pergunta tola, como muitos poderiam pensar à primeira vista. Pesquisadores nesse campo têm assinalado muitos casos de viagem astral onde um choque sobre o corpo astral causou efeitos, tais como ferimentos, queimaduras e contusões no corpo físico. Isso acontece devido à lei da reciprocidade. A rápida subida de temperatura de Baba parece ter sido um modesto exemplo disso.

Ao longo dos anos 40 e por muitos dos anos 50, Baba sempre entrava em transe durante suas viagens para fora do corpo. Repentina e inexplicavelmente se tornava inconsciente, e aqueles que se achavam perto dele podiam saber que ele fora, provavelmente com algum devoto, a um lugar distante. Quando voltava, nem sempre dizia o que havia acontecido.

Em certas ocasiões, efeitos recíprocos se manifestavam no corpo físico de Baba deixando visível o que fora fazer. Outras vezes, por exemplo, umas poucas palavras do que dizia à distância saíam de seus lábios físicos. Por vezes, *vibhuti* emanava de seu corpo. A cinza sempre aparecia quando Baba estava presente na morte de algum devoto. O Sr. Kasturi diz: "Em tais ocasiões, como simbologia da morte, da destruição e do fim do temporário e do evanescente, *vibhuti* sagrada saía da boca, do corpo que Baba deixava para trás a fim de seguir até o leito do moribundo."

O Sr. Kasturi nos dá um exemplo. Por volta de 17h20 do dia 15 de novembro de 1958 Baba estava lendo uma carta em voz alta para algumas pessoas à sua volta quando de repente exclamou "Ha" e caiu no chão. O corpo ficou inerte por dez minutos, então pareceu tossir. Jatos de cinza estavam vindo de sua boca, sendo atirados a mais de 40 cm.

Às 17h35, tendo estado inconsciente por 15 minutos, reassumiu a leitura onde a havia deixado, bem naturalmente, e sem nenhum sinal de cansaço. Quando perguntado, ele disse a seus devotos onde estivera – Dehra Dun, no Himalaia. Lá, ele disse, a mãe de um médico, bastante conhecido no *ashram*, havia partido. Baba foi até ela para ajudá-la no momento de transição, ocorrida às 17h30. Também ressaltou que o doutor, seu filho, estava presente na morte da senhora em Dehra Dun, e que as pessoas cantavam hinos *bhajan* no recinto. Mais tarde Baba também descreveu como a senhora havia anunciado seu fim a todos os presentes: "Este é o meu último suspiro", e então expirou.

Dois dias mais tarde, 17 de novembro, uma carta chegou para Baba. Era do doutor cuja mãe havia morrido. Ele escreveu:

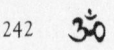

"Minha mãe deu seu último suspiro no sábado às 17h30. Cantávamos hinos *bhajan* nos seus últimos momentos, conforme ela desejou. Lembrava-se de você constantemente."

Eis aqui um outro exemplo do conhecimento de Baba sobre o que acontece a distância, e seu poder de intervir: no começo dos anos 60, quando o Sr. K. R. K. Bhat ainda era o gerente regional da Companhia de Seguros de Vida, na Índia, ocorreu um caso de suborno e corrupção entre seus subordinados. Devido a isto, e juntamente com uma importante promoção e algumas cartas anônimas, abriu-se um inquérito.

Descobriu-se que várias eram as pessoas envolvidas no enredo, mas o mais comprometido parecia ser o estenógrafo do Sr. Bhat, que, entretanto, tentava proteger-se transferindo a própria culpa para seu chefe — Sr. Bhat. Afirmou que tinha apenas cumprido instruções do Sr. Bhat.

Começou a parecer que o Sr. Bhat, embora completamente inocente, estava envolvido; era a palavra de um contra a do outro. O Sr. Bath não achava meios de provar sua inocência, e começou a ficar preocupado. Se fosse considerado culpado, seria desastroso para sua carreira.

Finalmente toda a confusão se resumiu no seguinte: se o Sr. Bhat teria ou não recebido pessoalmente, em seu escritório, uma determinada carta registrada e a assinado. O estenógrafo continuava a afirmar que seu chefe o fizera, enquanto este sabia que não. Seria fácil checar com o designado do posto do Correio e descobrir de quem era a assinatura sobre a carta naquela data conhecida. O chefe do Correio, no entanto, disse que sentia muito mas não podia ser útil pois, após seis meses, os papéis eram destruídos. A carta havia sido recebida há mais de seis meses.

A essa altura Baba começou a aparecer em sonhos a Bhat, sempre devoto. Numa visão, Baba assegurou que o registro ainda se encontrava no posto do Correio. Não tinha sido destruído conforme declarado. No fim, o chefe teve que admitir que era verdade. Valeu-se da desculpa de que seu antecessor tinha deixado os papéis empilhados e havia de fato um acúmulo de mais de três anos. Ele sustentou ainda que, devido à bagunça dos documentos, seria quase impossível descobrir um único papel de tanta importância para o Sr. Bhat. Por isso não teria como se tentar, ele disse, seria procurar uma agulha no palheiro.

Naquela mesma noite *Swami* apareceu novamente em sonho a seu devoto, Sr. Bhat, dizendo que um homem poderia ser indicado para procurar o papel e assim, certamente, ele seria encontrado muito rapidamente. Seguindo a sugestão, Bhat finalmente persuadiu as autoridades postais a fazer o que ele solicitava. Um funcionário foi destacado para a busca na montanha de papéis. Por "acaso" pegou um maço de papéis e começou a verificar.

"Milagre dos milagres", disse o Sr. Bhat. "Lá estava o documento tão desejado, justo no primeiro bolo." Mostrava que o estenógrafo tinha assinado a tal carta registrada e não seu chefe. Não só o estenógrafo foi acusado, mas outras pessoas tachadas de corruptas, e as penas devidas foram aplicadas. O poder de Sai de ver a distância e intervir, quando possível, salvou seu devoto de ser injustiçado.

"Baba está além das limitações não só do tempo mas do espaço também", Bath declarou. "Quando estávamos em Prasanti Nilayam, no começo de 1956, *Swami* disse, muito em particular, à minha esposa, que eu deveria me aposentar ou tirar umas longas férias, bem longe do meu escritório, até o dia 1º de junho daquele ano.

"Ele não me disse porque, mas eu já tinha aprendido a seguir seus conselhos. Entretanto, era uma tarefa quase impossível resolver todos os meus negócios, treinar meu substituto e estar pronto em 1º de junho. Poderia consegui-lo, achei, por volta de 1º de julho, e assim decidi que isso bastaria. Eu estaria atrasado um mês em relação ao que *Swami* estabelecera, mas esperava que tudo corresse bem. Estava errado.

"Em 4 de junho tive meu primeiro ataque cardíaco. Obviamente, Baba o previra e dera-me o alerta. O esforço do trabalho o tinha provocado, sem dúvida, e se eu tivesse seguida seu conselho, o teria evitado. Bem, através de sua graça ainda estou vivo e capaz para muitas coisas que os especialistas me vetariam."

Muitas pessoas têm-me dito que Baba tem predito eventos de importância no futuro delas. Não somente perigos para a saúde, mas em muitas coisas que surgem em suas vidas diárias — nascimentos, casamentos, novas ocupações, oportunidades comerciais e resultados de exames, até mesmo mencionando-os com exatidão.

Eis aqui um interessante exemplo de seu poder de precognição. O Sr. G. K. Damodar Row, um juiz aposentado, era àquela altura governador do Lions Club de diversos distritos do Sul da Índia. Estava para embarcar para Chicago a fim de comparecer a uma convenção internacional do Lions. Quando ele telefonou para Prasanti Nilayam e disse a Sai Baba, este pediu-lhe que levasse consigo um pacote de *vibhuti* e outras coisas para o grupo de devotos da Califórnia. Damodar Row exultou com a perspectiva de entregar o pacote, não somente por servir a Sai Baba em alguma coisa, mas também porque encontraria os amigos, devotos californianos.

Mas a dificuldade era que o governo indiano só lhe permitia levar dinheiro estrangeiro para ir até Chicago e de lá voltar pela rota mais curta, isto é, pelo Atlântico. Imaginou ser impossível conseguir os dólares suficientes para sua viagem extra de Chicago até a Costa Oeste da América.

Bastante triste e relutante, relatou a *Swami* os fatos, que o controle cambial e a geografia tornavam quase impossível sua ida à Califórnia. Baba ficou silencioso por um momento e então disse: "Você irá à Califórnia, não se preocupe, somente leve o pacote."

Em Chicago, Damodar Row telefonou muitas vezes para o escritório da companhia pela qual viajava a fim de saber da possibilidade de retornar atravessando a América, pelo Pacífico. Nunca encontrava ninguém.

A moça do escritório em Chicago, para a qual costumava ligar, veio a conhecê-lo e, notando a imagem de Sai Baba no seu anel, perguntou-lhe sobre ele. Damodar respondeu ser seu guru e que havia sido o próprio Sai Baba quem lhe havia afirmado que sua viagem se estendia até a Califórnia — portanto deveria haver algum meio de conseguir isto.

"Sinto muito desapontá-lo e ao seu guru, mas não há jeito", respondeu-lhe.

Então, uma manhã, ela o saudou com muita alegria: "Seu guru tinha razão! Você irá para a Califórnia."

Quando, com o coração batendo mais forte, perguntou-lhe como, ela informou que estava havendo uma greve de pilotos na companhia pela qual deveria voltar e, portanto, ele regressaria por outra empresa. Dessa maneira, iria via Pacífico, podendo assim parar em Los Angeles.

Como Baba havia predito confiantemente semanas antes, o pacote foi entregue à "família Sai" californiana.

Eu me encontrava em Prasanti Nilayam quando Damodar lá chegou de sua volta da América. Ele ainda estava bastante entu-

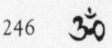

siasmado quando contou o que acontecera e todos os ouvintes adoraram ouvi-lo. Ninguém duvidou que Baba tivesse previsto a greve, e a forma como afetaria os movimentos de Damodar.

Através dos anos, desde que surgiram os primeiros adeptos, em Shirdi, no século passado, tem havido numerosos registros dele aparecendo numa forma materializada em lugares distantes de onde seu corpo realmente estava na ocasião. Podia aparecer em sua própria forma ou em outra, como um velho amigo ou parente, um mendigo, um trabalhador, um *sadhu* ou um homem santo.

Algumas vezes, parece, ele cria uma *maya* temporária (ilusão) da forma. Outras, pode ser que ele "domine" um ser humano vivo ou um animal, compelindo-os a fazer o que ele quer, recebendo sobre si mesmo a resposta ou reação do devoto em questão. Somente mais tarde conta ao devoto. Ou pode, no momento, fazer algum comentário com aqueles que o cercam sobre onde realmente está fisicamente, e num momento dar uma pista do que aconteceu a distância. O fato, então, é confirmado depois.

Um exemplo ocorreu quando o Sr. H. S. Dixit recebeu uma carta, em Shirdi, informando que um de seus irmãos em Nagpur estava doente. Contou a Baba, dizendo pesarosamente que não podia então ser útil a ele. Baba replicou: "Eu sou útil."

Dixit não compreendeu por que Baba dissera isto e o que significava. Veio a descobrir mais tarde, pois naquele mesmo momento em Nagpur um *sadhu* chegou e usou as mesmas palavras de Baba: "Eu sou útil." Esse *sadhu* curou a doença do irmão do Sr. Dixit e este concluiu que, através de centenas de quilômetros, Baba viu o que ocorria e fez o que era necessário.

Aquele pode ter sido um *sadhu* real "dominado" por Baba, mas o que apareceu a um devoto mais recentemente em Délhi parece mais com uma criação ilusória, uma forma temporária tomada por Baba.

O que segue me foi contado pela Sra. Kamala Sarati, esposa do já falecido Sr. R. P. Sarati, que na ocasião era secretário-adjunto da Defesa do governo de V. K. Krishna Menon, o ministro da Defesa. O incidente se liga a um violinista que era seu professor de música. Ela, não sabendo detalhes sobre o caso, gentilmente escreveu de Madras para seu professor em Délhi, em meu nome. Ele respondeu dando todas as informações sobre o ocorrido e Kamala me passou a carta.

Aconteceu em Délhi no ano de 1950, no tempo em que ambos, Kamala e seu professor de música, eram devotos de Sai Baba há dois ou três anos. Eles já haviam visitado Puttaparti cinco ou seis vezes, e Chidambaram, naquela ocasião, morava num quarto na casa de Sarati, em Délhi.

Num dia, pela manhã, Chidambaram, com 45 anos, estava pedalando em sua bicicleta ao longo da estrada Minto, entre a Nova e a Velha Délhi. Tinha ido ensinar a alguns alunos e estava voltando para casa a fim de dar uma aula de violino a Kamala, às 11 horas daquela manhã.

Enquanto pedalava, um problema começou a fervilhar em sua cabeça. Costumava custar muito dinheiro uma viagem a Puttaparti, e embora tivesse tido experiências lindas e maravilhosas lá, começou a pensar se teria condições de voltar. Ele escreve: "Eu estava pensando se Baba era uma reencarnação verdadeira de Deus e se valia a pena gastar tanto dinheiro para ir a Puttaparti para vê-lo."

Foi nesse exato momento que um velho *sadhu* veio, também de bicicleta, tentando alcançar Chidambaram. Este notou que o homem santo usava uma roupa larga e tinha um pano amarrado

ao redor da cabeça, como as fotos de Baba de Shirdi. O velho *sadhu* parou, e Chidambaram fez o mesmo, cumprimentando-o. O *sadhu* lhe disse que gostaria muito de conversar com ele em particular. Como a rua era muito tumultuada, o *sadhu* sugeriu um local mais calmo. Chidambaram, supondo que chegaria tarde para a aula de Kamala, relutou, mas o *sadhu* disse que tudo estaria resolvido em dez minutos.

O professor conta: "Percebi que esse *sadhu* era parecido com Baba de Shirdi, e assim sendo, concordei em ir com ele." Depois de caminharem algum tempo, empurrando suas bicicletas, chegaram a um túmulo. O *sadhu* sentou-se nele, colocando uma perna sobre a outra, na forma de Baba de Shirdi. O professor, depois de fazer a saudação de respeito e reverência, sentou-se no chão diante do homem santo.

Sadhu: (depois de um minuto de silêncio) — Quem você acha que sou?

Chidambaram: — Você parece ser Baba de Shirdi.

Sadhu: — Muito bem. Veja minha mão. — Aproximou sua mão e a virou para que Chidambaram a olhasse. A palma tal qual um espelho, refletia, em cores radiantes, a figura de Baba de Puttaparti, sentado numa cadeira e sorrindo. O professor ficou perplexo com o que viu.

Depois o *sadhu* desabotoou seu manto e debaixo de uma camisa mostrou seu peito. Lá novamente Chidambaram viu Baba de Puttaparti. Desta vez ele estava "sentado com uma guirlanda ao seu redor, cheio de esplendor e júbilo".

O professor ficou totalmente transtornado. Ele começou a tremer "e as lágrimas vieram". Então o *sadhu* esfregou suas costas como Sathya Sai Baba sempre faz com seus devotos em sofrimento, derramou *vibhuti* sobre ele e o alimentou com um pedaço de cande. Ambos foram materializados do ar na maneira inigualável de Sathya Sai Baba.

Convencendo o professor de que os dois Sai Baba são um, o *sadhu* disse: "Não desanime sob nenhuma circunstância. É por causa de meu amor por você que estou aqui. Agora vamos."

Enquanto caminhavam, Chidambaram implorou ao *sadhu*, que agora acreditava ser o Sai Baba que ele muito conhecia e adorava, para ir com ele à casa dos Sarati. Mas ele não quis. Chidambaram escreve: "Eu o vi pedalando e indo embora. Em dois minutos, tanto a bicicleta quanto ele haviam desaparecido completamente." O professor não conseguia andar na sua bicicleta de tão emocionado que estava, e assim, ele diz: "Coloquei minha bicicleta numa *tonga* (carroça) e fui para casa."

Kamala me contou: "Ele chegou muito atrasado, e eu estava preocupada sem saber o que havia acontecido. Chegou na carroça e de um jeito! Pensei que estivesse doente. Quando conseguiu falar com coerência, me contou todo o episódio. Desde aquela data não teve mais dúvidas, e é um devoto fervoroso de Sathya Sai Baba."

A outra experiência envolve o Sr. Radhakrishna de Kuppam, a quem Baba parece determinado a manter nesta Terra tanto tempo quanto possível. Em 1960, sete anos após ter sido trazido da "morte", Radhakrishna ficou doente novamente, sofrendo de muitas dores.

Ele me contou: "Uma noite o médico me deu uma injeção de morfina e dormi. Parece, no entanto, que me levantei atrasado e vaguei num estado de inconsciência. Não me lembro de nada, mas devo ter caído no poço perto da casa. O poço estava descoberto, tendo cerca de 3 m de diâmetro e aproximadamente 15 m de profundidade, com 10 m de água. As paredes interiores são de pedra lisa e sem reentrâncias para que alguém se apóie ou se segure."

Sua filha, Vijaya, estando presente na ocasião do acidente, retira a história de seu diário.

Minha mãe acordou às 3 horas da madrugada e notou que papai não estava na cama, então foi procurá-lo. Do lado de fora, chamou seu nome e ouviu uma voz gritando "Eu estou no poço". Ela correu e olhou para dentro do poço com uma lanterna elétrica. Lá estava ele. Parecia em pé com água até a cintura, mas ela sabia que não havia nada lá onde ele se firmasse. Ela o chamou e ele não respondeu, somente continuou na água.

Mamãe correu para dentro de casa e acordou meus dois irmãos e eu mesma. Assim fomos até o local, mas não sabíamos como removê-lo. Havia uma laje de pedra por cima do poço com uma abertura em ambos os lados, através da qual ele deve ter caído. Meu irmão mais velho, Krishna Kumar, da laje, tentou alcançar meu pai, mas papai estava bem no fundo. Devemos ter feito muito barulho, pois o chefe de Polícia subitamente apareceu na cena. Contou-nos mais tarde que estava passando ali por acaso, indo da estação rodoviária para seu escritório, quando então nos ouviu. Não era sua rota noturna normal para casa, e não entendia por que havia tomado aquele caminho.

Com cordas, uma roldana e um cesto, finalmente conseguimos retirar papai do poço. Não sei exatamente como, porque eu estava um pouco para trás, fora da ação. Mas me pareceu então como se Krishna Kumar, meu irmão, possuísse alguma força descomunal para poder puxar meu pai. Só posso crer que ele tenha sido ajudado por alguma força. Bem, você sabe o que quero dizer.

Meu pai parecia meio fora de si quando o retiraram. Foi levado para casa e colocado na cama. Chamamos o médico. Então, enquanto esperávamos, ouvimos papai dizer: "Quando verei você novamente, Baba?" — como se Sai Baba estivesse lá no quarto. Sem dúvida, ele estava lá com ele, embora nos fosse impossível vê-lo.

Assim que o médico chegou e examinou papai, não acreditou que ele tinha estado no poço, mas o chefe de Polícia ainda estava lá para confirmar a incrível história. O médico disse que nenhum choque ocorrera e de fato o paciente estava muito melhor agora do que antes da aventura. Não havia necessidade de nenhum tratamento ou remédio, somente um pouco de café forte seria bom.

Radhakrishna nos contou: "Eu sabia que era um prodígio de Baba, me mantendo sobre a água. Assim, no mesmo dia aluguei um carro e nos dirigimos para Puttaparti. Tão logo chegamos, Baba nos saudou da varanda. Em seguida me chamou e disse: "Meus ombros estão doendo por segurá-lo durante tanto tempo a noite passada, Radhakrishna!"

Ainda naquela manhã, bem cedinho, Baba informou aos outros devotos que ele tinha estado "fora" durante a noite ajudando Radhakrishna, que se encontrava em perigo.

Que se pode dizer? Será que Baba se apresentara na sua forma sutil, somente visto por Radhakrishna num outro estado de consciência? Estaria ele usando sua tremenda força psicocinética, um atributo da psique agora sendo vislumbrado pela parapsicologia, para manter Radhakrishna acima da linha d'água no poço?

Hoje, na Índia, em muitos locais diferentes, alguma força psicocinética opera freqüentemente associada ao nome de Baba. Tal força tem sua manifestação mais comum na produção de *vibhuti* nas fotografias, principalmente nas quais Sai Baba aparece, mas também nas de deuses e Avatares nas mesmas salas de adoração. A cinza pode aparecer no lado de fora do vidro que cobre o quadro ou sob ele. Pode surgir como uma pequena mancha que aumenta gradualmente, até formar uma camada cobrindo toda a fotografia, ou, por outro lado, pode aparecer de repente, praticamente cobrindo a foto num instante.

O Dr. D. S. Chander, um cirurgião-dentista de Bangalore, é um dos muitos que experimentaram esse estranho fenômeno. Contou-me que, de repente, *vibhuti* apareceu em todas as fotografias de sua sala de oração, então, depois de um mês, desapareceu completamente. Ele se sentiu muito inquieto com o desaparecimento de toda *vibhuti* e pensou que talvez a Graça Divina o tivesse abandonado devido a algo errado ou não feito que deveria fazer.

Sua esposa sempre o ajudava nas cirurgias, e era costume tocar uma campainha sempre que precisava dela. Numa das manhãs, ao soar a campainha, sua esposa se achava na sala de orações arrumando umas flores. Todas as fotografias estavam limpas e claras, disse ela, sem nenhum vestígio de cinza. Tinha certeza disso porque desde que a *vibhuti* sumira subitamente ansiava ardentemente por algum indício que ela estava retornando.

Deixando as flores, saiu rapidamente para o consultório a fim de ajudar o marido. Ao voltar, alguns minutos após, todas as fotos estavam novamente recobertas com a cinza. Saiu correndo para falar a seu marido, e ao passar pela sala de estar viu que lá, também, as fotos de Baba tinham crostas de cinza.

A maior parte de *vibhuti* desapareceu novamente após um ou dois meses, mas restou um pouco, para a satisfação do dentista, e ainda lá se encontrava quando eu o visitei.

Minha esposa e eu visitamos várias casas, em diversas cidades, nas quais tal fenômeno ocorreu e ainda continua a ocorrer. Observei que quando a cinza está na parte superior do vidro que cobre o retrato, adere firmemente à superfície, embora um pouco caia e se junte na parte baixa da moldura.

Uma senhora em uma casa nos contou: "Primeiramente surgiu no lado de fora do vidro, e algumas pessoas disseram que nós tínhamos feito aquilo para efeito de publicidade ou coisa parecida. Então começou a formar-se entre o vidro e a fotografia."

Examinei algumas das fotos onde a cinza havia se formado debaixo do vidro. As partes posteriores, em muitos casos, eram totalmente lacradas e pareciam como se estivessem intocadas há longo tempo. Além disso, aquelas pessoas e todas as outras relacionadas com o aparecimento de *vibhuti* não eram do tipo de mistificadores. Eram devotos, pessoas religiosas, cheias, me pareceu, não de egoísmo e orgulho espiritual, mas de humildade, veneração e espanto para com o benevolente poder que havia deixado sua marca em seus lares.

Em algumas casas, várias outras coisas apareceram além da cinza: outros pós usados na adoração, gotas de *amrita*, minúsculas estátuas de deuses hindus, flores e algumas guirlandas, colocadas em torno dos retratos.

A força dinâmica psicocinética associada com o nome de Sai Baba vem agindo de outras incríveis formas. Eis um exemplo. O Sr. K. E. Kulkarni de Poona costumava visitar o templo local de Baba de Shirdi toda quinta-feira. Numa ocasião, levava consigo para o templo alguns panfletos e fotografias de Sathya Sai Baba. Na saca havia seis panfletos em hindi, seis em inglês e cerca do mesmo número de fotografias de Sai Baba.

Começou a distribuir pelos adoradores presentes no templo. Isto atraiu uma multidão de cerca de 100 pessoas. Todos queriam o panfleto em hindi e as fotos — aparentemente ninguém podia ler inglês. Kulkarni começou a distribuir os poucos que tinha, estava a ponto de pesarosamente informá-los que traria mais panfletos na próxima semana para os que ficaram desapontados.

Então, colocando sua mão na saca para pegar o último, ficou espantado ao ver que não estava vazia, mas semicheia. Olhando, viu um pacote de panfletos em hindi e um outro de fotos. No fim da distribuição, constatou que todos haviam recebido e nenhuma cópia e retrato tinham restado. Somente os seis panfletos em inglês ainda estavam na bolsa. Estes não tinham sido pedidos, e nenhum fora acrescentado aos que já existiam.

Outros acontecimentos psíquicos, relatados aqui e ali, incluem a escrita automática e mensagens escritas vistas por clarividentes, em pó de *rangoli* ou em paredes nuas e tetos. Essas mensagens, se supõe, são de Sai Baba. As pessoas intimamente envolvidas em tais fenômenos (pelo menos aquelas encontradas por mim) parecem sinceras e de bom senso. Descrevem, com entusiasmo, como as mensagens são usadas para ajudar aos doentes, para dar educação ética nos hábitos e na maneira de agir, para assistir pessoas em sofrimento em suas relações pessoais, seus trabalhos e assim por diante. Desta maneira, o poder em ação parece ser bondoso e compassivo.

Mas há certamente um perigo nos fenômenos da comunicação. Como os ocultistas sabem, o plano astral mais baixo contém muitos impostores, fingidores, e o pior, sempre prontos e atentos para agarrar uma chance de comunicação com este mundo. Portanto, forças psíquicas não tão boas, não tão benevolentes, podem facilmente começar a manifestar-se usando um grande nome espiritual. Desta forma, as pessoas podem ser enganadas e trapaceadas. E o resultado eventual seria o aumento do orgulho do homem, do egoísmo e dos desejos mais baixos, e não mais as altas aspirações individuais.

Já houve indicações de que o desejo e a ânsia pela fama estavam sendo espalhados entre alguns dos seguidores, quando uma notícia na revista do *ashram* foi publicada: "Algumas pessoas usam indevidamente o nome de Baba e anunciam que ele está em comunicação com elas, dando-lhes mensagens, respondendo perguntas e concedendo entrevistas. Seus objetivos são apenas ganhar fama e dinheiro." O aviso continua dizendo que tais fenômenos devem ser explicados como manifestações de espíritos ou como simples embustes de maníacos ou intrujões. "É dever dos devotos impedir toda essa mistificação com sábio conselho e firme negação."

Baba esclarece que os que recebem devem julgar a autenticidade de tais acontecimentos psíquicos, por si mesmos, mas nunca os deve usar como um meio de atrair as massas para propaganda, fama ou dinheiro.

XV

O mesmo, mas diferente

Ao longo de angustioso caminho
andei às cegas para a noite de meu coração;
Oh! subitamente o esplendor,
um infinito mundo de luz.

Rumi

As PESSOAS CUJAS EXPERIÊNCIAS SERÃO RELATADAS A SEGUIR são cidadãos responsáveis, muitos delas ocupando posições importantes na vida da Índia moderna.

Mas a verdade que se propõem a atestar é difícil de ser aceita pela mente moderna, sobretudo no mundo ocidental. Não é meramente por suas alegações revelarem mais coisas no Céu e na Terra do que as conhecidas pela filosofia materialista, mas por essas coisas parecerem freqüentemente contradizer as leis da ciência e da experiência comum como as entendemos. Mais especificamente, há hoje na Índia um homem vivo capaz de pegar do "nada" muitos tipos de objetos. Não só parece apanhar, como os mágicos de circo, mas realmente os apanha, e faz isso diariamente e em qualquer lugar. Também pode ler as mentes humanas, não somente as das pessoas próximas, mas pode fazer isso com você a qualquer distância, sabendo o que você está pensando, fazendo e planejando fazer. Ele pode ou estar invisível por perto ou tomar uma forma apropriada a fim de estar lá, para guiar, proteger e ensinar. Mais ainda, pode ver o futuro, realizar operações cirúrgicas com instrumentos "materializados", curar muitas doenças mortais por meios milagrosos e — acima de tudo — conduzir seus devotos para a meta espiritual da vida.

Milhões de homens acreditam, semi-acreditam, em tais coisas sobre Cristo e Krishna. "Mas, então", o leitor pode dizer, "isto foi muito tempo atrás. Esta é a era da ciência, não dos milagres. Você me pede para acreditar que um homem vivo está fazendo tais coisas agora, e as tem feito constantemente nestes últimos 25 anos?"

Minhas testemunhas não me pedem para acreditar em qualquer dessas coisas; elas meramente afirmam o que têm visto e conhecido. E eu, decerto condicionado pelo moderno ceticismo mental, certamente não espero nem penso que todos aceitem tais coisas, a menos que, como São Tomé, as vejam, escutem e sintam pessoalmente.

Não obstante, há milhões que jamais terão a boa sorte de se sentar fisicamente aos pés de Sai Baba, seja em Prasanti Nilayam ou em qualquer outro lugar do mundo onde Baba possa ir nos próximos anos. Portanto, para o proveito dos muitos dentre eles que podem acreditar, mesmo sem ter visto, e cuja fé, esperança e compreensão podem beneficiar com isso, trago mais testemunhas. Entre aqueles cujos casos narrarei a seguir há homens de ciência, do mundo dos negócios e do governo. São apenas uns poucos dentre os inúmeros devotos, de diversos setores públicos, dentro e fora da Índia. Suas vidas foram tocadas pelo fantástico poder de Sai Baba, mas para cada uma houve uma manifestação diferente, única.

Numa tarde, minha esposa e eu estávamos sentados numa sala em Madras conversando com uma senhora, vinda do Norte da Índia, e estando a caminho de Prasanti Nilayam para assistir ao festival de *Shivarathri*. Essa senhora conhecia Baba desde os anos 40, e é uma das mais verdadeiras, puras e sinceras *bhaktas* (devota). Como não me deu permissão para usar seu nome, eu a chamo de Sra. B. Dentre outros na sala, naquele dia, estava o Dr. C. T. K. Chari, professor de Filosofia na Faculdade Cristã em Madras, membro da Sociedade Londrina para a Pesquisa Psíquica, e um nome bastante conhecido nos círculos da parapsicologia por todo o mundo. A Sra. B. foi persuadida a nos contar um número de suas experiências milagrosas com Sai Baba, e relato duas ou três delas aqui.

Disse que, em 1952, seu filho Jawahar, com cinco anos, contraiu uma doença com febre alta e delírios. Seu marido era médico, mas estava ausente na ocasião, e por isso teve que chamar outro médico. A princípio se pensou em malária e a criança estava sendo tratada disso. No sexto dia de febre alta, o médico acreditou estar errado em seu diagnóstico. Pensou que era febre tifóide; no dia seguinte faria um exame de sangue para certificar-se.

A Sra. B. já era uma devota de Baba por vários anos. Já o vira fazer milagres, mas embora orasse freqüentemente para ele como seu *sadguru*, não tinha certeza da extensão de seus poderes, e decidiu "testar" Baba. Como estava muito preocupada com a saúde do filho, começou a orar a Baba pedindo-lhe ajuda.

Em pouco tempo, notando que o menino parecia um pouco melhor, resolveu tomar sua temperatura. Constatou a regressão da febre. Daí para a frente o menino não delirou mais. Estava sua prece sendo atendida ou a melhora ocorria naturalmente? Ela queria saber — mas como poderia? Então, tendo plena certeza de que Baba a ajudaria em suas dúvidas e perguntas, pensou num meio de testar o assunto. Falou mentalmente com Baba. "Se amanhã de manhã sua temperatura for 37 graus, acreditarei que foi sua força que atuou." Na manhã seguinte ela tomou a temperatura do menino e constatou a mudança. O médico, ao chegar mais tarde, declarou que o menino estava muito bem e que não mais haveria necessidade de se fazer o exame de sangue.

A Sra. B. soube mais tarde que na noite em que orava com muito fervor Sai Baba se encontrava no Palácio Venkatagiri. Estava sentado com um grupo de devotos numa das salas quando de repente entrou em transe. Pouco depois retornou ao corpo e contou aos presentes, dentre eles o *Kumaraja* (príncipe) de Venkatagiri, que uma devota chamada Sra. B. estava com problemas com seu filho e que Baba tinha ido ajudá-la. "Agora o menino Jawahar está bem novamente", Baba concluiu.

O *Kumaraja* se mostrou interessado em ver o menino para o qual Baba tinha "voado" em socorro, e algumas semanas após, quando a Sra. B., o menino e o príncipe visitaram Puttaparti, Baba pôde satisfazer a vontade do príncipe.

Alguns anos mais tarde o mesmo menino foi vítima de um acidente, ficando muito ferido, contraindo febre séptica, justamente quando o pai, médico, se achava ausente. Era-lhe muito difícil conseguir medicamentos urgentemente necessários. Suas preces a Sai Baba dessa vez funcionaram com incrível rapidez, habilitando-a a obter tudo que era necessário, e o menino logo se recuperou novamente. De novo, ela pensou ter sido uma coincidência — até que ouviu o surpreendente relato de sua irmã Lilli, que morava no Sul.

A Sra. B., que morava a centenas de quilômetros mais para o Norte, não tinha escrito para Lilli, ou para qualquer outra pessoa, acerca do acidente do menino. Não obstante, não muito depois, Lilli estava em Puttaparti e ouviu o caso dos próprios lábios de Sai Baba. Contou-lhe todos os detalhes do acidente, dizendo ter estado lá. As palavras dele sugeriram que foram a sinceridade e as preces fervorosas da Sra. B. que criaram o elo, e viabilizaram a ajuda oportuna. Embora a mente da Sra. B. costumasse duvidar e questionar as coisas, em níveis mais profundos sua fé e devoção eram, de fato, muito fortes.

Quando a Sra. B. terminou de contar suas experiências, o Dr. Chari enfatizou que já a ouvira relatar tais acontecimentos paranormais não muito tempo depois que tinham ocorrido, e várias vezes mais tarde a várias pessoas. Ele a conhecia havia muitos anos. Suas descrições, ele disse, não variaram em detalhes desde a primeira vez, e nada foi acrescentado, nenhum enfeite adicionado. E ele, falando como experiente investigador de fenômenos psíquicos, declarou serem notáveis tais acontecimentos.

— Ela é uma testemunha de primeira classe — afirmou-me ele.

— Você, pessoalmente, já testemunhou Baba materializar algo? — perguntei-lhe.

— Sim, já; *vibhuti*, em diversas ocasiões. — E acrescentou: — Você pode usar meu nome se preciso.

Um cavalheiro irônico presente à conversa disse:

— Você, com isto, será expurgado da SPR (Sociedade de Pesquisa Parapsicológica).

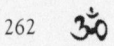

O Dr. D. K. Banerjee é doutor em ciência e professor de Química Orgânica no Instituto Indiano de Ciência, em Bangalore. Sua esposa é filha de um professor de Física. Ambos eram de Bengala e foram criados sem nenhuma religião formal.

Minha esposa e eu fomos visitá-los em sua casa, situada nos agradáveis terrenos do instituto, e os achamos bastante desejosos de conversar sobre as experiências milagrosas com Sai Baba. De fato falamos só disso por umas quatro horas, enquanto o chá veio e foi, o sol sumiu no ocaso e a escuridão caiu sobre relvados jardins.

O Dr. Banerjee disse ter sido criado na Filosofia Vedanta. Ela não faz da Ciência uma religião, mas cria uma atitude científica em face da religião. Em todo caso, não predispõe a mente a aceitar tais coisas como milagres e muito menos como encarnação divina. No entanto, o doutor admite ter sido seu tio, Sohan Swami, um herói espiritual, tornando-se famoso como homem santo com poderosa força física e acostumado a lutar com tigres selvagens. Em seus anos de juventude, leu alguns livros espirituais de seu tio. Não obstante, ainda se achava muito impregnado da Filosofia Vedanta e era um cientista cauteloso quando escutara falar de Baba pela primeira vez.

Em novembro de 1961, principalmente por curiosidade, visitou Puttaparti. Além do mais, quando um cientista ouve, repetidas vezes, coisas que parecem contradizer as leis da Física e da Química, ele deve assumir a tarefa que lhe é própria — descobrir por si mesmo. Com o Dr. Banerjee, naquela primeira visita, estava o Professor Iyer, do mesmo departamento do instituto e oficial da Força Aérea Indiana, na qual era campeão de salto de pára-quedas.

As inexplicáveis experiências que o doutor teve então e em diferentes ocasiões, com Sai Baba, cobrem um número de tipos diferentes de fenômenos milagrosos, tais como visões, cura, produção de coisas retiradas de uma invisível dimensão e a conversão de um objeto em outro diante dos olhos dos espectadores. Ao relatar algumas das muitas experiências aqui, as separarei em grupos, embora estejam um tanto interligadas.

As primeiras estranhas visões do Dr. Banerjee têm a ver com o Senhor Krishna. Embora milhões de indianos adorem Krishna como uma encarnação divina, Banerjee sempre o considerara um *playboy* erótico. De fato, era seu costume apelidar todos aqueles com vida libertina de "Krishna do Kali Yuga."[58]

Enquanto Banerjee se achava sentado na sala com Baba em sua primeira visita, viu o rosto de Baba transfigurar-se no rosto do Senhor Krishna. Isto ocorreu três vezes, durante pouco tempo cada vez. Ele ficou confuso, mas ainda viria mais.

Embora o sobrinho de Sohan Swami não lute com tigres, gosta de se manter bem preparado fisicamente. Todas as manhãs, bem cedo, se exercita nos parques da vizinhança. Às cinco horas da manhã, após seu retorno de Puttaparti, enquanto se exercitava, uma visão de Krishna de repente apareceu diante dele. Então a pequena figura azul-escura pareceu vir em direção a Banerjee e penetrar diretamente nele. Por alguns dias o doutor sentiu estar "possuído" por aquele que sempre considerara o protótipo dos libertinos. Mas isto não o fez sentir-se como Mis-

---

[58]Kali Yuga é a Era de Ferro, que teve início com a morte de Krishna, há 5.000 anos, e que terá a duração de 432.000 anos. É a era das desavenças, da imoralidade etc. (N. do R. T.)

ter Hyde.[59] De fato, o efeito era exatamente o oposto. Parecia ganhar controle absoluto e completo de seus sentidos e desejos. Foi a mais maravilhosa experiência interior jamais vivida por ele. "Fez-me sentir como um rei" — disse.

Ainda nesse estado de elevação, fez outra viagem ao *ashram* para relatar a Baba o ocorrido, e tentar descobrir o que estava acontecendo. Baba somente sorriu e nada comentou; depois colocou uma de suas mãos sobre a cabeça de Banerjee e outra nas suas costas, mantendo-as por algum momento. Então a "obsessão" desapareceu e o professor voltou ao normal.

Essa experiência fez Banerjee compreender quão errado estava a respeito do caráter e significado do Senhor Krishna — o *cowboy*[60] divino, o grande rei e estadista, o "boleeiro atemporal"[61] que falou a Arjuna e a toda a humanidade as douradas palavras da *Bhagavad Gita*.[62] Baba ensinou a esse novo devoto uma importante lição na compreensão de Deus.

---

[59]Mr. Hyde — personagem da obra clássica da literatura inglesa, de R. L. Stevenson (1886), que narra a história do Dr. Jekyll, o qual, em conseqüência de uma droga por ele mesmo manipulada, torna-se um monstro (Mr. Hyde). É um símbolo da cisão psicológica do homem! Dentro de nós há um Dr. Jekyll (o consciente, o homem ético, o Jiva...) e Mr. Hyde (o inconsciente freudiano, o homem-instinto etc.).
[60]Krishna, *cowboy* — Krishna (Avatar de Vishna), era um pastor; cuidava do rebanho, daí ser mencionado como *cowboy*. Ele apascentava o rebanho com o encanto de sua flauta (*muraly*) e conquistava as *gopis* (as pastorinhas, as almas) com seu divino amor. (*N. do T.*)
[61]Krishna, boleeiro — no campo de Kurushetra, onde se travaria a batalha entre *kurus* e *pândavas*, o Verbo Divino (Krishna) se transfigurou em boleeiro do carro de batalha de Arjuna. Entre eles se estabeleceu o famoso diálogo evangélico que se chama *Bhagavad Gita*, que merece ser estudado e meditado diariamente por todos os seres humanos. Krishna é o condutor do "carro" de cada um de nós na batalha monumental que é nossa existência. (*N. do T.*)
[62]*Bhagavad Gita* — Escritura sagrada, de origem hindu, que contém um diálogo entre um grande guerreiro e devoto chamado Arjuna e Krishna, o Senhor Supremo. (*N. do R. T.*)

A segunda visão, também uma transfiguração, se mistura com um fenômeno de materialização. Aconteceu em Brindavanam, Whitefield, para onde o Dr. Banerjee e sua família tinham ido ver Baba. Subitamente, assim que o doutor se sentou na sala olhando para a única estátua da cabeça de Sai, ela se transfigurou na cabeça de Shiva, com as águas do Ganges caindo em seus revoltos cabelos.[63] Novamente se tratou de uma visão momentânea. Depois de algum tempo Baba produziu um medalhão, e segurando-o na palma da mão, mostrou-o ao filho de Banerjee perguntando:

— Que é isto?

— Parece com Shiva — o menino respondeu.

Baba nada disse, mas após um momento o ergueu novamente e fez a mesma pergunta. Desta vez o menino respondeu:

— Parece com Baba de Shirdi.

Seu pai se aborreceu porque seu filho aparentemente não podia distinguir entre as formas de Shiva e Baba de Shirdi.

Sathya Sai Baba deu o medalhão para o menino, e quando, mais tarde, o Dr. Banerjee o examinou, observou conter um retrato de Baba de Shirdi num lado e, no outro, uma ilustração de Shiva, com os cabelos revoltos nos quais eram despejadas as águas do Ganges — exatamente como a transfiguração vista por ele anteriormente.

As materializações começaram logo na primeira visita de Banerjee. Além de *vibhuti* produzida para todos os presentes, Baba retirou do ar uma medalha de ouro, dando-a para o Dr.

---

[63]Conta a lenda que o rio Ganges se despejou do Céu sobre a Terra como uma dádiva, mas o ímpeto de suas abundantes águas destruiriam tudo se Shiva não o amortecesse em sua cabeleira revolta. Isto aconteceu na cidade de Hardwar. (N. do T.)

Banerjee. O professor nos mostrou tal medalha quando o visitamos. Num dos lados estava Baba de Shirdi com "Sri Sai Baba" escrito em sânscrito; enquanto no outro, uma mão aberta mostrando a palma e "OM", em sânscrito, junto com a inscrição "ABHAYAM", em dialeto télugo, e um escrito tamil significando: "Porque temer se estou aqui?"

No entanto, para os mais céticos, à caça de prestidigitação, talvez o fenômeno mais evidente foi o testemunhado pelo Dr. Banerjee logo após ter encontrado Baba. Naquele encontro ele ainda se achava em dúvida, não estando muito seguro se os fenômenos eram truques de um mágico extremamente ágil ou milagres autênticos.

Nessa ocasião, além de Banerjee, havia duas mulheres e três crianças presentes. Baba movimentou o ar, na forma usual, virou sua mão para cima e quando a abriu mostrou a cinza cobrindo a palma de sua mão. Diante do olhar atento de Banerjee, Baba, mantendo sua mão firmemente virada para cima, passou um dos dedos sobre a cinza. Enquanto o fazia, apareciam na palma da mão cinco grandes doces circulares — um para cada pessoa presente. O professor disse serem feitos de queijo, e era um tipo de doce não muito conhecido na Índia, pois eram encontrados somente em algumas partes de Bengala.[64]

A Sra. Banerjee, conta seu esposo, é o quebra-galho, o "faztudo" neste lugar. Suas capacidades práticas variam de cravar um prego até reparos de máquina de combustão interna. Ela foi cria-

---

[64] Um jovem brasileiro me contou que quando esteve perante Sai Baba este lhe disse: "Peça-me algo que deseja", e ele, com bastante humor, pediu um pedaço de goiabada. Um voar da mão no ar e o doce estava sendo entregue, para surpresa e alegria de meu interlocutor. (N. do T.)

da sem nenhuma religião formal e jamais abrira um livro sobre assuntos espirituais quando encontrou Sai Baba.

Em sua primeira entrevista, Baba a abençoou colocando a mão sobre sua cabeça. Logo após, seu marido viu *vibhuti* ao longo do repartido de seu cabelo. Estranhamente, em poucos dias, viu a esposa lendo livros contendo discursos de Baba e então, mais tarde, outros livros, também espirituais.

Tempos depois, Baba a abençoou novamente por seu novo interesse por leituras espirituais. Ao abençoá-la, dessa vez, colocou a mão acima da cabeça, mas um pouco mais alto, e os presentes viram *vibhuti* chover da mão de Baba para a cabeça da senhora, cobrindo-a. Seu interesse pelas leituras espirituais aumentou, se fortaleceu e aprofundou, e, igual a seu marido, veio a tornar-se fervorosa devota de Sai.

O Dr. Banerjee contou-me acerca de três curas milagrosas das quais teve conhecimento pessoal. A primeira, consigo mesmo, foi pequena, mas mesmo assim estonteante. Em sua viagem de trem para Penukonda, a caminho de Prasanti Nilayam, ele havia prendido seu dedo mínimo na janela do vagão. O dedo ficou enegrecido, inchado e doía muito.

Após chegar ao *ashram*, estava sentado com uma multidão em frente à sala de oração esperando por Baba. Logo a figura comovente apareceu, caminhando na sua maneira ao longo da estreita passagem entre as pessoas sentadas. Banerjee se encontrava na fila da frente, quando Sai chegou ali, parou. Mas, em vez de olhar para Banerjee, virou as costas e, se inclinando, falou com alguém na fila oposta. Ao se curvar, a ponta de sua roupa cobriu a mão de Banerjee, que estava sentado no chão com as

pernas cruzadas. Baba ficou algum tempo na sua frente, para depois prosseguir sem dizer uma única palavra.

Um pouco depois Banerjee notou que a dor pungente do dedo havia desaparecido. Olhando para ele, constatou que o negrume e o inchaço tinham sumido completamente. O dedo acidentado agora estava em ótimas condições, curado pelo toque da roupa de Baba.[65]

A outra cura envolve o campeão de salto de pára-quedas, acompanhante do Dr. Banerjee em sua primeira visita a Prasanti Nilayam, em 1961. Esse oficial da Força Aérea sofria de uma crônica enfermidade "incurável", e por essa razão, embora casado, não conseguia ter filhos.

Baba produziu *vibhuti* e lhe deu para uso interno, afirmando que ficaria curado e que geraria um filho bastante saudável. Se foi por meio de *vibhuti* ou da presença e da vontade do grande sanador, ou ambos, combinados, o impossível aconteceu. A doença "incurável" foi curada e, como Baba prometera, o pára-quedista foi pai de um filho muito saudável.

A terceira cura é igualmente "não científica", mas o respeitável cientista de Bangalore a narra sem pestanejar, e o faz com visível deleite. O filho de um amigo, um rico fabricante de produtos químicos, sofria de asma. Pelo menos parecia ser aos olhos do médico da família.

Quando Banerjee levou o menino a Prasanti Nilayam, à presença de Baba, este constatou que não era asma absolutamente,

---

[65] "E eis que uma mulher que já havia 12 anos padecia de uma hemorragia, chegando por trás *dele*, tocou a orla de seu manto, porque dizia consigo: se eu somente tocar seu manto ficarei sã. E Jesus, voltando-se, e vendo-a, disse: 'Tem ânimo, filha, a tua fé te salvou.' E imediatamente a mulher ficou sã." (Mt 9:20 a 22) (*N. do T.*)

mas sim uma falha na estrutura óssea que causava a dificuldade respiratória. Então Baba movimentou a mão e trouxe da "despensa de Sai", como chama a fonte de seus misteriosos suprimentos, um medalhão de ouro contendo a foto de Baba de Shirdi. Baba disse que o menino deveria usá-lo como talismã no pescoço, e que a partir daí não teria mais problemas de respiração. Desde então, disse Banerjee, o menino não teve mais sinais de "asma". Depois de algum tempo, o talismã começou a se desprender da corrente, e ao ser informado disto, Baba disse que já havia servido como devia e não era mais necessário usá-lo. Agora bastava guardá-lo numa caixa.

Quando um cientista tem repetidas experiências, por vários anos, de fenômenos que extrapolam as leis e teorias da Ciência moderna, que deveria fazer? Virar as costas, fazendo troça, barulho autoprotetor, ou admitir que a Ciência ainda só tem conseguido recolher uns poucos seixos e conchas ao lado do vasto oceano inexplorado do desconhecido?

O Dr. Banerjee, igual a muitos dos maiores cientistas, seus irmãos, optou pela segunda hipótese. É agora um devoto seguidor de Baba e não perde nenhuma oportunidade de viajar, freqüentemente em sua lambreta, os 160 km até Puttaparti ou os 25 para Whitefield quando Baba lá se encontra.

Nesses lugares ou em seu próprio lar, o qual Baba algumas vezes visita para uma refeição ou uma conversa, o velho vedantino escuta freqüentemente, e com delícia, dos lábios de Baba, o que ele descreve como "o ponto essencial" da Filosofia Vedanta.

O Dr. Y. J. Rao, chefe do departamento de Geologia da Universidade de Osmania, Hyderabad, era uma pessoa apropriada para testemunhar a transmutação da sólida pedra em outra

substância — com uma valiosa lição espiritual — de acréscimo, em boa medida.

Um dia, em Puttaparti, Baba pegou um áspero pedaço de granito partido e entregando-o ao Dr. Rao perguntou-lhe o que continha. O geólogo mencionou alguns dos minerais contidos na rocha.

Baba: — Não me refiro a isso, mas a algo mais profundo.

Dr. Rao: — Bem, moléculas, átomos, elétrons, prótons...

Baba: — Não, não, mais ainda, mais profundo, professor.

Dr. Rao: — Eu não sei, *Swami*.

Baba apanhou o pedaço de granito quebrado da mão do geólogo, segurando-o entre seus dedos e soprou sobre ele. Baba o devolveu ao Dr. Rao. Não esteve nem um instante longe da vista do cientista, não obstante, e para sua surpresa, a forma havia mudado completamente. Em vez de um pedaço irregular, era agora uma estátua do Senhor Krishna tocando sua flauta. O geólogo observou também a diferença na cor e uma pequena alteração na estrutura da substância.

Baba: — Você vê? Além de suas moléculas e átomos, Deus se encontra na rocha. E Deus é doçura e alegria. Quebre o pé da estátua e lhe sinta o sabor.

O Dr. Rao não encontrou dificuldade para quebrar o pé de "granito" da pequena estátua. Pondo-o na boca, descobriu que era açúcar-cande. Todo o ídolo, criado instantaneamente daquele pedaço de granito, agora era feito de açúcar.

Desta experiência o Dr. Rao aprendeu, disse, algo além das palavras e muito mais distante e acima da Ciência, de fato, transcendendo dos limites da mente racional do homem de hoje. É um cientista bastante importante e um grande homem para admitir que a Ciência dá apenas a primeira palavra: a última só é conhecida pelo Grande Cientista Espiritual.

O Rajá de Venkatagiri é um príncipe da velha escola. Foi educado na Inglaterra, freqüentava círculos sociais internacionais; procurava grandes jogos e jogava pólo. Tem um palácio em Venkatagiri em seu antigo estado real e outro na cidade de Madras. É um homem de forte constituição física, com uma conduta de príncipe, e com maneiras e o jeito de falar de um *gentleman* inglês. Mas, em matéria de religião, tem a reputação de ser um hindu bastante ortodoxo, e sua esposa, a Rani, está ainda em *purdah*.[66]

Encontrei-o em várias reuniões com Baba, e ele nos fez uma breve visita, em nossa residência em Adyar, para nos relatar suas mais maravilhosas e estranhas experiências com Sai. Creio que o motivo disso foi para me orientar corretamente, como ele achava, em face dos milagres. Através dos anos ele e membros de sua família têm experienciado muitos desses milagres. Eis alguns exemplos.

Uma vez, o segundo filho dele estava com um grupo de homens vindo de Madras para Puttaparti. Não muito longe de Chittoor, em Andhra Pradesh, pararam para fazer um piquenique à beira da estrada. Após terem comido o prato principal, Baba lhes perguntou qual a fruta que gostariam de saborear como sobremesa. Eles provaram ser um grupo difícil; um pediu manga; outro, maçã; um terceiro, uma laranja; e o último, suco de pêra.

---

[66]*Purdah* — palavra derivada do idioma hindi; significa, literalmente, "véu'. Mulheres muçulmanas e algumas hindus o usam para se proteger da observação pública. (*N. do T.*)

"Vocês as acharão todas naquela árvore", Baba disse, apontando para a árvore ali perto.

Cheios de excitação, pois tinham aprendido que tudo era possível para Baba, eles foram. Num único galho da árvore pendiam uma manga, uma maçã, uma laranja e uma pêra. Após comê-las, disseram que o sabor era muitíssimo especial.

Uma outra vez, em Puttaparti, antes de o hospital estar pronto, um visitante estava sofrendo de apendicite aguda. Não havia cirurgião por perto. Um dos filhos do Rajá estava entre as 12 pessoas presentes quando Baba movimentou a mão, materializou uma bisturi e entrou na sala onde o paciente gemia.

Na verdade ninguém se encontrava na sala para ver Baba realizar a operação, mas ele mostrou a todos o órgão retirado e a incisão que já tinha cicatrizado. Como sempre, usou *vibhuti* e o poder divino, que o *vibhuti* representa, como anestésico e também agente cicatrizante de feridas cirúrgicas.

O próprio Rajá já viu muitos milagres divinos. O que mais o impressionou aconteceu em Venkatagiri, em 1950, não muito depois de ter encontrado Baba. Era uma das primeiras visitas do jovem *Swami* de 24 anos a Venkatagiri.

Um grupo de mais ou menos 20 ou 30 pessoas deixou o palácio numa frota de carros para um passeio no campo. Baba, nunca tendo estado na área antes, pediu ao Rajá para parar próximo de qualquer monte de areia que porventura vissem. Uns poucos quilômetros à frente, se aproximaram de um leito de rio seco e arenoso. Ali pararam, e todos se sentaram na areia ao redor do jovem *Swami*. Depois de falar um pouco, ele enrolou as mangas de sua roupa e forçou seu braço para dentro da areia. "Então", o Rajá me contou, "todos nós ouvimos um ruído estranho, como de uma serra — pelo menos parecia ser.

Perguntei a Baba que som era aquele e ele, enigmaticamente, respondeu que as mercadorias estavam sendo manufaturadas em Kailas."

Kailas incidentalmente é a morada de Shiva, o Deus associado com a yoga, poderes yogues e graça divina conferidos aos mortais. Muitos dos discípulos de Sai acreditam que Baba seja uma encarnação da divindade Shiva Shakti, o aspecto divino do poder.

Assim que o jovem Homem-Deus retirou da areia o braço, houve um grande *flash* de luz azul que se espalhou num círculo de cerca de 3 m de raio. Então todos puderam ver que Baba estava segurando em sua mão algo de uns 20 cm de altura e feito de espato branquíssimo. Era uma estátua de Rama, um dos Avatares, junto com sua companheira, Sita. Após todos terem visto esse "presente de Kailas", entregou-o à velada esposa do Rajá dizendo-lhe para embrulhar a estátua em seda e deixá-la assim coberta até o dia seguinte.

Quando foi desembrulhada no outro dia, a pedra branca tinha virado azul. A pequena estátua agora se encontra na sala de adoração do Rajá — ainda tem a mesma cor, diz ele, da luz azul que brilhou no momento em que foi retirada de dentro da areia.

O Rajá, como tantos outros indianos, tem visto fenômenos milagrosos produzidos aqui e ali através da magia cerimonial, pelos tântricos e outras artes ocultas.

— Mas — ele disse enfaticamente — os milagres de Sai Baba são num nível inteiramente diferente, e a palavra "milagre" é inadequada. Poderia significar farsa para algumas pessoas.

— Que outra palavra poderia ser usada? — perguntei.

— Não sei. Mas você deve, pelo menos, chamá-los de "milagres divinos" — ele respondeu.

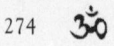

Como outros devotos fervorosos, o Rajá e sua família consideraram Sai Baba um Avatar da Divindade.

O Dr. A. Ranga Rao é um dos líderes dos cirurgiões de olhos de Madras. Por alguns anos, no estágio inicial de sua carreira, ele servia à comunidade em Bhimavaram como médico de clínica geral e perseguia o sonho de tornar-se algum dia um cirurgião de renome.

Ele acredita que a realização desse sonho começou no dia em que foi atender um idoso senhor, devoto do Baba de Shirdi, que já o tinha visto em carne e osso e erguido um templo para ele. O médico ficou tão comovido pela santidade e devoção do velho homem que ele mesmo começou a orar para Baba, tornando-se também um devoto.

A partir daquele dia, Baba permaneceu em seu coração. "Enquanto os anos passavam", ele disse, "Sai foi ficando cada vez mais enraizado em mim. Enfrentava a vida com um sorriso no rosto. Em 1954, fui convidado a ingressar na Universidade de Iowa, EUA, para estudos mais avançados. Com a graça de Baba, tornei-me um cirurgião classe A. Comecei a praticar como cirurgião de olhos, em Bhimavaram."

Um dia uma senhora foi à sua clínica reclamando de diminuição da visão. Ela estava sofrendo de catarata, com complicações de reumatismo e irite. O cirurgião informou que seu caso ainda não era para operação. Então ela disse: "Eu sou devota de Sai Baba de Puttaparti. Foi ele quem me instruiu para vir até aqui dizendo: 'Em Bhimaravam há um cirurgião de olhos que tem sido meu devoto durante vários anos. Vá e diga-lhe que eu quero que ele a opere. Ele assim fará e você irá restaurar sua visão.'" Baba continuou dizendo quem era esse devoto, indicando assim que conhecia os detalhes do passado do cirurgião.

O médico ficou perplexo. A senhora lhe contou que Sathya Sai era uma reencarnação de Sai de Shirdi, e por causa das palavras de Baba, a ela, Ranga Rao sentiu fé na verdade da afirmação. A operação foi realizada em desacordo com seu julgamento profissional. Mas foi tudo um sucesso e a senhora recuperou a visão imediatamente.

O cirurgião queria logo ir até Puttaparti, ver a divindade em sua real forma humana e se prostrar diante dele. Alguns meses mais tarde ele teve a oportunidade de se mudar para Madras e começar lá o trabalho como cirurgião. Tinha poucos dias de instalado na cidade quando foi informado que Baba visitaria o local e ficaria hospedado na rua Surya Rao, nº 3 (a casa dos Venkatamuni). Dirigiu-se para lá, mas ficou desesperado quando viu a enorme multidão. Então, um jovem desconhecido seu (era Ishwara, o filho mais velho da casa) chegou perto dele e perguntou: "O senhor é o Dr. Ranga Rao? Baba quer que o senhor entre com sua família. Ele está no primeiro andar."

Com o coração saltitando, o doutor subiu as escadas e imediatamente caiu aos pés de Baba. A pequena figura vestida de cor de açafrão bateu-lhe às costas e o fez levantar-se.

"Doutor", Baba disse, "tenho estado com você e você comigo através das eras. Fui eu quem o trouxe a Madras. Estou sempre com você. Não se preocupe mais..." Foi, o médico disse, uma experiência que tocou fundo em sua alma, que o fez indizivelmente feliz.

Desde então, o médico tem tido em sua clínica demonstrações espantosas. Parecia, às vezes, que sua mão estava sendo conduzida nas operações mais delicadas. Se o paciente era um devoto que Baba enviara, ele, o paciente, muitas vezes o via lá. Um deles disse o seguinte, enquanto o Dr. Rao o estava operando: "Baba! Você veio. Vejo seu rosto. Seus dedos estão se movendo. É você quem opera."

Ao mesmo tempo, o cirurgião sentia um fenômeno peculiar, como se outros dedos se movessem entre os seus, fazendo todo o trabalho. "Acabava em poucos minutos (...) era um milagre. Meu ego desaparecia", disse o médico. "Ajoelhei-me para o 'fazedor' de todas as coisas. De coração eu chorava, pois não conseguia ver a face do Senhor e suas roupas tão claramente como meu paciente via."

Mais tarde o Dr. Rao, no entanto, começou não só a ver, mas a sentir a presença do cirurgião dos cirurgiões. Deixemos que ele mesmo conte.

Baba me mandou um outro paciente, Chaganlal de Santi Kuteer, Royapuram, para ser operado de catarata. Também fixara a hora — 10h30 da manhã. Vários cirurgiões se haviam negado a operar tal paciente, inclusive eu mesmo, pois se tratava de um caso muito complicado. Sua pressão era alta, seu coração estava muito dilatado, diabético ao extremo, fígado com cirrose, e tinha hérnia em ambos os lados. Dessa maneira, qualquer cirurgião que não quisesse fechar sua clínica não pegaria um caso desses. Mas... eu o aceitei. Preparações estavam sendo feitas na sala de cirurgia. Eu estava em meu escritório, nervoso, triste, temeroso com a possível perda do paciente e de minha reputação.

De repente senti Baba segurar minha mão e me pedir para acompanhá-lo até a sala de operações. Eu o segui, vendo claramente sua roupa alaranjada tocando nos degraus da escada à minha frente. Lavei e esfreguei minhas mãos do modo rotineiro; vesti o avental e as luvas. O paciente já estava na mesa.

Mas sua pressão subiu. Seu coração palpitando. Sentia-se sufocado. Parecia que ia morrer na mesa. Tal medo jamais se apoderara de mim. Senti-me desamparado. Gritei, então: "Sai Ram, Sai Ram!" (este é um mantra usado por muitos dos devotos de Sai). Meus assistentes também começaram a usar o mantra em coro — "Sai Ram, Sai Ram!". O paciente também repetia "Sai Ram, Sai Ram!".

Para surpresa de todos ali presentes, e para minha própria surpresa, o avental branco que eu usava ficou da cor de açafrão. Meus dedos enluvados não eram mais meus. Sai, o cirurgião poderoso, se manifestou em mim, e estava realizando a operação. Em poucos segundos, estava terminada, e os acabamentos finais foram dados pela mão do Mestre, que então se foi. O avental voltou a ser branco. Foi exatamente nesse momento que Baba informava a seus devotos, ao seu redor em Prasanti Nilayam: "A operação de Chaganlal terminou."

XVI

Uma palavra do ocidente

Quando ao Vosso amor uma lâmpada acendemos
Nosso celeiro de ser é iluminado
E daquela luz interior tão ofuscante
Um filete de fumaça ao céu erguemos.

Iraqi — poeta e místico persa

PEREGRINOS DA BUSCA ESPIRITUAL DE TODAS AS PARTES DO mundo já encontraram o caminho para "A Morada da Grande Paz", escondida nas agrestes montanhas. Alguns vão até lá apenas numa breve visita — mesmo assim Baba os regala com júbilo e maravilha — e quase sempre encontram o caminho para o profundo recesso de seus corações. Outros permanecem meses com o homem do poder e amor, e então passam por uma "profunda transformação"; suas vidas não serão mais as mesmas.

Com o correr dos anos, o que não passava de um simples humilde gotejar está se tornando uma incessante corrente, que vem sendo aumentada por pessoas da América (com ênfase na Califórnia), da Austrália, Europa, África, Ásia. As pessoas, em geral, não se abalam de tão longe por curiosidade somente. Acorrem movidas por problemas pessoais ou em busca do caminho da iluminação. Trazem consigo a esperança e pelo menos um pouco de fé, ou absolutamente não estariam ali.

Quem pode descrever seu brilho interior quando sua lâmpada pessoal é acesa pelo amor de Baba? Pois, como o poeta persa diz, quando "o celeiro de ser do homem é iluminado", tudo o que pode sair de lá são meramente "sinais de fumaça". Estes, ascendendo aos céus, dizem um pouco — um pouco somente — da história. Eles representam os limites da comunicação verbal. E, assim, os "filetes de fumaça", as histórias, as experiências que dizem, se referem comumente a milagres exteriores, e raramente tocam a grandeza e o brilho do milagre interno.

Mas é interessante conhecer um pouco das reações daqueles ocidentais, criados dentro dos horizontes espirituais mais restritos do que os do hinduísmo e especialmente dos de Sai Baba. Vou aqui mencionar somente uns poucos, os quais conheço pessoalmente e que passaram bastante tempo com Sai Baba.

No início do livro falei sobre a Srta. Gabriela Steyer, moradora do *ashram* quando do meu primeiro contato com *Swami*. Ela estava lá havia muitos meses, e na primeira visita que fiz a Prasanti Nilayam me falou dos maravilhosos milagres que pessoalmente testemunhou. Teve uma experiência riquíssima desses sinais externos de poder e graça. Mas, como sempre, o fator mais importante era o amor de Baba; somente este foi o ímã que a prendeu ao desconforto e à austeridade da vida num *ashram* mês após mês. Gabriela finalmente teve que sair de lá e voltar a seu país e a seu trabalho. Mas duvido que sua vida tivesse continuado a mesma após ter sido "acendida" pela Grande Chama. Houve muitos sinais exteriores do resplandecer interior.

Encontramos dois outros em nossos primeiros dias com Sai, com os quais fizemos uma forte amizade. Eram também da Califórnia. Bob, um piloto, o homem do cabelo vermelho que delicadamente foi procurar Baba para mim, e sua esposa Markell Faymer.

Antes de vir descansar em Prasanti Nilayam, esse casal havia conduzido, como nós, sua própria "pesquisa na Índia secreta", visitando muitos *ashrams* e se encontrando com alguns grandes yoguis. Haviam conseguido alguma nutrição espiritual, é verdade, mas parece que só agora haviam encontrado seu *sadguru* e sua glória. De suas experiências interiores não posso falar aqui, embora me tenham confidenciado algumas. Suas experiências exteriores cobrem grande número dos fenômenos do tipo já descrito nestas páginas. Freqüentemente viram a mão mágica se mover no ar ou cavar a areia a fim de produzir algum presente pessoal encantador e único, ou algo para alegrar a todos. Viram também a mão de Baba transmutar uma substância em outra. Uma vez Baba embolou, entre os dedos, um pedaço de papel, com Bob sentado perto dele. Sem ninguém esperar, Baba pediu-lhe para abrir a boca e ali colocou o papel. Não tinha gosto de papel, mas de um delicioso pedaço de açúcar-cande.

Como muitos ocidentais, os Rayner aprenderam que os milagres de Baba são genuínos, variados, diários e, sobretudo, inesperados. Passaram a aceitá-los como parte da natureza Divina de Baba.

Logo após nosso encontro inicial, os Rayner voltaram para a América, mas sempre retornando para visitar Baba, e foram com ele num passeio até o Leste da África, em 1968. Antes disso eu os vi na Conferência Mundial sobre Sathya Sai em Bombaim. Em seguida partimos todos, com *Swami*, numa pequena viagem.

Foi durante esse agradável período que tive a oportunidade de ver que eles realmente são sinceros devotos de Sai e também sérios *sadhaks* (buscadores do caminho espiritual).

Mas, dentre os seguidores de Sai Baba que não são indianos, um dos nomes mais conhecidos é Madame Indra Devi, a internacionalmente famosa professora de yoga e autora de vários livros sobre o assunto.

Uma ocasião, quando visitava a Sociedade Teosófica em Adyar, minha esposa e eu contamos à professora nossas experiências com Baba. Aparentemente esta foi a primeira vez que tinha ouvido seu nome, mas, intuitivamente, sentiu sua importância. Imediatamente parecia não ter dúvida de que deveria conhecer esse homem na Índia, a qualquer preço. Estava com viagem marcada para Saigon, onde faria uma palestra, e tencionava voltar à sua Fundação de Yoga no Sul da Califórnia, diretamente do Vietnam. No entanto, mudou de idéia, retornando à Índia para encontrar Baba.

Depois de um monte de dificuldades, porque Baba estava viajando, e seus deslocamentos são imprevisíveis, finalmente fez contato com ele em Prasanti Nilayam, chegando lá sob o calor abrasador de um verão indiano. Parece ter reconhecido, no mesmo instante, o grande poder espiritual de Baba, e imediatamente se tornou fervorosa devota, verdadeiramente ativa.

Naquela ocasião, estava justamente começando sua missão de ensinar e encorajar a meditação por todo o mundo. Baba abençoou seu trabalho — sua missão de "Luz na escuridão". Desde então, Indra Devi tem feito a longa viagem da Califórnia para a Índia várias vezes ao ano, a fim de passar temporadas com Baba em Prasanti Nilayam e em outros lugares. Eu a deixarei, como escritora, contar o que deseja de suas próprias experiências milagrosas e espirituais. Mas, das várias materializações que Baba fez para ela, e as quais me descreveu, há duas que gostaria de registrar aqui, pelo seu interesse bem como seu valor evidente, partindo de uma testemunha de fama mundial.

Uma é esta: na frente de Indra Devi e de um grupo de visitantes americanos, Baba "trouxe" para ela, de sua "terra invisível", um longo e pesado *jappamala* — um fio com 108 pérolas grandes. Ela o estava usando quando mais tarde a vi em Adyar em companhia de um dos americanos que testemunhou o evento.

Grande número de pessoas já vira Baba transmutar um objeto em outro, ou uma substância em outra, tudo feito em aberto, sem proteção ou anteparo. Eu mesmo vi, por exemplo, quando em Horsley Hills transformou em açúcar-cande um pedaço de rocha. O segundo incidente ligado à experiência de Indra Devi envolve um dramático exemplo desse tipo de transmutação, por *Sankalpa*, ou vontade divina. Também abrangeu leitura da mente.

Uma dia Baba materializou para ela um anel de enfeite, com um chuveiro de pedras coloridas. Indra Devi me contou que não aprecia jóias, particularmente as do tipo gritante, usadas pelas indianas de pele escura. Ela mesma é russa de nascimento, mas cidadã americana, cujo nome, Indra Devi, deriva de uma ligação com a Índia nos primeiros anos de vida. Ela tem uma pele muito clara.

De qualquer forma, não se mostrou contente com o anel. Era um presente de Baba e ela sentiu que deveria usá-lo, somente por esta razão, mas não lhe caía bem, e, além do mais, não gostava dele. O dilema a aborreceu e preocupou muito durante um dia e uma noite. Foi, então, convidada para uma outra entrevista de grupo, e usando no dedo o constrangedor presente de Baba esperava, juntamente com outras pessoas, pela chegada dele.

Logo assim que entrou, Baba pediu a ela que lhe passasse o anel, fazendo uma observação da qual Indra depreendeu que ele estava plenamente cônscio dela. Então, segurando entre os dedos o anel com as pedras voltadas para cima, e na frente de todos, soprou as pedras várias vezes, como se estivesse apagando um fósforo. Subitamente, enquanto todos testemunhavam, o anel de pedras brilhantes coloridas se tornou mais simples, com um único lindo diamante. Baba devolveu-lhe o anel com seu único diamante solitário. Agora se tratava de um anel que ela poderia usar para sempre e com satisfação.

Eis aqui outra ocorrência, de forma condensada, de como um homem do mundo ocidental foi até Baba, e como teve sua vida mudada.

O Sr. Alf Tidemand-Johannessen, de Oslo, Noruega, chegou à Índia apenas com sua máquina de escrever, coragem, energia e ambição para fazer fortuna. Dentro de 12 anos, por volta de 1962, tinha criado uma das maiores companhias de navegação da Índia, operando com mais navios a cada ano do que qualquer outra companhia individual. Sua firma foi a pioneira no país em escoamento de cereais. Controlava mais da metade dos navios de cereais, trazendo enormes quantidades de comida para a Índia, evitando assim a fome. Seu grande sucesso não passou despercebido. Em certas mentes se formaram o ciúme, a inveja e esquemas para controlar seu negócio. Certos homens-chave, entre seus executivos, cedo começaram a, por trás do pano, desviar dinheiro da companhia para seus próprios bolsos.

"Quando descobri as falcatruas, sabia que teria que enfrentar uma batalha feroz com um inimigo sem escrúpulos. Assim que tomei medidas para pôr fim às perdas, os executivos envolvidos encerraram seus serviços e iniciaram uma companhia concorrente. Suas metas eram apenas acabar com meu negócio."

Como parte do jogo, os inimigos enviavam cartas anônimas ao Imposto de Renda, ao Banco de Reserva e às autoridades da Alfândega, dizendo que a Companhia Tidemand estava desrespeitando as leis e os regulamentos do país. Aparentemente, é costume tais autoridades entrarem em ação em face de cartas anônimas: logo descobriram quem as havia enviado, e meses de investigação se seguiram, tendo Alf que fornecer documentos relativos a todos os anos passados a fim de provar que as alegações contra ela eram falsas.

Naturalmente, seus clientes ficaram perturbados com os rumores sobre a empresa. Para atear mais lenha à fogueira, seus implacáveis inimigos enviaram cartas a todos os seus clientes informando que a companhia estava envolvida em questões com o governo. Tudo isso impôs tremendas restrições a suas operações comerciais. As coisas ficaram realmente pretas.

Apesar de tudo, graças a seu passado de homem íntegro, os clientes de Alf não o abandonaram imediatamente, e a nova firma concorrente formada por seus ex-executivos começou a dar para trás. Então, houve mais uma investida contra Alf. Algo aparentemente comum na selva de concreto da moderna Índia. Contrataram um feiticeiro para trabalhar contra ele.

Alf disse: "Eu podia controlar os outros ataques, mas não estava preparado para esse golpe desferido pela magia negra; nem tinha a menor idéia que tais métodos estavam sendo usados. E, mesmo se soubesse, teria rido, considerando-a como pura superstição."

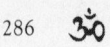

O advogado de Alf em Bombaim, que estava trabalhando na solução dos problemas da companhia, logo foi atingido pela magia negra. Ele conhecia casos anteriores. Sendo um bom amigo e sabendo da inocência e integridade de Alf, o advogado o levou a um sacerdote parsi que vivia num velho templo em Bombaim. O sacerdote, clarividente e com outros poderes, confirmou que fortes forças negras estavam sendo usadas contra Alf. Este manteve contatos regulares com o sacerdote e, ele diz, "com muitos métodos estranhos ele começou a arrastar-me e a meu negócio por entre águas revoltas remexidas pela magia negra".

O feiticeiro em pessoa resolveu sair do esconderijo. Descobrindo que forças contrárias vinham sendo usadas, com sucesso, contra ele, decidiu atacar direta e fisicamente. Apareceu no escritório de Alf e por vários métodos bem conhecidos pelos estudantes de feitiçaria tentou dominar sua vítima. Mas Tidemand tinha sido avisado pelo sacerdote parsi que isso poderia acontecer, e imediatamente suspeitou do velho indiano de olhos maus que, por meio de esperteza, conseguiu ser admitido no escritório particular de Alf.

Alf conseguiu se safar das armadilhas iniciais, e então conduziu o homem até o carro com a intenção de levá-lo ao sacerdote. No caminho, talvez reconhecendo a força de Alf, bem como sua liberalidade, decidiu mudar de senhor. Admitiu involuntariamente que tinha sido contratado para destruí-lo, sua família e a companhia. Mas tinha mudado de idéia, o feiticeiro disse, e trabalharia para Tidemand se lhe pagasse bem. Se isso acontecesse, ele aniquilaria os inimigos de Alf completamente.

"Os magos negros são muito poderosos", ele enfatizou, e acrescentou significativamente: "podem até mesmo matar uma criança no útero da mãe." Alf acabara de receber, naquela mesma manhã, um telegrama da Noruega informando que sua esposa tinha perdido seu bebê no sétimo mês de gravidez. Isso deve ser mais do que coincidência, ele pensa.

No templo, o sacerdote parsi imediatamente reconheceu o feiticeiro e afugentou-o, tratando de denunciá-lo à polícia. O sacerdote alertou Alf para se afastar totalmente daquele homem de poderes diabólicos.

Logo depois, Alf foi levado por um amigo, seu assessor em matéria de impostos, a Shirdi. Lá ele teve "a sensação de que Deus tinha aberto a porta para eu sentir sua grandeza, por um momento abençoado, durante o qual o grande peso saiu de meus ombros e meus problemas se evaporaram". Em seguida veio a saber que o sacerdote parsi que o ajudara era também um devoto de Baba, e assim Alf começou a entender que fora o poder de Sai que o estivera guiando por entre os escolhos e baixios de águas obscuras e difíceis.

Não demorou muito para que o feiticeiro abandonasse a luta desigual. As autoridades governamentais concluíram que as acusações eram falsas e sem bases, e todas as intrigas dos inimigos de Alf caíram por terra. As dificuldades que ameaçaram destruí-lo também foram superadas e o ano tenebroso chegou ao fim.

No início de 1963, a Companhia Tidemand já começava a se firmar e a prosperar novamente. Embora a batalha tivesse causado grandes perdas a Alf, também lhe mostrava a luz. Essa luz, e um poder que trouxeram paz e alívio à sua mente e a seu espírito, estavam na vila de Shirdi sobre a qual o Espírito do velho Sai Baba como que pairava.

No dia 26 de fevereiro de 1966, ele estava em Shirdi com o amigo que o levara pela primeira vez e o sacerdote parsi ao qual ele agora chamava "pai". Em frente do templo, um homem pequeno vestindo uma camisa azul caminhou até ele e perguntou: "Você já se encontrou com Sathya Sai Baba?" Alf respondeu que

não e o homem prosseguiu: "Você deve vê-lo. Está vindo a Bombaim no dia 14 de março. Se há algum Deus na Terra, ele é o próprio." Em seguida deu a todos um pouco de *vibhuti*, retirando-a de um recipiente de prata. Para Alf deu um medalhão com a figura de Baba vestindo uma camisa azul.

"Não esqueça de vê-lo em Bombaim no dia 14 do próximo mês", repetiu, e se foi. Mais tarde, quando estavam prestes a deixar Shirdi, viram o homem novamente — à margem da estrada. Ele os saudou e repetiu novamente o conselho a Alf, que devia ver Sathya Sai no dia 14 de março.

O norueguês, nessa ocasião, se encontrava em meio a um profundo problema novamente. Devido à má saúde, sua esposa não podia viver na Índia, e realmente ela e os filhos precisavam dele na Noruega. Alf sentiu que deveria vender a firma e regressar. Mas como encontrar um bom comprador?

Tinha construído a empresa calcado em sua integridade e eficiência pessoais. Sabia que o empreendimento dependia muitíssimo da reputação que conquistara no mundo dos negócios. Compradores em potencial pensariam que com sua retirada o negócio não valeria tanto. Alf já havia enfrentado muitos obstáculos vultosos em sua vida, e este era o maior.

Já tinha aprendido que o poder de Sai era muito grande. Se, de fato, Sathya Sai era uma encarnação de Sai de Shirdi, e era um Avatar divino, como diziam, ele resolveria esse ou qualquer outro problema. Alf decidiu que deveria se encontrar com o homem se pudesse ir a Bombaim, como fora predito por aquele personagem da camisa azul. Mas decidir e conseguir são duas coisas bem diferentes. A maioria das pessoas trabalha duro para vencer obstáculos a fim de chegar até Sai Baba. Alguns têm que repetir os "12 trabalhos de Hércules"; Alf foi um deles.

Certamente Sathya Sai estava em Bombaim no dia 14 de março, conforme dissera o homem da camisa azul. Dia após dia, durante muitas horas, o norueguês se sentou de perna cruzada sob o sol abrasador com as grandes multidões, do lado de fora do local onde Sathya Sai estava; primeiro o Palácio Gwalior e, depois, a casa do Sr. Savant, ministro da Nutrição do governo Maharashtra. Ou se sentava com multidões muito maiores no estádio, ouvindo as pregações de Baba em télugo, com tradução para o hindi pelo Dr. Ramakrishna Rao. Alf não entendia nenhuma das duas línguas.

Durante esse tempo via a pequena figura de Sathya, com sua vistosa túnica negra, a esponja de seu cabelo, caminhando entre as pessoas, assinando fotos, abençoando objetos por simplesmente os tocar, produzindo *vibhuti* aqui e ali. O grande norueguês louro foi privilegiado com uma inclinação da cabeça, um sorriso amigo, uma saudação de vez em quando, mas nenhum sinal da almejada entrevista.

Sendo um dos poucos europeus na multidão, Alf foi se tornando muito conhecido entre os devotos de Sai. Foi convidado a ir em casa de devotos e ouvir histórias maravilhosas sobre o amor de Baba e seus poderes milagrosos. Tudo era muito inspirador, mas não resolvia seu problema. Depois de quatro dias de tentativas infrutíferas, quase desistiu. Foi então que um homem estranho com um nariz curvado e uma negra barba perguntou-lhe: "Você gostaria de se encontrar com Baba?" O estranho disse que conseguiria um encontro, e Alf agarrou-se à chance.

Ainda havia muita coisa para acontecer. Sob a orientação desse estranho barbado, Alf teve que comprar capim para uma vaca, dar algo aos mendigos, visitar um templo, tocar o chão com sua testa diante de uma imagem e comprar guirlandas e diademas (*kan-kans*) de flores de *mogra*. Talvez todo o ritual tenha ajudado, ou, quem sabe, o estranho conhecesse a pessoa certa próxima a Baba. De qualquer jeito, na manhã do dia 18 de março Alf foi ao encontro. Descendo do carro em frente da casa do Sr. Savant, retirou seus sapatos e com uma guirlanda e os *kan-kans* na mão começou a subir os degraus. De repente olhou para cima e lá estava Baba como que esperando por ele.

"Estou tão feliz por vê-lo", Baba disse com singela amizade. Normalmente *Swami* não permite que lhe coloquem guirlandas, meramente as pega com as mãos colocando-as de lado. Mas agora, diante dos ministros e de todas as pessoas importantes que se juntaram na estrada, Baba permitiu que o norueguês Alf o fizesse.

"Por favor, suba", ele disse, dando um tapinha nas costas de Alf. Este logo se achava no primeiro andar da enorme casa ocupada pelo ministro da Nutrição. Lá, sentado no tapete com cerca de 20 pessoas, ouviu *Swami* proferir um discurso, novamente em télugo, com tradução em hindi. Mas freqüentemente, durante sua palestra, Baba parava para realizar um milagre de materialização.

Numa pausa materializava *vibhuti*, noutra, um pequeno medalhão com a foto de Baba de Shirdi. As materializações destinavam-se a Alf, o qual escreve que eram retiradas do ar, em frente aos ministros, os quais consideram isso como um procedimento normal para ele. Depois o Mestre continuou seus ensinamentos, principalmente em forma de parábolas, as quais mais tarde foram traduzidas para o inglês para Alf. Outra pausa ocorreu quando Baba autografou uma foto para uma das mulheres e também materializou para ela um medalhão de Vishnu. A seguir Baba levantou-se e fez uma marca com *vibhuti* na testa de todas as pessoas. Durante todo o tempo esteve a brincar com os *kan-kans* levados pelo norueguês. Deu mais um tapinha amistoso em Alf e lhe disse umas poucas palavras encorajadoras antes de deixar a sala.

Embora Alf tivesse conseguido regular acesso à casa onde *Swami* estava hospedado, a tão esperada entrevista pessoal e a solução a seu grande problema pareciam difíceis de serem obtidas. Mas outras coisas aconteceram. Estimulado pelo homem de nariz curvado, que parecia a Alf ter um faro especial para os movimentos de Baba, decidiu convidar o Mestre para vir a seu apartamento. Para surpresa de todos, o convite foi aceito, e a visita ficou marcada para o dia 24 de março, dez longos dias após Alf ter visto Baba no Palácio Gwalior.

Os preparativos tinham de ser feitos sob a direção e supervisão daquele curvo nariz precognitivo. Estes incluíam profusas decorações com flores, um coral de crianças, uma jovem (suposta, e provavelmente sendo mesmo, virgem) para tocar búzio e lavar os pés de Baba à sua chegada. O búzio foi tocado com grande sucesso, mas *Swami* não quis permitir a realização do ritual da lavagem dos pés. Ele estava mais interessado em socorrer pessoas enfermas que tinham sido trazidas do que no esplendor da decoração. Escutou com agrado, no entanto, a música das crianças e produziu *vibhuti* para cada uma e um anel de nove pedras para o regente do conjunto, "retirando-os" do fresco ar que tangia as flores do jardim. O mais importante que aconteceu foi o convite para Alf comparecer a uma entrevista privada na manhã seguinte.

Durante essa tão esperada entrevista, Alf Tidemand descobriu, como muitos já haviam feito antes, que Sai Baba já conhecia seus problemas, bem como seu passado.

— Tenho estado pensando sobre vender meu negócio — Alf disse.

— Também tenho pensando sobre a mesma coisa — *Swami* respondeu.

Então o norueguês começou a expor suas dificuldades.

— Não se preocupe — *Swami* lhe disse —, eu o ajudarei a encontrar um bom comprador e a obter um bom preço. — Baba continuou a dizer que agora era o momento correto para Alf partir e se juntar à sua família na Noruega. Assim, a saúde de sua esposa melhoraria. Talvez para incutir mais confiança e dispersar alguma dúvida na mente de Alf, Baba disse: — Você está lembrado do feiticeiro? Eu ajudei você naquela ocasião.

Em suas anotações sobre essa entrevista, o ponto crucial de sua vida, Alf escreve: "Ele me deu provas convincentes de seus poderes divinos, e fui levado a entender o propósito de minha vida. Soube que todas as preces que fizera a Deus em toda a minha vida, e toda a ajuda que obtive como resultado, Baba sabia. Tomei conhecimento também que embora tenha havido muitos obstáculos no estágio final de alcançá-lo — muitos testes à minha fé e coragem — ele já tinha me 'chamado' por meios milagrosos e estranhos. O homem da camisa azul em Shirdi, por exemplo, quem era ele? Descobri, após averiguar, que nenhum dos devotos mais chegados a Sai Baba, nem mesmo o Sr. Kasturi, sabia que Baba estava vindo a Bombaim no dia 14 de março.

Swami parecia saber de minha busca por um mestre espiritual vivo, e na nossa primeira entrevista ele disse: "Você não precisa mais procurar um guru. De agora em diante eu o guiarei!" No final, Baba materializou para mim um medalhão com sua foto, alguns doces para comer e um pouco de *vibhuti*.

No dia seguinte, o gerente de uma das maiores companhias da Índia, com filial em Bombaim, me telefonou, pois tinha ouvido comentários sobre a provável venda de minha firma. Ele gostaria muito de conversar comigo.

Durante as negociações que se seguiram, me mantive em contato com *Swami*. E em minhas meditações matinais, as quais *Swami* me pediu para fazer regularmente, recebi uma admirável inspiração para resolver os problemas complexos relacionados ao contrato de venda, para o qual não havia disponível qualquer precedente. Após alguns meses de difíceis negociações, sempre ajudadas pela mão de Baba constantemente presente, um favorável contrato se materializou para a venda da firma de agente de navegação na Índia.

Alf Tidemand retornou à sua esposa e família em Oslo. Seu primeiro sonho tornara-se realidade; tinha feito sua fortuna. Mas algo muito mais importante lhe havia acontecido na Índia. Encontrara seu *sadguru*, seu guia e mentor espiritual, que trouxera significado ao caos e ao vazio de sua vida vivida até então somente no nível material.

Conversando com ele recentemente, aprendendo algo de sua notável vida heróica, cheguei à conclusão de que meu amigo Alf Tidemand-Johannessen sempre terá sérios problemas a resolver, por que ele é do tipo cujos músculos espirituais se desenvolvem mediante dar soluções a tais dificuldades. É essencialmente um homem de ação. Mas no futuro, seu karma será, eu sinto, *nishkama*, ou seja, ação sem anseios pelos frutos da mesma. Será ação que, de alguma forma, se mantendo com seu próprio *dharma*,[67] ajudará a espalhar a glória de Deus e sua mensagem de luz para esta nossa era. Tudo isso através da graça de Sai Baba.

---

[67]*Dharma* — derivado da raiz *dhr*, sustentar, manter etc. É a lei cósmica que, mantém o sistema do Universo. É a lei moral que mantém a vida humana em alta qualidade. É dever. É virtude. É o papel, a função, o a-fazer específico que cada ser tem a cumprir no palco imenso da vida. Desrespeitar o próprio *dharma* é *pecar*. "O preço do pecado é a morte", pois quem vive em *adharma*, isto é, em negação ("a") ao *dharma*, perde seu sustento, sua manutenção etc. e decai. (*N. do T.*)

XVII

Dois devotos preeminentes

*Devo falar de leis e força não
reconhecidas pela razão ou Ciência física.*[68]

Sri Aurobindo

Um homem com uma carreira de destaque na vida pública foi o Dr. B. Ramakrishna Rao, falecido em setembro de 1967. Os comentários da imprensa são que teria ocupado diversas posições importantes na administração e nos negócios públicos. Foi, por exemplo, no início dos anos 50, ministro-chefe do velho estado de Hyderabad, e como tal ajudou a criar o estado moderno de Andhra Pradesh, em 1956. Mais tarde, se tornou governador de dois estados indianos, Kerala e Uttar Pradesh. Os jornais, no entanto, não mencionaram o que, para o Dr. Rao, foi muito mais importante na sua vida, seu discipulado com Sai Baba.

---

[68]Hoje, passados os anos, é exatamente a Física que mais está conduzindo os cientistas à Metafísica.

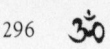

O doutorzinho, como freqüentemente o chamávamos, devido a sua diminuta estatura, era um lingüista de primeira ordem e sempre aceitava ser o intérprete para Sai. Foi como intérprete que o encontrei pela primeira vez na residência do Sr. G. Venkateshwara em Madras. Naquela ocasião, ele, o Sr. Alf, minha esposa e eu estávamos sentados no tapete com Baba enquanto este dava alguns conselhos ao norueguês, o qual brevemente deixaria a Índia. O doutorzinho, sempre que necessário, atuava como intérprete.

Isso aconteceu quando ainda pouco conhecia Baba, que sabia, telepaticamente, da minha dúvida em relação à autenticidade de seus feitos miraculosos. Com sua maneira graciosa de compreender, parecia estar usando tal oportunidade — como muitas outras — para ajudar a remover algumas de minhas dúvidas.

Era uma noite calorenta e Sai usava meia manga, de forma que seu antebraço estava descoberto. Meu joelho, como me sentei no chão com as pernas cruzadas, praticamente tocava o dele, e por algum tempo manteve sua mão direita sobre o meu joelho em vez de no seu próprio. Pude então ver, fora de qualquer suspeita, que sua mão se achava vazia, enquanto estava relaxada, palmas para cima, diante de meus olhos. Foi então, a partir dessa posição, que a mão se ergueu em ondulações diante de nossos narizes, como uma vara de condão, e produziu, no ar, um número de coisas, incluindo a costumeira *vibhuti* para todos nós e um grande anel de nove pedras para Alf.

Criei grande admiração e amor pelo pequeno doutor parecido com o Mahatma Gandhi, o qual, a despeito de sua grande cultura e *status* político, era verdadeiramente humilde. Para minha alegria, foi possível bater um bom papo com ele um mês antes de sua morte, quando éramos vizinhos no *ashram*. Isto foi em agosto de 1967, ocasião do investimento de Prasanti Nilayam na condição de distrito, quando o doutor também estava presente. Ouvi, daqui e dali, histórias sobre suas experiências milagrosas com Sai Baba, e aproveitei a oportunidade para as ter confirmadas dos próprios lábios do Dr. Rao. Ele ficou sabendo, naturalmente, que eu queria a informação para ser publicada e não se opôs, nem mesmo me proibiu de usar seu nome, tão bem conhecido na Índia e, em parte, no estrangeiro.

Aqui vai uma história marcante contada por ele.

Em 1961, quando era governador de Uttar Pradesh, ele e sua esposa estavam viajando de trem muito rápido de Bareilley para Nainital, nas montanhas do Himalaia. Eram os únicos ocupantes do vagão de primeira classe e o trem não tinha corredor pelo qual alguém pudesse entrar ou sair do compartimento.

Por volta das 11 horas da manhã, o governador observou algumas faíscas vindo do ventilador elétrico. As faíscas foram aumentando até que o Sr. e a Sra. Rao ficaram alarmados imaginando que pudesse haver um incêndio. Procurou por um cordel ou campanhia de dar alarme para parar o trem, mas não achou nenhum. Tudo levava a crer que o Dr. Rao e sua esposa teriam que morrer queimados sem serem socorridos. A única coisa a fazer seria orar e assim fizeram, de todo coração.

Então ouviram uma batida numa das portas externas. Fato muito surpreendente, porque as portas simplesmente conduziam para o espaço vazio através do qual o trem investia a grande velocidade. O médico foi até a porta, abrindo-a. Para dentro, vindo da escuridão, entrou um homem vestido com o uniforme cáqui de um eletricista. Sem dizer nada, foi direto consertar o ventilador defeituoso, do qual agora as fagulhas eram mais abundantes.

Depois de um quarto de hora o eletricista disse-lhes: "Não há mais perigo. Vocês podem se deitar e dormir." Com isto o homem se sentou no chão perto da porta.

A esposa do governador se deitou e fechou os olhos. Mas, vez por outra, os entreabria para ver o homem, pois, como mais tarde disse a seu marido, ela pensou que alguém que tivesse a audácia de caminhar com um trem em movimento por entre as ferragens, arriscando sua vida, só poderia ser um assaltante, pronto a executar seu trabalho assim que caíssem no sono. O governador, no entanto, não pensava assim, e mergulhara na leitura de um livro.

De repente ficou sobressaltado ao sentir o toque da mão do eletricista e ouvir sua voz lhe pedindo, calmamente, para fechar a porta do vagão assim que saísse. O doutor ficou atônito pois o homem não esperou a próxima estação para sair. Mas, antes que pudesse dizer qualquer coisa, a figura vestida de cáqui tinha aberto a porta e o ar da noite, assoviando, invadiu o vagão. O Dr. Rao pulou da cama e se aproximou da porta aberta a tempo de ver o homem desaparecer na escuridão.

Era tudo demasiadamente misterioso. Como, em primeiro lugar, ele sabia que o ventilador estava com problema? Como chegou no vagão e por que deixou o trem em movimento quando podia esperar pela próxima parada? Ou gostava de viver no perigo ou era simplesmente louco, mas, em qualquer das hipóteses, também devia ser clarividente para saber sobre a falha do ventilador. Sem dar maior importância ao assunto, se deitou e dormiu.

Cerca de um mês após esse incidente, o governador estava viajando novamente, dessa vez no seu avião oficial. Além de sua esposa e do piloto, acompanhavam-no seu ajudante-de-ordens, seu assistente pessoal e a esposa do piloto. Voavam de Kawnpur para Benares.

Sobre Benares o governador notou que o avião parecia estar dando voltas, há algum tempo, sobre o aeroporto antes de aterrissar. Ele perguntou se havia algo errado e foi informado que sim. Devido a uma falha no avião, as rodas não poderiam descer, pois a porta de saída do trem de pouso se achava emperrada. E com isso o combustível já começava a escassear. Com o consentimento do Dr. Rao, o piloto iria tentar um pouso de choque sobre a grama do campo de pouso. O piloto informou à torre do ocorrido. Tudo já estava pronto para a tentativa. Todos sabiam, naturalmente, o risco que corriam, e ambos, o doutor e a esposa, começaram a orar pedindo a proteção de seu *gurudev* — Sai Baba.

Talvez o ajudante-de-ordens também estivesse orando, pois era devoto de Sai Baba. Como o doutor, ele usava na sua mão um talismã. Um anel que fora materializado por Baba para ele. O piloto, sabendo disso, antes de tentar a aterrissagem pediu-lhe para colocar sua mão na alavanca a fim de soltar o trem de pouso emperrado. O ajudante-de-ordens assim o fez e o que se esperava aconteceu: o trem de aterrissagem desceu sem dificuldades. Puderam pousar normalmente e com toda a segurança.

No dia seguinte a Sra. Rao, tomando conhecimento da visita de Baba a Bangalore, no Sul, ligou para ele de Benares a fim de agradecer sua graça e proteção, que, ela acreditava, os tinha salvo de seus perigosos apuros no avião. Ela sentiu, sem nenhuma surpresa, que ele sabia tudo sobre o ocorrido e mencionou detalhes inclusive. Em seguida observou:

— Mas você não me contou nada sobre o incidente do trem.

— Que incidente, *Swami*? — ela perguntou, pois já tinha esquecido.

— Quando o ventilador estava quase pegando fogo e você pensou que eu fosse um ladrão — Baba riu.

O Sr. Rao estava certo de que o caso do trem não podia ter chegado a Baba da maneira comum, porque nem ele nem a esposa haviam falado com ninguém a respeito. Evitaram mencionar o incidente, na manhã seguinte, não querendo impressionar seu *staff*; então o fato tinha sumido no pano de fundo de suas ocupadas vidas.

Nada de sobre-humano que Baba tenha feito jamais surpreendeu Dr. Rao, tão acostumado estava; através dos anos, ele tinha visto e experienciado os incríveis milagres de Baba. Por exemplo, quando o Dr. Rao ainda era governador de Kerala e recebera na Guest House, em Trivandrum, no ano de 1962, Baba e alguns devotos, lhes oferecendo, e a outros 50, um jantar. Mas sempre que Baba está por perto, as multidões se multiplicam e cerca de 250 pessoas apareceram. Era inviável arranjar a tempo alimento para tantos. A Sra. Rao ficou muito preocupada e perguntou a Baba o que deveria fazer.

"Alimente-os", disse Baba. "Haverá bastante, não se preocupe."

Assim, lugares extras foram colocados e a multidão inteira se sentou.

Baba se movia entre os hóspedes e os servia, abençoando o alimento, vendo que todos estavam felizes, e transubstanciando a refeição em banquete. Ninguém ficou insatisfeito a despeito do acréscimo de 90 bocas a serem alimentadas. De alguma forma, Baba aumentou a quantidade de alimento, a fim de que todos ficassem saciados.

Fiquei sabendo que foi durante essa visita ao Sul que um dos mais dramáticos milagres, descrito no livro de N. Kasturi, aconteceu. Um número de discípulos de Baba caminhava nas areias de Kanyakumari, onde três mares se encontram banhando o extremo meridional da Índia. De repente, uma onda gigantesca estourou na praia, aos pés de Baba, e ao retroceder deixou junto de seu tornozelo um colar lindíssimo. Continha 108 pérolas raríssimas num fio de ouro.

Conversei a respeito com vários homens que estavam presentes e testemunharam o aporte do tesouro proveniente do fundo mar, incluindo o Dr. Sittaramiah. Indaguei ao Dr. Ramakrishna Rao se ele tinha estado lá. Ele respondeu que não se achava presente, por causa de seus deveres oficiais naquele dia. De fato estava se encontrando com Dr. Radhakrishna, o qual havia sido nomeado oficialmente presidente da Índia. Mas, ele disse, vários de seus amigos e conhecidos, bem como o chefe da Polícia de Segurança, se encontravam com Baba na praia no momento e testemunharam. Tais pessoas lhe descreveram o ocorrido, no dia seguinte, e também mostraram o colar. Mais tarde, Baba deu o colar de pérolas para um antigo devoto seu, que Dr. Rao conhecia.

Foi enquanto governador de Uttar Pradesh que Dr. B. Ramakrishna Rao assistiu aos fenômenos que mais profundamente o impressionaram.

No verão de 1961, Sai Baba, com um grupo de devotos, estava viajando pelo Norte, e decidiram visitar o famoso templo em Badrinath, próximo dos Himalaias. O Dr. Ramakrishna juntou-se ao grupo na cidade de Hardwar, na margem do Ganges, para subirem as encostas numa viagem de aproximadamente 300 km. O objetivo da viagem de Baba não era meramente levá-los àquele famoso lugar sagrado, mas restaurar sua eficácia espiritual.

O templo de Badrinath foi fundado há 1.200 anos por Adi Sankara, um dos mais importantes líderes espirituais de todos os tempos. Foi ele quem trouxe à luz os Upanishads, os quais vinham sendo depósitos de poeira em cavernas e monastérios. Em Joshimath ele escreveu seus célebres comentários sobre os *Upanishads*, a *Bhagavad Gita* e o *Brahmasutras*, fazendo estes clássicos acessíveis e inteligíveis a um público maior e sempre crescente.

Adi Sankara não somente viajou por toda a Índia ensinando pessoas, mas também organizou e criou centros no Norte, Sul, Leste e Oeste, os quais, ele tinha esperanças, poderiam permanecer como focos de luz para dar prosseguimento ao seu trabalho depois de sua morte. Badrinath foi um desses poderosos pontos espirituais.

São três escrituras sagradas que tratam de Vedanta, a mais elevada filosofia espiritual, tratando da irrealidade do mundo e ensinando que só o Brahman (o Absoluto) é real.

Mas, no curso de 12 séculos — embora milhões de peregrinos devotos tivessem levado sua adoração e veneração àquele lugar —, o poder certamente tendia a exaurir-se. Mesmo que uma determinada casta sacerdotal não seja corrupta, ainda tem muito das fraquezas humanas, e não poderia, por isso, manter o alto nível criado pelo Homem-Deus chamado Adi Sankara. A única coisa capaz de recarregar a bateria espiritual do local era a presença e o poder de um outro Homem-Deus, no caso, Sai Baba.

No entanto, surgiu um obstáculo. Pela tradição, o doutor me contou, as únicas pessoas permitidas dentro do templo, no "santo dos santos", para realizar o *puja*,[69] eram os membros de uma seita especial de *brahmanes* de Kerala. Essa casta de sacerdotes

---

[69]*Puja* — adoração diária, seja realizada nos lares pelo povo, seja pelos brahmanes, nos templos. (*N. do T.*)

tinha o direito exclusivo desde os dias de Adi Sankara. O pedido do Dr. Rao, governador do estado, não valeu para nada. Eles já tinham ouvido falar de Sai Baba, que operava milagres, que era um Avatar, Homem-Deus, *Bhagavan*, mesmo assim, não podiam abrir exceção. A Deus, em sua forma humana, não seria permitida a entrada, pois quais olhos humanos podem ler as credenciais da Divindade?

"Não importa", Baba disse; "que mantenham suas tradições."

No entanto, diante de 200 pessoas do lado de fora do templo, materializou uma estátua de Vishnu de cerca de 25 cm, a qual era a réplica do grande ídolo dentro do templo. Com outro ondular da mão produziu uma bandeja de prata na qual colocou o pequeno ídolo. Da mesma maneira criou um lótus com mil pétalas de ouro. Todos pasmaram com a beleza, e enquanto se perguntavam para que seria, Baba novamente moveu a mão e produziu um *lingam* com 10 ou 15 cm de altura e feito de cristal, e o colocou no centro do lótus de ouro.

Com o ídolo, lótus e *lingam* na bandeja de prata, Baba e seus seguidores deixaram o templo indo para o local onde estavam hospedados. Lá, enquanto cantavam canções *bhajan*, Baba mostrou a todos o *lingam* com sua beleza material e a forma de um olho misteriosamente incorporado dentro dele.

A seguir Baba materializou um recipiente repleto de água santa, 108 folhas de *bilva* em ouro, que caíram de sua mão para dentro da bandeja, e um punhado de flores *thumme* com o sereno ainda fresco nelas. Elas são descritas como "pedacinhos de flocos, colhidos de uma centena de plantinhas tropicais".

Tudo isso era material necessário à adoração ritualística e, então, Baba realizou a *abhisheka* (cerimônia sagrada do banho).

Na presença do Santo Homem, o Dr. Kasturi escreve: "O *puja* foi realizado em favor de todos os presentes, pelo Dr. Rao, e mantras apropriados foram recitados pelos devotos."

Depois, Baba levou tudo o que fora materializado para que a Sra. Rao guardasse com o devido cuidado, alertando que ela seria responsabilizada por qualquer perda. A pobre senhora sentiu-se tremendamente apreensiva com tal responsabilidade. Trancou tudo num armário em seu quarto e ficou com a chave.

Algum tempo mais tarde Baba lhe pediu para trazer o *lingam*. Ao destrancar o armário, ela viu que não estava lá; tudo mais dentro do armário continuava no mesmo lugar, mas o *lingam* sumira. Muito consternada, correu para Baba e falou da perda.

No princípio, ele a censurou por falta de cuidado, mas a seguir riu e disse que estava somente brincando com ela. Explicou a todos os presentes que tinha devolvido o *lingam*, o qual ele "transportara" (*apport*, dizem os parapsicólogos) à base do ídolo no templo. Esse "*Nethralingam de Kailasa*", como ele o chamou, tinha sido colocado no "santo-sanctorum" pelo próprio Sankara. Lá permanecera séculos até aquele dia, 17 de junho de 1961, quando Sai Baba o retirou de lá para reconsagrá-lo e assim recarregá-lo com poder espiritual. Dessa forma, o trabalho para o qual tinha vindo fora feito, a despeito dos óbices criados pelas tradições locais.

Mais tarde Baba pediu as outras coisas do armário. Distribiu as 108 folhas de ouro dentre as 200 ou mais pessoas presentes, e como sempre acontece, havia bastante para todos. A Sra. Rao foi então grandemente recompensada pelos poucos momentos de angústia sofridos por causa do desaparecimento do *lingam*. Foi presenteada com o ídolo materializado de Vishnu, o lótus de ouro e a bandeja de prata sobre a qual os dois repousavam.

O doutor me disse que esses objetos sagrados ainda estavam na sua sala de *pujas* em Hyderabad, onde a regular adoração da família ocorria.

Pode ser surpreendente para muitas pessoas — não obstante, de fato, não devesse — achar que um cientista do calibre do Dr. S. Bhagavantam, Ph.D., M. Sc., D. Sc., seja um devoto seguidor de um adepto no campo da alta "magia" transcendental da qual a Ciência tende sempre a zombar.

O Dr. Bhagavantam, anteriormente diretor do All India Institute of Science, tem posição de destaque como conselheiro científico do ministro de Defesa em Délhi, e é bastante conhecido nos meios científicos fora da Índia.

Quando o encontrei em Prasanti Nilayam, ocupava um quarto mobiliado somente com dois sacos de dormir e umas poucas almofadas no chão. Como todo bom indiano, ele estava bastante feliz em usar o chão ladrilhado como cama, cadeira e mesa. No mesmo quarto estava um de seus filhos, o Dr. S. Balakrishna, diretor-assistente do Instituto Nacional de Pesquisas Geofísicas da Índia. Ambos estavam visitando o *ashram* por alguns dias.

Sentei-me no chão com estes dois cultos cientistas e cavalheiros encantadores, ansioso para ouvir suas experiências com Sai Baba. Do lado de fora da porta e das janelas abertas, um ardente sol de junho sobre o chão de areia, prédios alvos e montanhas rochosas. Dentro, o Dr. Bhagavantam falava em seu jeito calmo, amigável e conciso, enquanto seu filho confirmava muitos dos estranhos acontecimentos que também havia testemunhado. O Dr. Balakrishna tem tido experiências maravilhosas com Baba, mas no momento estamos interessados no que aconteceu com seu eminente pai.

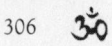

No primeiro encontro do Dr. Bhagavantam com Sai Baba, no ano de 1959, tinham ido dar um passeio a pé nas areias do rio Chitravati. Outros estavam presentes, mas Bhagavantam caminhava ao lado de Baba. Após andar um pouco, *Swami* pediu-lhe para achar um bom lugar na areia para se sentarem. Quando o doutor hesitou, Baba insistiu, explicando que somente dessa forma a mente científica de Bhagavantam teria certeza de que Baba não o havia conduzido a um lugar onde previamente tivesse "plantado" alguns objetos na areia.

Depois de o cientista ter feito a escolha de uma área e de todo o grupo se achar acomodado, Baba começou a troçar um pouco com o doutor; fez gozação da complacente atitude onisciente de muitos cientistas, e deplorou a ignorância e a indiferença dos mesmos em relação à sabedoria antiga, a ser encontrada nas grandes escrituras hindus.

O orgulho do doutor fora ferido. Ele ressaltou que nem todos os cientistas tinham essa visão materialista das coisas. Ele mesmo, por exemplo, tinha uma tradição familiar no aprendizado do sânscrito e um profundo interesse pelos clássicos espirituais da Índia.

Então, tentando, de certa forma, firmar a boa-fé (*bona fides*) de seus colegas, disse a Baba que quando Oppenheimer, depois da explosão da primeira bomba atômica, foi perguntado por representantes da imprensa quais eram suas reações, respondeu com um verso da *Bhagavad Gita*, mostrando assim que também estudava aquela grande obra. "Você gostaria de uma cópia da *Bhagavad Gita*?" — Baba lhe perguntou de repente, erguendo a mão cheia de terra enquanto falava. "Aqui está", ele prosseguiu, "abra suas mãos."

Bhagavantam fez uma concha com as mãos para captar a areia à medida que Baba a despejava. Mas quando ela atingiu as palmas expectantes, já não era a dourada areia do Chitravati. Era um livro de capa vermelha. Abrindo-o, num silêncio estonteante, o cientista descobriu que era um exemplar da *Bhagavad Gita* impresso em caracteres télugos. Baba esclareceu que poderia tê-lo obsequiado com um exemplar impresso em sânscrito, mas como o cientista tem alguma dificuldade com o idioma, optou por um télugo, seu idioma de nascimento. Bhagavantam não mencionara sua limitada proficiência em sânscrito. Era algo que Baba já sabia.

Tão logo pôde, Bhagavantam examinou, cuidadosamente, o livro de capa vermelha, miraculosamente gerado. Parecia estar novo em folha e ter sido impresso recentemente. Mas onde? O nome do editor, que sempre é estampado nos livros, não se encontrava em nenhum lugar.

Um dia, em 1960, Sai Baba estava visitando a casa do cientista em Bangalore. Na ocasião, Bhagavantam era diretor do All India Institute of Science naquela cidade. Ele tinha conhecido Sai Baba há cerca de um ano e estava batalhando para ver se os incríveis fenômenos por ele testemunhados podiam se harmonizar com sua formação científica.

Bhagavantam disse uma vez, numa reunião pública: "Eu era uma pessoa um tanto perdida àquele tempo, pois tudo isso estava em flagrante contradição com as leis da Física que sustentei e firme ainda sustento (...) Havendo aprendido tais leis na juventude, e tendo ensinado a outros, por muitos e muitos anos, que elas eram infalíveis — no mínimo tanto quanto qualquer situação humana conhecida seja considerada —, e as tendo posto em prática com tal crença nelas depositadas, eu, naturalmente, me encontrei num dilema..."

Um de seus filhos, na ocasião um menino de 11 anos, parecia ser retardado. Alguns médicos haviam recomendado o tratamento de perfurar a região lombar da espinha para retirar o líquido cérebro-espinal e, assim, aliviar a pressão no cérebro. Outros eram contrários, afirmando que isso só faria o menino piorar. O Dr. Bhagavantam decidiu não fazer o tratamento.

Baba, que ama e compreende as crianças, viu o menino e logo fez uma pergunta delicada sobre ele. O cientista começou a contar o caso de seu filho, então Baba assumiu a narração e ele mesmo continuou a relatar tudo o que havia acontecido, incluindo o debate médico sobre o aconselhamento da punção lombar. Prosseguiu dizendo que, de fato, tal tratamento não iria causar nenhum mal, mas, ao contrário, ajudaria muito e o menino melhoraria com o correr dos anos. Casualmente então, como se não fosse nada, ele disse que faria a punção naquele momento, ali mesmo.

O cientista ficou assustado. Dúvida e medo agitavam sua mente. Começou a pensar em coisas como qualificação médica para realizar tal tipo de operação. Mas, antes que pudesse articular uma palavra, Baba tinha movimentado a mão e materializado um pouco de *vibhuti*. Despindo as costas do menino, esfregou a cinza sagrada na região lombar. Em seguida, com a outra mão, apanhou, no ar, uma agulha cirúrgica, com aproximadamente 10 cm de comprimento.

O pai, diante da presença de tal poder, emudeceu; somente aguardou, observou e esperou pelo melhor. O menino parecia semiconsciente, aparentemente anestesiado pela *vibhuti* de Baba. Sem hesitar Baba introduziu a agulha, mostrando que conhecia exatamente o local no qual a agulha deveria entrar. Ao pai observador, a agulha pareceu penetrar até não se ver mais, e ele começou a se preocupar sobre como Baba iria trazer de volta a agulha.

Enquanto ele se preocupava, Baba massageava as costas do menino, retirando o líquido que saía através da agulha; "Baba parecia retirar um centímetro cúbico do líquido", o cientista disse. Então, massageando mais fortemente, ou de maneira diferente, retirou a agulha das costas do menino. Segurou-a no ar como se a entregasse a alguma enfermeira invisível. Imediatamente a agulha sumiu.

— Vocês tem uma roupa de cirurgia? — Baba perguntou aos atônitos presentes na sala: Bhagavantam, outro filho seu chamado Ramakrishna e um amigo chamado Sastri, que era um erudito professor de sânscrito.

O jovem Ramakrishna respondeu que bastaria dar um telefonema para o instituto e em dez minutos conseguiria a roupa.

— Demora muito! — Baba riu. Movimentando sua mão outra vez, apanhou uma roupa, do tipo perfeito, como se de um assistente treinado, que estivessse em outra dimensão. Cuidadosamente a arrumou sobre as costas do menino, e o tornou plenamente consciente de novo. O paciente não parecia sentir dor ou qualquer desconforto durante ou depois da cirurgia.

— E ele está um pouco melhor? — perguntei ao bom médico.

— Sim, sua condição já melhorou, embora não muito ainda — Baba respondeu com prudência —, mas quem sabe como ficaria sem a operação?

Swami disse que sua melhora seria constante com o passar dos anos, à medida que fosse crescendo.

O Dr. Bhagavantam tem visto Baba produzir muitas coisas com o movimento mágico de suas mãos. Remédios em garrafa ou pacotes bem lacrados, mas sem nome do fabricante. Tem-no visto mudar uma pedra ou figura decorativa, ou jóia, em outra, totalmente diferente, pelo simples toque de seu dedo, deslizando sobre elas, sem que seus olhos se afastassem de tais operações.

Uma vez viu Baba produzir *amrita* (bebida dos deuses) num recipiente que, segundo o cientista, só poderia dar para cerca de 50 pessoas. Cada um dos presentes recebeu uma colher cheia do líquido. Convém ressaltar, no entanto, que havia 500 pessoas no local. Aparentemente, o líquido teve milagrosamente multiplicada em dez vezes sua quantidade original.

Em outra ocasião, o doutor se achava sentado com um grupo de devotos ao redor de Baba numa praia ao Sul da Índia. A conversa girava em torno dos diversos nomes que o oceano tinha na mitologia indiana. Alguém mencionou o nome *Ratnakara*, que significa, disse ele, "Senhor dos Diamantes ou Pedras Preciosas". "Neste caso", Baba observou brincando, "o oceano poderia produzir para nós alguns diamantes." Colocando sua mão na água, de lá retirou um cintilante colar de diamantes.

Todos se maravilharam com o aspecto daquele colar de grandes pedras e alguém pediu a Baba que o usasse ele mesmo. Bhagavantam viu logo que por ser de pequeno diâmetro não passaria pela cabeça de Baba e não tinha um fecho para ser aberto. Mas isto não é problema para o homem dos milagres. Simplesmente tomou-o com ambas as mãos como alguém que esticasse um anel de borracha. Aumentou-o até o tamanho exato, embora as pedras continuassem unidas. Depois, para alegria de seus devotos, Baba passou pela cabeça a grinalda de diamantes, que fora gerada de *Ratnakara*, e a usou por alguns momentos no pescoço.

O Dr. Bhagavantam também tem tido sua experiência pessoal com a capacidade de Baba de saber o que está acontecendo em lugares a centenas de quilômetros de distância, sem ajuda do telégrafo ou o rádio.

Quando o Dr. S. Balakrishna, filho de Bhagavantam, se mudou para uma nova casa em Hyderabad, Baba concordou em ir até lá para realizar a cerimônia de bênção da casa. O dia auspicioso para a realização do ritual foi determinado por Baba, e ele prometeu lá estar naquele exato dia. O Dr. Bhagavantam se encontrava em Moscou, numa missão governamental, mas estaria de volta na manhã do dia da visita de Baba, quando a cerimônia seria realizada, à tarde.

Um problema mecânico, no entanto, ocorreu no aeroplano no qual viajava, sendo o doutor forçado a passar a noite na cidade de Tashkent. Era a noite anterior à cerimônia, e Baba, já na casa de Balakrishna em Hyderabad, informou aos familiares ter havido um problema no motor do aeroplano e que, por isso, o doutor teria que passar a noite em Tashkent, mas estaria voltando no dia seguinte. Ninguém na área soube do tal problema com o avião ou que Bhagavantam se encontrava em Tashkent. Nenhuma palavra sobre isto tinha vindo por canais comuns. Mas Baba tinha sua própria maneira de saber e também de prever o conserto para o dia seguinte.

Na tarde do dia auspicioso, conforme pré-arranjado, Baba realizou o cerimonial abençoando o lar, durante o qual produziu, com sua normal maneira milagrosa, uma linda estatueta de Baba de Shirdi, a qual, conforme disseram-me os cientistas, tinha 10 cm e era feita de ouro maciço. Baba instruiu para que fosse conservada na sala-santuário da casa na qual fora materializada. Até hoje ainda está lá.

Todos ficaram tristes pelo fato de o chefe da família não se encontrar presente na importante cerimônia, e à noitinha conversavam sobre onde ele estaria passando a noite. Teria chegado a Délhi?, perguntaram a Baba. Sim, Baba lhes respondeu. E acrescentou que, naquele momento, o doutor se encontrava no gabinete do ministro da Defesa, na capital.

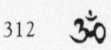

Então Baba pediu uma ligação para o gabinete do ministro, querendo uma comunicação pessoal com o conselheiro científico, Dr. Bhagavantam. Naquela ocasião, me contaram, era muito demorada uma ligação interurbana. Mas, com Baba, em poucos minutos tudo se resolveu.

O Dr. Bhagavantam se achava no gabinete, como *Swami* havia afirmado. Estava junto com o ministro, no meio de uma importante reunião. Este, realmente, tinha dado ordens severas a seus funcionários de não ser interrompido por quem quer que telefonasse ou pedisse para vê-lo. No entanto, sem ninguém saber porquê, uma das secretárias interrompeu a reunião para dizer que havia uma ligação de Hyderabad para o Dr. Bhagavantam. Com a permissão do ministro, o doutor deixou a sala e pegou o telefone; então a voz doce de *Swami* estava em seu ouvido lhe dizendo que tudo havia corrido bem durante a bênção do lar. Baba ainda o deixou mais feliz ao dizer que permaneceria com a família até a manhã seguinte, quando ele retornaria. Com muita alegria no coração e espírito renovado, o cientista voltou a discutir os problemas de defesa de seu país com o ministro responsável, V. K. Krishna Menon.

Quando perguntei ao Dr. Bhagavantam se poderia usar seu nome, prontamente respondeu: "Sim, confirmarei cada palavra." O seu primitivo dilema, o conflito entre sua formação científica e a evidência de seus sentidos, já não existia. Ele diz o seguinte: "Em nossos laboratórios, nós, cientistas, podemos jurar pela razão, mas sabemos que cada vez que acrescentamos um pouco mais ao que já sabemos ficamos conhecendo da existência de muitas outras coisas, a natureza das quais ignoramos. Nesse processo, tornamo-nos mais cônscios da existência de campos muito vastos, para compreender que temos que lutar mais. Assim, enquanto ampliamos o conhecimento, acrescentamos também mais à ignorância. O que sabemos vai se tornando uma fração cada vez menor daquilo que não sabemos." Continuou, dizendo: "Sai Baba transcende as leis da Física e da Química, e quando ele transcende uma lei, este fato se torna uma nova lei. Ele é uma lei em si mesmo."

Uma ocasião, em Madras, dirigindo-se a um público de 20 mil pessoas, que tinham ido para escutar a mensagem de Sai Baba, o importante cientista, entre outras coisas, disse:

> Os cientistas estão cientes que conhecimento não é o mesmo que sabedoria. Sabedoria se obtém de *Bhagavan* (Sai Baba) e de outros seres semelhantes a ele que vêm até nós, de tempos em tempos, com este propósito...
>
> Ele é um fenômeno. É transcendental. É divino. É uma divina encarnação. É nosso amigo e parente mais chegado. Voltemo-nos para ele, para sua eterna mensagem. Somente ele nos pode salvar.

XVIII

Realidade e significado do milagroso

Chispa de fogo universal, centelha da Divindade,
Elevai vosso coração e vossa mente à glória.
Sol na escuridão, recuperai vosso esplendor.

Sri Aurobindo

A RIQUEZA DAS EVIDÊNCIAS MILAGROSAS QUE MEUS PRÓPRIOS olhos testemunharam impõe-me a aceitação de coisas, de similar natureza, a respeito das quais tenho ouvido falar. Tal aceitação é ajudada por eu conhecer a integridade, inteligência e alta moral das muitas testemunhas. Mas, embora para muitos eminentes líderes da comunidade e para os milhares de pessoas do povo como eu os milagres de Sai Baba sejam fatos indiscutíveis, os olhos que testemunham representam apenas uma mínima fração da humanidade. E os milhões que estão além daqueles que tiveram a felicidade de verem por si mesmos? E as massas de materialistas e ateus, condicionados pela superficial filosofia do moderno progresso tecnológico? Haverá a menor possibilidade de eles darem crédito aos incríveis acontecimentos descritos nestas páginas?

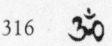

Há quase 100 anos, quando um teosofista, A. P. Sinnett, editor inglês da *Pioneer* da Índia, estava tentanto convencer o público ocidental, por meio de seus escritos, que fenômenos idênticos estavam ocorrendo, um grande adepto dos Himalaias descreveu: "Ninguém, a não ser aqueles que vêem por si mesmos, acreditará, faça você o que fizer (...) Mas, enquanto houver a dúvida entre os homens, sentirão curiosidade e buscarão."

A mente humana, por sua própria natureza, considera qualquer coisa que ultrapasse a estrutura da racionalidade como impossível, e, assim, a rejeita. Um fenômeno de materialização, por exemplo, é tão estranho às experiências cotidianas que, mesmo após ter visto sua consumação, não é fácil para muitos acreditar. Parecemos ter estado, de alguma forma fantástica, fora do tempo e do espaço. Quando se retorna às dimensões normais de espaço e tempo, a realidade do milagre parece dissipar-se. É como se a realidade de um sonho ainda continuasse após o despertar.

"O milagre realmente aconteceu?" — a mente pensante pergunta. Mas a jóia ofuscante, que veio de algum lugar, está ali, na mão; o sabor do doce, o qual anteriormente era granito, está indubitavelmente na língua. Os efeitos são evidentes; causas compreensíveis inexistem, e não serão descobertas pelo nosso mero pensar racional.

Naturalmente o aporte (*apport*), o transporte do objeto material sem nenhum agente material conhecido, é de notório saber dos círculos espiritualistas e ocultistas do ocidente. Eu mesmo já tive a oportunidade de testemunhar alguns. A teoria por trás dos aportes é que o objeto, já existente em algum lugar, é desmaterializado e trazido naquele estado (desmaterializado) por uma força psíquica para o lugar onde é rematerializado.

Baba tem dito que algumas de suas "produções" são aportes. Sob este aspecto, a observação de um dos devotos de Sai é sugestiva. Uma conhecida princesa indiana me contou que uma vez estava sentada bem em frente e bem perto de Baba. Ele, por sua vez, se achava numa plataforma elevada, de modo que a princesa podia ver tudo que se passava sob a mão de Baba virada para baixo. Primeiro viu uma pequena nuvem luminosa aparecer na mão; a nuvem se condensou rapidamente para formar um pequeno objeto brilhante sobre o qual a mão de Baba se fechou. O objeto era um anel de ouro.

A moeda antiga de dez dólares "produzida" por Baba e a mim ofertada em Horsley Hills foi, sem dúvida, um aporte. Mas que há de interessante no fenômeno realizado para o Dr. V. K. Gokak, vice-reitor da Universidade de Bangalore? Numa das primeiras visitas que fez à casa do Sr. Gokak, Baba viu na parede, pela primeira vez, o retrato de um santo indiano, Sri Panta Mahajara de Balekundri, e indagou sobre sua presença ali.

O vice-reitor respondeu que o santo havia sido o guru de seu pai, e que ele pessoalmente tinha muito respeito pelo santo.

Baba: — Você tem um retrato dele em tamanho menor para levar consigo quando viaja?

Dr. Gokak: — Não.

Baba: — Você gostaria de um?

Gokak: — Adoraria, *Swami*.

Baba movimentou a mão por mais tempo que o normal, observando: "Ele já está chegando." Virando a palma da mão para cima, ele deu ao Sr. Gokak um cordão com uma medalha e nela havia uma réplica, em miniatura, do retrato do santo.

Aportes são talvez muito mais conhecidos na Índia do que em qualquer outro lugar no ocidente. O ex-ministro do governo, grande educador e conhecido escritor, Dr. K. M. Munshi, afirma em seu excelente *Bhagavan's Journal* que tem visto aportes "produzidos" por um homem sentado perto dele no sofá de sua própria sala. Primeiro surgiu o *kum-kum* (pó vermelho) na bandeja, depois flores, numa terceira vez *prasad*[70] e na quarta, dinheiro.

O Dr. Munshi continua dizendo que a cinza sagrada materializada por Baba e usada para curar doenças e evocar fé deve chegar a meio quilo por dia. Ele acredita que ela não seja um aporte, mas, sim, "produzida de alguma outra forma mais misteriosa". Parece óbvio que transformações de velhas pedras sólidas em doce não podem ser aportes.

Mas se os objetos são "transportados", criados no local pela vontade divina, ou materializados de alguma forma, que grande quantidade de evidências, que soma de testemunhos de pessoas inteligentes e íntegras são necessárias para convencer aqueles que jamais puderam ver tais fenômenos?

Naturalmente, na Índia há um grande número de pessoas que não tem nenhuma dificuldade em aceitar a realidade dos milagres. Sob a superfície da vida, os milagres continuam a acontecer nesse país. Sempre houve ali homens que puderam realizar algum fato paranormal; criar do ar um perfume, ler uma carta lacrada, partir um jarro a distância, curar com um toque, beber ácido sem danificar o corpo, levitar e assim por diante. Tais coisas já fazem parte do edifício da cultura comum. São aceitas não somente pela massa mas por pensadores e líderes do nível do Dr. Munshi, por exemplo. Sobre este assunto tenho conversado com muitas pessoas educadas e altamente cultas. A maioria delas já viu exemplos, ao longo de suas vidas, dos fenômenos milagrosos, fora os de Baba.

---

[70]*Prasad* — alimento sagrado, abençoado por Deus. (*N. do R. T.*)

A possibilidade de *siddhis* é tão básica para a herança indiana que mesmo aqueles que jamais viram qualquer coisa dessa espécie estão prontos a acreditar no miraculoso.

Ainda por esta mesma razão, me parece que algumas pessoas inteligentes perdem o ponto principal dos milagres de Baba. Eu os tenho ouvido dizer: "Yoguis avançados são capazes de fazer milagres, mas, e daí? Qual o valor deles?"

Outros vão além e afirmam que os milagres não deveriam ser produzidos pois são um obstáculo ao progresso espiritual. Citam textos de suas escrituras e ensinos de yoguis em apoio à sua opinião. Mas se examinarmos com propriedade tais textos, constataremos que os alertas sobre os perigos da prática dos "poderes" são dirigidos aos discípulos, para aqueles ainda no caminho do aperfeiçoamento espiritual. Patanjali, por exemplo, enfatiza que, num determinado nível de treinamento em yoga, poderes supernormais latentes de várias espécies podem aparecer. Quer dizer, o discípulo descobrirá que tem o poder de realizar certos "milagres".

Mas há muitos riscos tenebrosos nisso. Podem estimular o egoísmo e o orgulho. Podem ser usados com propósitos egocêntricos. Podem fazer o discípulo pensar que já evoluiu o suficiente, que alcançou a meta. Em vez de fazê-lo entender tais fenômenos físicos e psicocinéticos como um subproduto e não o produto final, ou pelo menos sinal de que acabou de alcançar um alto nível de espiritualidade. Mas os poderes psíquicos não são em si mesmos um sinal de espiritualidade. Assim, o discípulo, enamorado de tais poderes, se extraviará, e não progredirá para a verdadeira meta da vida.

O próprio Baba, ainda com seu antigo corpo, em Shirdi, sempre advertia seus devotos sobre este assunto. Enfatizava que a aquisição de tais poderes paranormais freqüentemente empolga um discípulo quando ainda não atingiu os níveis mais altos da espiritualidade, muito distante da meta principal de suas disciplinas espirituais, que é a realização de Deus. A um de seus devotos, que havia desenvolvido a clarividência, por exemplo, disse ele: "Por que você está de olho no desempenho da prostituta? Não nos compete namoriscar com uma rameira."

A esposa do homem, presente na ocasião, pensou que Baba se referia a alguma concubina em carne e osso, mas o próprio devoto compreendeu que seu *sadguru*, Baba, estava lhe dando uma advertência para não se deixar levar pelos encantos e seduções de seus poderes recém-adquiridos.

Mas, tais perigos e tais alertas aplicam-se somente aos *chelas*, discípulos no início da caminhada, não àqueles que tenham alcançado a Meta Suprema.[71] Não a um que tenha realizado Deus, não a um Homem-Deus, um Avatar. Não há interesse em ganho mundano, não há orgulho, egoísmo ou autoglorificação nos milagres de um Cristo, um Krishna, um Sai Baba. Portanto, não há perigo nem para quem os realiza nem para quem os recebe.

No entanto, embora o beneficiário não sofra efeitos nocivos dos milagres divinos, pode nem sempre receber todo o bem contido potencialmente no milagre. Para cada milagre há um tipo de vínculo espiritual, por assim dizer. Se quem recebe não consegue perceber tal vínculo, acaba por perder uma dourada oportunidade. Pode talvez ter recebido uma jóia, ou ter sido abençoado por misericordiosa cura, ter sido ajudado num problema de ordem prática, ou ter sido salvo de algum perigo mortal. Estas coisas

---

[71]"Mas buscai primeiro o Reino de Deus e a perfeição dele, e todas essas coisas (inclusive os *siddhis*) vos serão acrescentadas." (Mt 6:33) (*N. do T.*)

são importantes, sem dúvida, mas pequenas, se comparadas com o que se poderia ter ganho.

Se ele continuar a esquivar-se do vínculo espiritual no devido tempo, tornar-se-á tão enfadado com os fenômenos miraculosos que eles não mais o impressionarão ou deleitarão. De mais a mais, não continuarão a servi-lo; e quando o ponto for atingido, os poderes miraculosos do Homem-Deus atuarão não mais do que os processos dos materialistas, onde ele não mais obtém os benefícios mundanos que espera, e acabará desistindo de seguir o Homem-Deus. Igual ao Capitão James Cook, que quando descobriu a costa oriental da Austrália passou adiante sem enxergar a estreita entrada para o excelente porto onde hoje Sidney se acha localizada. Da mesma maneira, perder-se-á o estreito caminho para o divino ancoradouro, que todos os navios humanos estão procurando. E quanto tempo mais ele deve esperar, quantos anos, quantas vidas para outra oportunidade igual?

Qual, então, é o significado do milagre divino, da magia elevada e transcendental, que nunca age em benefício de quem a realiza, mas sempre para a humanidade? Alguns de seus propósitos são óbvios, outros se acham mais escondidos. Como o grande adepto que vive nos Himalaias sugeriu a Sinnett, os milagres tendem a conduzir os homens à investigação e busca dos mais profundos mistérios do universo.

O Coronel H. S. Olcott, depois de observar uma corrente de fenômenos miraculosos durante o último quarto do século XX, escreveu: "Da minha parte, posso dizer que a grande gama das maravilhas da força da mente educada que vi me facilitaram a compreensão das teorias orientais da ciência espiritual."

Esse efeito — ajudar a compreensão da "ciência espiritual" —, a vontade milagrosa tem sobre as mentes abertas, vivas e ansiosas

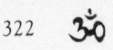

por explorar os mais profundos extratos da existência. Embora as maravilhas em si mesmas sejam subordinadas e menos importantes que as verdades por trás delas, são sinais mais poderosos do que palavras para guiar os homens em direção àquelas verdades que, em níveis mais profundos, não podem ser expressas por "milagres" ou palavras. Como os homens são, em geral, apáticos, e precisam de algo espetacular para os sacudir e os despertar da inércia, B. V. Narasimha Swami escreveu:

"Um ponto comum nas vidas de Baba e Jesus é que as pessoas sempre tiveram que ser convencidas de suas naturezas divinas somente por meio dos milagres que realizavam. Milagres são, portanto, uma concessão da divindade à cegueira humana."

Às palavras escritas ou faladas, os homens dão de ombros ou sacodem suas cabeças, concordando, discordando, debatendo, comparando... Pois há muitos que têm dito sábias palavras. Mas, como dizem em jornalismo, uma foto vale mil palavras, e um milagre vale muitos milhares de palavras.

Quando o Todo-Poderoso ordenou a Moisés que levasse o povo de Israel para fora do Egito, Moisés ponderou que as pessoas não acreditariam que ele tivesse sido enviado por Deus, nem o acatariam como líder. Então o Senhor mandou-o atirar seu cajado no chão. Obedecendo, Moisés viu-o transformar-se numa serpente. O Senhor novamente lhe ordenou que pegasse a cobra pela cauda e, assim fazendo, viu que a serpente voltara a ser seu cajado. Este foi o primeiro dos muitos milagres que Moisés pôde realizar mediante o poder de Deus.

O propósito de tais maravilhas não era somente fazer com que os israelitas — e o faraó — reconhecessem Moisés como um mensageiro divino, mas também superar os tremendos obstáculos na longa viagem do cativeiro no Egito até a liberdade na Terra Prometida. Como todas as histórias imortais da peregrinação do homem, esta também tem significados mais profundos. Ensina, dentre outras coisas, que os poderes miraculosos têm um valor em libertar o homem da escravidão da carne, conduzindo-o através dos muitos obstáculos da vida e de seus próprios vãos esforços mentais para a terra prometida da liberdade e da libertação espirituais.[72]

Dessa forma, começando com o núcleo de discípulos em seu redor, o Homem-Deus se vale dos milagres a fim de ajudá-los a captar a verdade de sua natureza Divina, e também ajudá-los a superar os empecilhos ao seu progresso espiritual.

O núcleo dos discípulos cresce para que, gradualmente — como a história religiosa do passado nos mostra — as boas-novas, o Evangelho, se espalhem até que milhões se façam seguidores. Por este meio, o pesado karma da humanidade se alivia um pouco, e mais e mais almas são retiradas da escuridão e trazidas para a luz.

Mas é sábio lembrar que os mais importantes milagres nem sempre são os mais óbvios. Na presença de homem divino, o

---

[72]"Ai de ti, Corazim! Ai de ti, Betsaida! Porque se em Tiro e Sidom se tivessem manifestado as forças que em vós se manifestaram, há muito elas teriam modificado sua mente em saco e cinza. Mas digo-vos que no dia da triagem haverá mais tolerância para Tiro e Sidom que para Vós. E tu, Cafarnaum, acaso te exaltarás até o céu? Cairás até o hades; porque, se em Sodoma se tivessem manifestado as forças que em ti se manifestaram, ela teria permanecido até hoje. Digo-vos, porém, que no dia da triagem haverá mais tolerância para a terra de Sodoma que para ti." (Mt 11:21 a 24) Estas são palavras de advertência àquelas cidades, as quais simbolizam os homens que testemunharam os prodígios realizados pelo grande Avatar da Palestina e não modificaram suas mentes; não realizaram a metanóia. Esta tradução foi feita diretamente do grego pelo Prof. Torres Pastorino (*Sabedoria do evangelho*). (*N. do T.*)

despertar de nossa percepção espiritual vê uma demonstração de mais assombroso milagre na existência mesma de um tal homem. Nós, que somos escravos do desejo, vemos alguém que dominou o anseio mundano. Nós, que estamos sempre centrados em nossos egos pequenos, separados, auto-importantes, vemos alguém que está centrado no Ser de toda a humanidade, de toda a vida. Nós, que lutamos através de sofrimentos e alegrias efêmeras, vemos a corporificação da alegria eterna. Nós, que constantemente confundimos amor com luxúria, possessividade, amor-próprio, sentimos, do grande Ser, o néctar que flui de um amor que é divino, universal, abrangendo toda manifestação de vida. Mais ainda: ao mesmo tempo esse amor não chega a ser vago e impessoal; é pessoal, dirigido ao coração de cada devoto. E nele não há a menor mácula do egoísmo.

Se nossos pés estão, mesmo que seja, no início do caminho espiritual, sabemos que essas grandes qualidades são metas na direção das quais estamos lutando na nossa peregrinação existencial. Mas freqüentemente tais metas nos parecem muito fora de nosso alcance. Temos algumas vezes questionado a possibilidade de as alcançar. Quem sabe até venhamos a pensar que sejam elas apenas um sonho bonito de nosso coração. Mas agora, diante de nós, em carne e osso, está um que já escalou o Evereste espiritual. Um ideal, um sonho se tornou uma realidade viva no tempo. A natureza humana, assim vemos, *pode* de fato ser mudada, o baixo ego animal de um homem *pode* ser completamente transmutado em um Ego mais elevado.

Aqui está, talvez, o significado mais profundo dos milagres divinos: eles demonstram as potencialidades divinas, "chispas do fogo universal", em cada ser humano. Eles constroem nossa fé e nos ajudam a trabalhar com um novo zelo na produção de uma edição divina de nós mesmos. Isto é consumado não somente através da grande inspiração do exemplo vivo diante de nós, mas também através do raio silencioso e transformador que emana do divino ser que, sem que nos apercebamos, atinge nossas profundezas. Pela sua natureza de puro amor, o Avatar chama todos os homens para si, e os muitos que chegam até ele são cuidadosamente guiados ao longo do "fio da navalha".[73]

Sai Baba, enquanto em seu corpo de Shirdi, afirmou que conduziria centenas de milhares de pessoas para o "caminho" e por ele os levaria à meta, diretamente até o fim — Deus. Neste trabalho, o Avatar ainda está energicamente empenhado.

Narasimha Swami e outros que já beberam profusamente da fonte de Sai confirmaram que a religião universalista do amor e da fraternidade, como ensinada por Sai Baba, se destina a abarcar o mundo. Certamente, está se espalhando pela Índia e começando a criar raízes no exterior. Sai Baba fez sua primeira viagem ao exterior em julho de 1968. Visitou Uganda, na África, onde já havia um núcleo de devotos. Sua visita se tornou um evento nacional. Grandes multidões se apinharam ao seu redor — não somente os poucos milhares de indianos de lá, mas também os muitos milhares de africanos; não apenas as massas dos "humildes", mas também os "importantes" ministros do governo, o inspetor-geral da Polícia, chefe do Corpo Administrativo do Estado-maior do Exército e outros chefões se juntaram para homenagear Baba. As

---

[73] "Fio da navalha", alusão dos *Upanishads* às dificuldades, provações e tremendos riscos da caminhada espiritual, que exigem do aspirante o máximo empenho e concentração ininterrupta sobre seu comportamento psicológico e ético. Equivale à expressão "porta e caminho estreito" usada por Jesus, o Cristo. (Lc 13:24) (*N. do T.*)

multidões dançavam de alegria ao verem Baba, e as filas de guardas da polícia se ajoelhavam à sua passagem entre eles.

Há pouca dúvida de que todos os continentes e todas as pessoas tenham a chance de ver Sai Baba nos próximos anos. E então nos defrontamos com algo jamais conhecido antes na história de todo o mundo. Um Homem-Deus, um operador de milagres vivos, será capaz, através do uso das comunicações modernas, de viajar o mundo e fazer sua mensagem conhecida por todas as pessoas ao longo de sua vida.

No passado, tal não poderia acontecer, e as notícias de tão surpreendentes fatos atingiam as massas da humanidade através de relatos verbais ou por informes escritos muito após os eventos terem ocorrido. Agora os céticos, os Tomés desconfiados, que não podem acreditar nem no maior nem no menor dos milagres, podem constatar por si mesmos a realidade. Se seu desejo é suficientemente forte, pode visitar Prasanti Nilayam para os testemunhar; de outra maneira pode esperar até que Sai Baba chegue mais perto da parte do globo onde estejam vivendo.

Os milagres de Cristo e Krishna devem ser tomados em confiança ou aceitos pela fé. Os de Sai Baba você mesmo pode testemunhar.

XIX

Alguns ensinamentos de Sai

A verdade se mantém por sua própria evidência;
não requer nenhuma testemunha para prová-la;
é resplandecente por si só.

Swami Vivekananda

LEITORES QUE AINDA NÃO TIVERAM A OPORTUNIDADE DE SE deliciar com as traduções dos discursos espirituais de Baba gostariam, sem dúvida, de ter alguma idéia dos ensinamentos verbais do homem dos milagres, dotado dos poderes de Deus. Não é uma fácil tarefa resumir, num capítulo, mesmo um extrato desses ensinamentos vitais e luminosos. Mas sou de certa forma ajudado pelo axioma "Não há nada de novo sob o sol", que se aplica também à filosofia e à instrução espirituais.

O Sermão de Cristo na Montanha, por exemplo, pareceu, indubitavelmente, bastante revolucionário a seus primeiros ouvintes e muitas pessoas desde então. Mas, de fato, todos os seus "novos" ensinamentos podem ser encontrados na Antigüidade, nas vetustas Escrituras Sagradas do Oriente. Parece, de fato, que todas as grandes verdades espirituais que o homem é capaz de entender no seu presente estágio de evolução foram ditados há muito tempo pelos antigos mestres da Índia. Desde então, o estoque básico de sabedoria tem, muitas vezes, sido revivido, reafirmado, revitalizado pelos grandes mestres do mundo que têm vindo. Cada um a apresenta com diferentes modos, diferentes ênfases, novas interpretações e ilustrações modernas, adaptadas ao momento em que eles ensinam. Mas um estudo da antiga sabedoria — nos *Vedas*, nos *Upanishads*, nos *Puranas*,[74] nos *Shastras* (escrituras indianas) mostram que todas as verdades fundamentais que possam ser afirmadas já foram estabelecidas numa ou noutra forma.

Isso não significa que o reaparecimento de novos mestres seja desnecessário ou não importante. Com o tempo, qualquer santuário construído para a verdade se torna seu sepulcro. Palavras esclarecedoras entre as capas dos manuscritos ou livros antigos são inevitavelmente esquecidas, confundidas ou torcidas por sacerdotes velhacos com o propósito de tapear incautos e ignorantes. A sabedoria antiga tem que ser mostrada, revestida e reenergizada a fim de se lhe atribuir novo interesse vívido, um significado. Isso somente pode ser feito por alguém que *realmente* conheça; não através de livros, mas de seu próprio ser. Suas

---

[74]*Vedas* são as escrituras reveladas atribuídas ao hinduísmo. A parte final dos *Vedas* traz a filosofia Vedanta e está tratada nos *Upanishads*. Os *Puranas* são escrituras que relatam inúmeras histórias de fundo moral e espiritual, visando tornar acessível às massas a filosofia Vedanta, considerada muito profunda e elevada para o homem comum. (*N. do R. T.*)

palavras não terão o caráter especulativo dos filósofos, mas a certeza do confiante conhecimento verdadeiro.

Cada grande mestre que fala dessa auto-efulgente verdade tem seu próprio enfoque e método individual de apresentação. Alguns dirigiram-se somente a poucos, durante suas existências, outros, a muitos. Aqueles como Cristo, que falam às multidões, têm de divulgar a sabedoria largamente, na forma de parábolas, para serem mais facilmente compreendidas pelas mentes rudes.

Sai Baba tem muitas semelhanças com Cristo, não somente nos milagres, mas também no estilo de apresentação. Em seus sermões, Baba usa uma abundância de parábolas, figuras de linguagem, analogia e doces ilustrações. Provavelmente por isso atrai as multidões; e também devido à sua autoridade, que ressoa através de suas palavras. Fala como quem *sabe*, e não receia repetir seus ensinamentos, enfatizá-los e reenfatizá-los várias vezes. Nisso demonstra o fato, como todos os outros mestres fizeram, de que não é suficiente ao homem ouvir e saber sobre as verdades; eles têm que vivê-las. O conhecimento e a ação devem se tornar um. Agora tentarei dar algumas pequenas idéias do que ele ensina.

O homem é essencialmente o *Atma* (que pode ser traduzido por Espírito). Não é o corpo, e nunca deve se identificar com o corpo por ser este simples vestimenta temporária. Mesmo os que concordam com esta verdade agem, na maioria das vezes, como se não fossem nada além do próprio corpo; por isso Sai Baba não cansa de martelar nesta verdade fundamental.

Ele diz, por exemplo: "Vocês são o *Atma* invencível, incólume aos altos e baixos da vida. A sombra que você projeta enquanto se desloca longe do caminho cai na sujeira e na poeira, na sarça e no mato, na pedra e na areia, mas você absolutamente não precisa se preocupar, pois caminha incólume. Assim também, como *Atma*, não há razão para se preocupar com o destino de sua sombra — o corpo."

Esse verdadeiro ser do homem é "algo mais sutil que a água, o ar ou éter; pois deve entrar no olho para que você possa ver; na mão para você poder segurar; nos pés para você andar. Os próprios sentidos são materiais inertes, o ser deve operar antes que eles possam funcionar".

O *Atma* em si não tem forma, mas cria as formas de que precisar. Criou os cinco envoltórios do homem. O mais grosseiro destes é o *annamayakosha* (revestimento do alimento). Mais sutil que este é o *pranamayakosha* (envoltório do alento vital). Estes dois são parte do corpo físico. Dois outros envoltórios formam o corpo sutil ou astral. São o *manomayakosha* (envoltório mental) e o *vijnanamayakosha* (envoltório do intelecto ou da mente mais elevada). O quinto é o *anandamayakosha* (envoltório da bem-aventurança), que serve como o mais evoluído corpo do homem, o corpo causal, conhecido em sânscrito como *karana sharira*. Todos esses compartimentos e componentes servem ao senhor do castelo, o *Jivatma* (espírito individual).

Mas o Senhor, plenamente preocupado com esses instrumentos de sua própria criação e as experiências que trazem, se esqueceu de sua verdadeira identidade. Não obstante, na profundidade de si mesmo há um eco tênue de uma lembrança. Algumas vezes ele o ouve. Assim, sempre que um chamado vem das regiões imortais, ele responde. Como Baba acrescenta: "O homem não é uma criatura desprezível, nascido do pecado e na lama, condenado a viver uma existência sofredora para sempre. O homem é imortal; é eterno. Desta maneira, quando o chamado vem da região da imortalidade, ele responde com todo o seu coração." Ele "busca libertação de sua escravidão ao trivial e temporário. Todos suplicam por isto no seu coração dos corações. E tudo se obtém de uma única maneira, ou seja, na contemplação do *Atma*, o mais elevado Ser, que é a base de toda essa aparência".

Mas liberação é uma batalha que se prolonga por um longo período de tempo. Não vem automaticamente com a morte, como se pode pensar. Após se alojar no corpo físico, o *Atma* ainda está imerso em outros veículos; ainda tem vínculos com a Terra, vínculos de memória e desejo que o trazem à reencarnação repetidamente.

Para alcançar a liberação e a felicidade eterna, o homem deve se livrar de todos os desejos e apegos terrenos. Em uma de suas comparações, Baba diz: "O homem é como o arroz. Após sua casca ter sido retirada, não crescerá mais. A casca do homem é seu corpo de desejos; se liquidado, ele não mais reencarnará."

Naturalmente, a vitória sobre os desejos e apegos terrenos é algo que requer longas práticas espirituais ou *sadhana*. A maior parte dos ensinamentos de Baba se destina a auxiliar as pessoas nessa luta, e usa muitas ilustrações singelas para ajudá-las a aprender e lembrar os princípios básicos envolvidos. Por exemplo, diz ele: "Muitos desejos do homem são como as pequenas moedas de metal que traz em seu bolso. Quanto mais as tem, mais pesados seus bolsos se tornam. Mas se puder trocá-las por uma nota de valor alto, não mais sentirá qualquer peso. Da mesma maneira, se puder converter seus muitos desejos em um só, isto é, na aspiração

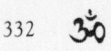

de união com Deus, então não haverá peso para empurrá-lo para baixo, para o nível da Terra."

Uma vez que o homem tenha freqüentado a longa escola da existência fenomênica — neste mundo e também em outros planos —, começa a entender que sua principal meta é romper o casulo que o tem mantido embaixo por tanto tempo. O casulo já teve seu uso, mas sua utilidade já terminou. Ele está pronto para partir em seu vôo a uma nova vida de liberdade, vida divina.

O fato é que todo homem é uma centelha da divindade; todo homem é potencialmente Deus — não Deus como freqüentemente o imaginamos, com forma, mas o Deus sem forma, o oceano divino do qual emana toda a existência. Baba afirma isto claramente: "Se você descobre o princípio *átmico*, se torna o próprio Deus. Cada um de vocês pode se tornar Deus ao mergulhar suas almas individuais no oceano do *Atma* universal."

A base do amor e fraternidade entre os homens é a verdade de que todos eles são parte desse princípio *átmico*, não importando a raça, a casta ou o credo. A analogia usada aqui algumas vezes por Baba é a da corrente elétrica iluminando globos de muitas cores, formas e tamanhos. A realidade por trás dos mesmos é a corrente fluindo — a mesma em todos. O *Atma* pode ser comparado ao fluxo da eletricidade. Os homens são expressões variadas dessa corrente única.

Deus é amoroso, mas tem forma. Ele é aquilo que está por trás de todas as formas, e ainda assim, cria, mantém e destrói tudo o que existe. Deus está realmente em cada forma, mas no homem mais do que em tudo, e em alguns homens mais intensa e completamente do que em outros. Uns poucos homens na história do mundo foram cem por cento Deus.

O fato é, entretanto, que Deus, que expressa algum aspecto e parte de Si mesmo como uma essência em cada forma, pode realmente manifestar-se como Deus em qualquer condição escolhida, seja humana, parcialmente humana ou outra. Também pode responder a qualquer nome. Baba explica-o assim: "O Senhor pode ser chamado por qualquer nome que seja mais doce à sua língua ou pintado na forma que apele a seu sentido de admiração e reverência. Pode ser chamado de Muruga, Ganapathi, Sarada, Jesus, Maitreyi, Sakti ou você pode chamá-lo de Alá ou Sem Forma ou Mestre de Todas as Formas. Não faz nenhuma diferença. Ele é o começo, o meio e o fim; a base, a substância e a fonte."

Mas nunca devemos pensar que o Deus onipresente está completamente contido em qualquer forma particular de nossa escolha, ou que responde exclusivamente ao nome tradicional ao qual condicionamos nossa adoração. Ele se manifesta por tais canais limitados e finitos se nosso culto for sincero, mas não se restringe a eles. Como o poeta sufi escreve: "Sua poeira está aqui, mas Ele no Infinito."

Num sentido, Deus está mais próximo de nós do que nossos próprios pés e mãos. Não temos que procurá-lo além das estrelas, "onde os gigantes sistemas anoitecem e nossa entorpecida percepção se sublima", pois o amoroso misericordioso Deus está sempre à mão. Ele é o âmago de nosso coração espiritual. Mas, particularmente, "e como o médico, é encontrado onde os pacientes se reúnem, e o cirurgião na sala de operação", afirma Sri Sai, "assim o Senhor está sempre com quem sofre e luta. Onde quer que as pessoas clamem por Deus, ali Deus está".

Como o objetivo último de todo homem — seu propósito verdadeiro, saiba-o ou não — é realizar Deus dentro de si mesmo, como deveria viver para alcançar isto?

Baba não ensina que a única maneira de alcançar a meta espiritual seja sair e viver em cavernas, em eremitérios na floresta ou em mosteiros fechados. É correto para a maioria de nós levar a vida normal do mundo, mas sem nos tornarmos escravos de suas seduções. Um barco, ele diz, foi feito para dentro da água, mas a água não deve entrar nele. Da mesma forma, nós devemos estar no mundo, mas o mundo não deve se apoderar de nós. Baba dá outro exemplo: "O homem deve agarrar Deus com a mão direita e o mundo com a esquerda. Gradualmente, a esquerda perderá a força. Não se preocupe com isso; tem que ser assim; é talvez por isso que ela seja chamada de 'esquerda'.[75] Mas a mão direita não deve perder sua preensibilidade. Sendo chamada de 'direita', é dever e seu direito que agarre o que é direito e o faça firmemente."

Como fazer? Devemos compreender que o grande drama vivido neste mundo do qual somos parte e temos um papel a desempenhar se trata apenas de um show temporário. Não devemos nos identificar com esse drama, nem nos apegarmos às suas vestes e "propriedades", que serão deixadas para trás. Em outras palavras, devemos aprender a distinguir entre o permanente e o transitório, entre a substância e a sombra.

---

[75]Baba faz aqui um jogo de palavras. Em inglês *left* tanto significa "esquerda" como é o passado do verbo *to leave* (partir, deixar). (*N. do T.*)

A sombra é a grande ilusão de que somos nossos corpos e que o mundo físico ao redor é a única e última realidade. A maneira de se corrigir esse erro é manter nossos pensamentos e aspirações em Deus, nossas faces voltadas para a luz divina. Baba transmite a seguinte analogia: "Ande na direção da luz e a sombra ficará para trás, mas se o fizer em direção contrária, terá que seguir sua própria sombra. A cada momento dê um passo em direção do Senhor e então a grande ilusão, a sombra, cairá para trás e não o enganará absolutamente."

Na verdade, tudo o que procuramos é a felicidade, mas, através da sombra ilusória de nossa ignorância, nós a buscamos em lugares errados. "Uma vez que você se volte para o caminho da felicidade mundana", diz Baba, "será levado, cada vez mais, para maior descontentamento, competição, orgulho e ciúme. Pare por um momento e examine sua própria existência. Você é mais feliz ao ficar mais rico? Encontrou mais paz quando seus desejos foram saciados? Você mesmo poderá testemunhar a verdade de que um padrão de vida mais elevado não é garantia de felicidade."

Quando buscamos felicidade através dos prazeres deste mundo, sempre encontramos tanto dor quanto prazer, tanto aflição quanto alegria. Os opostos, os gêmeos branco e preto, sempre estão próximos. Mas deixe-os vir; os prazeres e as dores, as alegrias e as tristezas são parte do jogo (*leela*) Divino. Além deles, e a despeito deles, alcançaremos grande paz e alegria permanente uma vez que voltemos nossas faces na direção da luz e compreendamos que somos parte da Divina substância, o *Atma*, e que nossa real existência transcende o show de sombras no palco espaço-temporal do mundo.

Mas há alguma orientação especial e treinamento yogue que possa ajudar os homens a destruir o apego às seduções terrenas e se voltarem para a luz maior? Baba fala sempre dos três caminhos básicos para a iluminação. Demonstra que todos devem ser usados: *karma* (ação), *jnana* (conhecimento) e *bhakti* (devoção). São as três trilhas na grande estrada que conduz a Deus.

Baba prossegue: "Baseie sua ação no conhecimento, o conhecimento de que tudo é um. Que a ação seja regada com *bhakti*,[76] isto é, humildade, amor, misericórdia e não-violência. Deixe que *bhakti* esteja cheio com o conhecimento, de outra forma será tão leve quanto um balão numa corrente de ar, ao sabor do vento. O conhecimento sozinho secará o coração; *bhakti* o amolece com simpatia, e *karma*[77] dá às mãos algo para fazer, algo que santificará cada minuto a nós dado para viver."

Uma vez escutei Baba discorrer sobre as três trilhas para a realização do Ser. Ele as chamou "os três Ws": *work* (trabalho), *worship* (adoração) e *wisdom* (sabedoria). *Work* (*karma*), quando só, disse ele, é um trem de passageiros moroso, com longas paradas e algumas mudanças, não conexões, antes de atingir o destino. Mas se você acrescentar *worship* (adoração) à ação, terá um "expresso", assim chegará ao destino mais rápido e facilmente. Ação (*work*) e adoração (*worship*) juntos, além do mais, desenvolvem sabedoria ou conhecimento do real. Com isto você estará então num "expresso" sem paradas, direto ao final da viagem que está fazendo. Assim adore (*worship*) enquanto trabalha (*work*), e se esforce, ao mesmo tempo, para obter o autoconhecimento, que ajudará a ação e a adoração a produzirem a verdadeira sabedoria (*wisdom*).

---

[76]*Bhahti* é devoção por Deus. (*N. do R. T.*)
[77]*Karma* significa ação. (*N. do R. T.*)

Referindo-se a livros espirituais, Baba diz que são somente como mapas ou manuais de instrução. "Examinar cuidadosamente um mapa, ou passar as páginas de um manual, não nos dará a verdadeira emoção de uma visita real, nem uma fração do conhecimento e alegria de uma viagem pela região que eles representam."

"De fato", ele comenta em outro lugar, "você nem precisa ler as Escrituras, a *Gita*[78] ou os *Upanishads*. Você ouvirá uma *Gita* (canção divina), especialmente feita para você, se apenas chamar o Senhor com todo o coração. Ele está lá, instalado como seu próprio boleeiro."

Dessa forma, as grandes escrituras do mundo são manuais (guias) levando-nos somente até onde as palavras escritas podem alcançar. O conhecimento real deve vir, no entanto, de nossa própria experiência interior. Nós mesmos devemos fazer uma jornada àquela terra que está dentro de nós. Mas é muito difícil, quase impossível, descobrir nosso próprio caminho por entre as florestas, avançar pelas selvas densas que circundam aquela Terra Divina. Assim, será muito melhor ter um guia que tenha estado lá, alguém cuja experiência pessoal o faça conhecer o caminho. Em outras palavras, o caminho mais seguro, mais rápido e mais fácil para a auto-realização é ter um guru espiritual – um *sadguru* – que já se encontre plenamente realizado. Se na vida cotidiana você tem um guia com experiência para o conduzir por entre as florestas estranhas, desertos ou caminhos intricados de uma cidade desconhecida, você não pára a fim de discutir ou debater com ele sobre

---

[78]*Gita* significa canção; também usado para se referir à *Bhagavad Gita*, escritura sagrada. (*N. do R. T.*)

a reta. Confia-se a ele e se submete a sua orientação, seus cuidados. Da mesma forma, em relação a seu *sadguru*, você deve se entregar completamente em suas mãos. Seu ego tolo, seu orgulho e vontade própria só podem o extraviar. Seu guia espiritual sabe como conduzi-lo para onde você quer ir, e, por isso, a primeira coisa que deve aprender é a difícil ciência da auto-entrega.

Naturalmente, você é muito ajudado nisso com o amor que inevitavelmente sente por seu *sadguru*, o qual, em seu coração, lhe deseja felicidade e ajuda seu progresso sem nenhum outro interesse a não ser amor inegoístico. Ensina-se na filosofia espiritual hindu que não há diferença entre um *sadguru* e Deus. "Quando Deus ama", escreveu São Bernardo de Clairvaux, "não quer nada a não ser amor, pois Ele ama com o único propósito de ser amado também, sabendo que aqueles que O amam são abençoados pelo próprio amor." Esse amor inegoístico do *sadguru* por seu discípulo e o correspondente e crescente amor do discípulo por seu *sadguru* é a essência do *bhakti marga*, o caminho da devoção.

Assim, enquanto as outras rotas não devem ser esquecidas, e devem ser utilizadas devidamente, *bhakti* é preeminentemente o *caminho mestre* para a grande viagem. Ou — para mudar a metáfora —, embora *bhakti* não seja o único ingrediente da fórmula alquímica para a transubstanciação dos elementos básicos do homem em ouro espiritual, é o mais importante dos ingredientes. Baba tem dito freqüentemente que, para esta era, o *bhakti marga* é o caminho mais fácil e seguro de se atingir a meta, e muitos outros grandes mestres a partir do próprio Senhor Krishna, têm dito exatamente a mesma coisa.

Baba usa muitas histórias e comparações para ressaltar o valor do *bhakti marga*. Eis uma:

Um *bhakta* (devoto) e um *jnani* (um seguidor de *jnana marga*)[79] estavam caminhando através de uma floresta e ficaram com muita sede. Chegaram perto de um profundo poço que continha água muito embaixo, mas os lados do poço estavam cobertos com sarça e mato. Não havia meio de se conseguir a água. O *jnani* superou a dificuldade gastando grande quantidade de sua energia física para assumir a forma de um pássaro. Então, voou entre o mato e a sarça, perdendo muitas de suas penas. Por seu lado, o *bhakta* implorou pela graça do Senhor e chamou seu nome com bastante fervor. O Senhor, ouvindo e respondendo, fez com que as águas subissem para que o *bhakta* pudesse saciar sua sede completamente.

Algumas vezes Baba assemelha Deus a um ímã, e diz: "Lembre-se que o ímã não pode atrair para si um pedacinho de ferro que esteja enferrujado ou coberto de poeira. Você também não pode ser atraído por Deus quando sua mente está carregada com ferrugem dos desejos materiais e a poeira dos apelos sensuais pesadamente sobre ela se assenta."

Há nos registros uma história de como um homem rico veio até Baba, quando ele ainda estava no seu corpo Shirdi, e pediu para lhe ser mostrado o caminho para a realização de Deus. Baba primeiramente submeteu o homem a várias provas, em seguida, fez-lhe uma dissertação sobre as qualificações necessárias antes que alguém possa esperar realizar Deus durante sua vida. Um grande número dos discípulos de Baba se encontrava lá, juntamente com o homem, ouvindo a pregação.

---

[79] *Jnana marga* é o caminho ou a senda do Conhecimento. Aqueles que seguem este método, não adoram imagens nem reverenciam a Deus, mas crêem que são o próprio Absoluto. (*N. do R. T.*)

Tenho ouvido, em várias ocasiões e lugares, que Sathya Sai Baba dá as mesmas instruções concernentes à autodisciplina, treinamento e austeridade necessários ao progresso no caminho de Sai, ou seja, o caminho devocional ensinado por ele. Assim, darei aqui a substância desse memorável discurso. Nele, Baba elaborou dez pontos:

(1) O aspirante deve perceber a absoluta insignificância e a trivialidade das coisas deste mundo e dos próximos. Ele deve sentir de fato um desgosto pelas honras, honorários e outros frutos que sua ação lhe trará neste mundo e nos que se seguem, pois seu objetivo é mais elevado do que isso.[80]

(2) O aspirante deve entender bem que ele está cativo aos mundos inferiores, e deve ter intensa aspiração de se libertar. Deve trabalhar com firmeza e resolução para alcançar o fim, e não se preocupar com mais nada.

(3) Nossos sentidos foram criados com tendência para o exterior, e por isso o homem olha para fora de si. Mas aquele que almeja a auto-realização e a vida imortal deve voltar seu olhar para dentro de si e contemplar seu ser interior.[81]

(4) A não ser que um homem tenha dado as costas à maldade e conseqüentemente tenha tranqüilizado sua mente, não con-

---

[80]"Quem ama sua alma, a perde; e quem *des-ama* sua alma neste mundo, a conservará para a Vida Imanente" (Jo 12:25) — foi o que afirmou o *Sadguru* Jesus. (*N. do T.*)

[81]"Meu reino não é deste mundo (...) meu reino não é daqui" (Jo 18:36) — deste mundo, deste "aqui", que os sentidos externos conseguem preceber — declarou o Cristo. E Ele mesmo esclarece que "(...) o Reino de Deus está dentro de vós." (Lc 17:21) (*N. do T.*)

seguirá a auto-realização — não importa a erudição que tenha acumulado.[82]

(5) O candidato à vida espiritual deve levar uma vida de veracidade, penitência, discernimento e reta conduta.[83]

(6) Duas classes de coisas constantemente são apresentadas ao homem para a sua opção — o bem e o agradável. Um candidato a discípulo tem que refletir e escolher entre os dois. A pessoa sábia escolherá o bem; o tolo, movido pela sensualidade e pelo apego, opta pelo agradável.[84]

(7) O aspirante deve controlar sua mente e seus sentidos. Se sua mente é irrefreável e seus sentidos incontroláveis, como sel-

---

[82]João, o Batista, o precursor, "apareceu (...) pregando o mergulho (batismo) da reforma mental (metanóia) para a rejeição dos erros" (Mc 1:14). Só depois disso pode-se cumprir o sapientíssimo preceito de David: "Aquietai-vos, e *sabei* (...) EU SOU DEUS" (Sl 46:10). Sem o arrependimento ou metanóia ("dar as costas à maldade"), impossível é levar a mente ao repouso da tranqüilidade, da divina quietude... E sem isto (reforma psicoética) jamais se alcança a transcendente META. (*N. do T.*)

[83]O Sermão da Montanha é perfeita norma. (*N. do T.*)

[84]"Entrai pela porta estreita, porque larga é a porta e espaçosa a estrada que conduz à perdição, e são muitos os que por ela entram, mas estreita é a porta e apertada a estrada que conduz à VIDA, e poucos são os que a encontram." (Mt 7:13 e 14) — alertou o Avatar da Palestina. "Uma coisa é o *bem* (*shreya*) e outra deveras muito diferente é o prazer (*preya*) (...) ambos atam a alma (*purusha*). O Bem sucede àquele que segue o bem, mas se transvia da meta aquele que opta pelo prazer. Tanto o *bem* como o *prazer* chegam ao homem. O sábio discrimina, tendo-os examinado bem. O sábio opta pelo bem e despreza o prazer, mas os tolos escolhem o prazer através da avareza e do apego" (*Kathopanishad* II, 1 e 2). Ambas as citações, a primeira do cristianismo e a segunda do hinduísmo (*Sanatana Dharma*), são muito veementes no esclarecimento a todos que estão para decidir se aceitam ou não as propostas dos "falsos profetas", que estão convidando para a "consciência cósmica" através do erotismo pervertido. (*N. do T.*)

vagens e viciados cavalos puxando um coche, ele não pode chegar ao seu destino.[85] Mas quando o intelecto e a vontade iluminada exercem o controle, como as mãos de um bom cocheiro manipulando as rédeas (a mente) habilmente guiam os cavalos (os sentidos), firmemente, ao longo da estrada certa, então o verdadeiro ser, dono do coche, alcança o fim da sua jornada — a morada suprema do Deus onipenetrante. Algumas vezes usando outra analogia, Baba compara a mente com um cabo elétrico. "Não estabeleça contato com a mente; isto é tão ruim quanto contatar um cabo elétrico! Olhe-o de longe, só então se pode conseguir a bem-aventurança." Quer dizer, se alguém se deixa identificar e envolver de maneira profunda com sua mente, torna-se incapaz para ver o real, que a transcende.

(8) Ao mesmo tempo que controlar sua mente, o homem deve purificá-la. Para o conseguir, ele deve cumprir, satisfatoriamente e de modo desapegado, os deveres correspondentes à sua posição na vida (seu *dharma*). Deve libertar-se da grande ilusão: "Eu sou o corpo" ou "Eu sou a mente". Isso o ajudará a perder o egoísmo, livrar-se da avareza e purificar a mente, libertando-a dos desejos menos elevados.

---

[85]Como se pode ver, em contraposição aos "falsos gurus" da permissividade, e concordando com Krishna, Buda e Cristo, Baba enaltece o autocontrole, o domínio sobre os instintos (eróticos e agressivos) como condições indispensáveis à conquista ou realização da Meta Suprema. Baba convida para avançar em sentido exatamente contrário às propostas sedutoras e desonestas dos grandes embusteiros, que, como anti-Krishnas, anti-Budas, anti-Cristos, anti-Verdade, anti-Amor, apontam a exacerbação da lascívia, da violência, do erotismo patológico, indiscriminado, irresponsável e selvagem (*preya*) como o caminho a seguir, a "religião", a "ascese" etc. Os "gurus" da "porta larga" mergulham na treva da esquizofrenia, no inferno da degradação de seus imaturos discípulos, enquanto lhes prometem a felicidade, a liberdade, a luz etc. (*N. do T.*)

(9) O aspirante deve ter um guru. O conhecimento do próprio ego é tão sutil que ninguém, por si só, jamais poderia esperar atingi-lo. A ajuda de um grande mestre, já tendo conseguido a auto-realização, é absolutamente necessária. Não há dificuldade em se encontrar um guru; tão logo o discípulo tenha feito tudo que pode por meio da auto-indagação e autotreinamento, o guru virá, em pessoa ou forma invisível. Baba costuma dizer: "Se necessário, Deus mesmo descerá e será seu guru."[86]

(10) Último mas não menos ponderável — o mais importante de todos em realidade — é a graça do Senhor. Quando o discípulo continua tentando e falhando e insiste em tentar, e quando

---

[86]Este é um dos pontos mais importantes na caminhada espiritual, dado o risco, nesta Kali Yoga, de aspirantes bem intencionados, mas imprudentes pelo grau de ansiedade com que buscam, virem a ser espoliados em sua credulidade, por "falsos gurus", tão convincentes, tão abundantes e tão poderosos. É indispensável aguçar *viveka* (discernimento, discriminação, capacidade de julgar). Milhões de pessoas hoje estão se entregando à cantilena sedutora e convincente de espertalhões milionários, que são verdadeiras "pedras de tropeço". É indispensável usar um sensível e preciso "desconfiômetro", para evitar comprometimentos vitais e lesivos. Sugiro, para isso, que seja estudado e meditado o alerta feito, com tanto amor e sabedoria, por Cristo. Veja-se Mt 7:15 a 20; Mt 24:4, 5, 24; Mc 13:22, para facilitar a identificação do "guru" inidôneo. As *condições* que Jesus definiu para qualificação de seus discípulos (Lc 14:27, 33, 34; Jo 12:25, 26; Jo 13:34, 35) podem nos ajudar a identificar alguém que mereça nossa confiança e devotamento. É difícil, mas se encontrarmos alguém que, mediante insofismáveis *frutos*, demonstre que vive, em Espírito e Verdade, o Sermão da Montanha (todo o Capítulo 5 de Mateus), podemos tomá-lo como nosso guru. Em seu livro *Sadhana, The Inward Path* (Sri Sathya Sai Baba Education and Publication Foundation; Brindavan, Bangalore), no Capítulo 7, estuda a figura do guru, e infelizmente não podemos transcrever toda matéria, com as advertências ali contidas. "Queremos guias que estejam livres de vaidade e orgulho, rancor e sensualidade, guias que já tenham realizado toda a viagem." Alguém que tenha o mínimo de egoísmo, posses, poses, arrogância, fraquezas, sensualidade, orgulho, desejos, paixões, rancores, vaidades, megalomania, narcisismo etc. não pode ser guru. (*N. do T.*)

tudo também parece já sem esperança, então vem a Graça Divina; a luz brilha, a alegria flui através dele; e o milagre acontece. Assim, sobe mais um degrau na escalada espiritual.

Terminada a dissertação, Baba disse ao homem rico: "Bem, senhor, no seu bolso se acha Deus na forma de 250 rupias; por favor, remova-as." O homem retirou as notas do bolso, e ao contar o dinheiro, constatou, com surpresa, que tinha 25 notas de dez rupias cada. Até então ele não sabia exatamente quanto tinha no bolso e assim, percebendo a onisciência de Baba, se ajoelhou a seus pés pedindo bênçãos.

Baba disse: "Enrole essa trouxa de Deus. A não ser que se livre completamente da avareza, você jamais chegará ao Deus real. O amor pelo dinheiro é um profundo redemoinho de sofrimentos, cheio de crocodilos na forma de vaidade e ciúme. Avareza e Deus são pólos separados, estão eternamente em oposição... Para um avarento não haverá paz, contentamento, nem estabilidade. Se houver um mínimo traço de avareza na mente, todos os esforços espirituais de nada valem. Os ensinamentos de um guru não servem para um homem cheio de egoísmo, sempre a pensar em coisas materiais.[87] A purificação da mente é absolutamente necessária,

---

[87]Se isto é válido em relação àquele que procura um guru, logicamente, muito mais ainda o é para aquele que se arroga ao *status* de guru. Dessa forma, podemos concluir que são "gurus" espúrios todos aqueles que possuem castelos, iates, "jatinhos" particulares, automóveis de luxo, finalmente, que possuem domínio (ilusório, sem dúvida) sobre multinacionais do embuste espiritual. "As raposas têm covis, e as aves do céu têm ninhos, mas o Filho do Homem não tem onde reclinar a cabeça." (Mt 8:20) – é como Cristo caracteriza o verdadeiro desprendimento (*Vairagya*) de um Mestre autêntico. Caracterizando o quanto as posses (mal utilizadas) dificultam a realização de Deus, Cristo acentuou: "E outra vez vos digo que é mais fácil passar um camelo pelo fundo duma agulha do que entrar um rico no Reino de Deus." (Mt 19:24) (*N. do T.*)

sem ela todos os esforços espirituais são nada, a não ser exibição e pompa sem valor. É, portanto, preferível que se receba somente o que se pode digerir e assimilar. Meu tesouro está cheio, e passo a qualquer um aquilo de que necessitar, mas primeiro tenho que ver quem está qualificado para receber o que dou. Se você me ouvir cuidadosamente, certamente será beneficiado..."

Baba sabia que o homem para quem dirigia suas palavras era mesquinho e avarento. Suas provas preliminares haviam demostrado isto. Ser rico não é, em si, um crime. Nossa atitude em face da riqueza é que importa. Se somos "pobres em espírito", isto é, desprendidos de todas as coisas, compreendendo que Deus as confiou a quem as possui e para serem usadas adequadamente, então não importa o quão muito ou pouco possuímos.

Esse homem rico, ao contrário daquele que se aproximou de Cristo e pediu a salvação, aparentemente não partiu pesaroso. O cronista afirma que, ao contrário, depois de obter as bênçãos de Baba, o homem deixou o local feliz e contente. Ele, como os demais presentes, tinha desfrutado uma festa espiritual oferecida por Baba, e talvez tenha sentido alguma esperança de que a visão assim obtida eventualmente o capacitasse a reduzir o tamanho do "camelo" de seus apegos, tanto que pudesse passar pelo buraco da "agulha espiritual".

Se procurarmos alcançar a auto-realização via *bhakti marga* ou por outros caminhos, é necessário purificar o coração de ambição, desejo, ódio, falsidade e outros vícios. Um dos grandes purificadores, para o que pode praticá-lo, é a introspecção, o exercício da auto-elevação conhecida como *dhyana* ou meditação. Conforme ensinado por Baba, a meditação pode ser sobre Deus com forma ou sobre Deus sem forma — ou sobre um conducente ao outro.

Há muito o Senhor Krishna ensinou o mesmo método (como registrado em *Srimad Bhagavata*.[88]) Falando não como guerreiro, mas como o Deus supremo, Krishna disse: "Desviando da sensualidade sua mente e a fixando na minha forma, o devoto deve agora focalizá-la sobre somente uma parte dela, preferivelmente o rosto sorridente, excluindo todas as outras partes. Depois, deixando mesmo esta, deve sobre meu oni-abarcante Ser, que é livre como o céu. *Deixando isto também, e se tornando um comigo, deve cessar de pensar em qualquer coisa.* Ele me verá, o interno dirigente, nele mesmo, e ele mesmo em mim, como a luz que se uniu com o fogo. Todas as dúvidas relacionadas ao assunto, concernentes ao conhecimento e à ação, terminarão."

Em sua encarnação passada, Sai Baba lutou, com valentia, para pacificar o desentendimento e o conflito perigoso que separa hindus de muçulmanos; nesta vida continua se esforçando constantemente para mostrar a unidade básica entre todas as religiões. Entre seus devotos discípulos há homens de todas as fés. Ele mostra sua aprovação por materializar objetos condizentes a cada um, inclusive cruzes e imagens de Cristo para os cristãos. "Esta é a grandeza do *Sanatana Dharma*, a eterna lei espiritual (...) esta insistência sobre a unidade por trás da multiplicidade. O *Atma*, que ela (a lei) declara ser a verdade básica, não contradiz a doutrina de qualquer crença. Deus não é limitado por espaço e tempo. Não pode ser definido por formas ou nomes."

Falando dos males de nossos dias, Baba diz: "As nações estão se armando selvagemente e alimentando o ódio (...) O homem se reduziu ao estado da besta selvagem (...) A centelha que cresce na mente individual tem espalhado, pelo mundo, conflagração de

---

[88]Escritura sagrada que conta a vida de Krishna. (*N. do R. T.*)

ódio e ambição. Isto tem que ser desativado seja no indivíduo, na família, na vila, na cidade, na nação; de fato, em qualquer lugar que surja. O homem está sofrendo porque não está ciente do tesouro que há dentro de si. Como um paciente ignorando os milhões escondidos sob o solo de seu barraco, ele sofre miséria calamitosa." Há quatro "bombeiros" capazes de terminar com a conflagração mundial: *sathya, dharma, santi, prema.*

Sathya é a verdade; é aquela lucidez intelectual que nos habilita ver, além de todas as falsidades, ilusões e imposturas, diretamente o coração das coisas. Através de *sathya* conhecemos a verdade de nosso próprio ser, de Deus e do Universo.

Dharma é a lei espiritual do viver. É o poder executivo de cumprir *sathya*, a verdade básica, nas circunstâncias em que nos encontrarmos. Algumas vezes *dharma* exige agirmos da mesma maneira, outras, de maneira oposta, mas, em cada caso, estará em acordo com a imortal e inalterável lei do espírito. Através de *dharma* vivemos a verdade; *dharma* é *sathya* em ação.

Santi é a grande paz que chega ao homem através de *sathya* e *dharma*, através do conhecimento e do vivenciar a verdade. É aquela "paz que ultrapassa a compreensão, morando no coração daqueles que vivem no eterno."[89]

Prema é o amor divino, conhecido em todas as religiões como a expressão mais elevada de Deus na Terra. Cristo disse que Deus é amor e que devemos amar nosso próximo como a nós mesmos. O *Sanatana Dharma* nos dá a razão para isto: que através de nosso ser real, o *Atma*, somos, na realidade, um com o outro, com todos os homens, e com Deus.

---

[89]"Paz que transcende todo o entendimento humano..." (Fp 4:7) (*N. do T.*)

Definindo esse *prema*, que flui constantemente de Deus, e que todos os homens são capazes de sentir um pelo outro, Sai Baba ensina: "Ele (*prema*, amor) é mantido tanto nos bons como nos maus momentos. Não é como sal e pimenta que temperam os vossos pratos; é o verdadeiro pão com manteiga, a própria substância essencial. É uma atitude imutável. É uma inclinação desejável da mente, mantendo-se firme na alegria ou na tristeza."

E uma das muitas histórias que Baba conta sobre o assunto é sobre o amor de Radha. Um dia Yasoda, a mãe adotiva de Krishna, procurava pelo garoto que havia sumido. Procurou em vão em quase todos os lugares, e então foi até a casa de Radha, mas lá também o menino não estava. Radha fechou os olhos e meditou sobre Krishna por algum tempo, e quando chamou seu nome, ele apareceu. Yasoda chorou de alegria por ter encontrado seu adorado que havia desaparecido, mas depois de pensar sobre o incidente disse a Radha: "Amo Krishna com o amor de mãe, com amor egoísta e possessivo. Seu *prema* é puro; não tem egoísmo a incitá-lo."

O *prema* puro tem o poder de fazer com que Deus se manifeste diante de nossos olhos. Sai Baba é em si uma personificação do *prema* puro, como Cristo também o era. Se através de seu exemplo, influência e poder bastante desse amor puder ser semeado nos corações dos homens, o mundo mudará.

Finalmente, deve ser dito que os mais importantes ensinamentos e a educação mais relevante ministrados por Baba são dados individualmente mediante palavras, insinuações, orientações para o agir, exemplos e influência silenciosa (talvez a mais importante de todas). Tal orientação espiritual difere para cada discípulo, dependendo de seu temperamento, nível de progresso e necessidades no momento. Como é pessoal e secreta, não pode ser resumida e exposta por nenhum observador. Somente posso dizer que a alguns ele dá mantras, a outros, orientação especial para a meditação, a outros, práticas yogues e austeridades. Há alguns, no entanto, que não recebem nada disso, apenas tipos diferentes de ajuda. Determinados seguidores parecem no tempo certo receber mais liberdade, enquanto que outros têm suas velas presas ao vento. A grande maioria é ensinada com parábolas e analogias; a alguns poucos, com mais compreensão, são dados os significados mais profundos.

O tema central de todo seu treinamento é que devemos buscar Deus através de auto-entrega e devoção. A alma que se rendeu completamente, minimizando o ego inferior, está apta a absorver e ganhar o benefício total do silente magistério que o *sadguru* irradia.

Ao mesmo tempo, Baba diz freqüentemente: "Está tudo dentro de você. Tente ouvir seu interior e seguir as orientações recebidas." Para mostrar a importância dessa voz interior, ele conta a história do Senhor Krishna e Arjuna enquanto passeavam. Ao ver um pássaro no céu, Krishna disse:

— Veja, uma pombinha!

— Sim, uma pombinha — respondeu Arjuna.

— Não, acho que é um pombo.

— Você tem razão; é um pombo.

— Bem, agora posso ver que se parece mais com um corvo.

— Sem dúvida, é um corvo.

Krishna riu e censurou Arjuna por concordar com todas as suas sugestões. Foi quando Arjuna disse:

— Para mim, suas palavras são mais ponderáveis do que a evidência de meus próprios olhos. O que quer que diga que é, é.

Aqui Krishna representa a voz divina dentro de nós. Nossos sentidos físicos podem nos dar uma informação errada, mas nossa voz interior, nunca. O propósito do nosso *sadguru* exterior é nos ajudar a ouvir claramente a voz do nosso guru interior, com certeza, em todos os momentos, para que este se torne nosso guia infalível.

XX

Avatar

QUANDO DESCOBRI, EM MINHA PRIMEIRA VISITA A PRASANTI Nilayam, que muitos dos devotos de Baba o mencionavam como um Avatar, comecei a perguntar e ler tudo o que encontrava sobre essa doutrina indiana das encarnações divinas. De fato, não se trata de uma doutrina exclusivamente indiana. O cristianismo ensina que Jesus, o carpinteiro de Nazaré, era uma encarnação da Divina Trindade, mas afirma ter sido ele a única encarnação divina, um evento único ao longo da história do homem sobre a Terra.

O hinduísmo, ou *Sanatana Dharma*, e o budismo mahayana, por outro lado, ensinam a doutrina mais razoável que muitas encarnações de Deus já ocorreram na face da Terra. Em sua forma mais elementar e simples, essa doutrina hindu explica que Vishnu — aquele membro da Divina Trindade encarregado da manutenção e evolução do Universo — toma forma humana. Narayana, um outro nome para Vishnu, em natureza onipenetrante, é considerado a semente ou origem de todos os Avatares.

Srimad Bhagavata afirma a verdade do princípio do Avatar numa linguagem alegórica em seu primeiro livro. "O Purusha (quer dizer, a Primeira Pessoa ou Deus), conhecido pelo nome de Narayana, é percebido pelos yoguis como possuindo milhares de cabeças, olhos, braços, pés etc. e é a semente de todos os Avatares."

Ainda sobre o mesmo assunto, afirma: "Como os rios inumeráveis nascem no oceano que jamais seca, da mesma forma são incontáveis as *descidas* do Senhor; algumas (dessas *descidas*) são os maiores como Rama, Krishna etc., mas muitos são raios (*amsas*) menores emanados da suprema fonte."

Assim, de acordo com esse ensinamento, há diferentes graus de Avatarização (*descida*). Muitos dos grandes mestres espirituais indianos, acredita-se, têm corporificado raios da divina radiância e têm sido Avatares parciais ou menores. Os poucos, os mestres dos mestres, aqueles que têm promovido grande avanço na evolução espiritual do homem, são chamados Avatares maiores.

Mas como compreenderemos essa questão em seu sentido metafísico mais profundo? De acordo com a Religião da Verdade, isto é, a Sabedoria que fundamenta todas as grandes religiões, todo ser humano é uma descida do divino à matéria. Mas, ao mesmo tempo, sendo uma descida de Deus, o homem também representa uma ascensão a partir de formas inferiores de vida. Por causa do divino espírito imortal que se instalou nele, o homem tem lutado para prosseguir na sua evolução espiritual, e continuará a ascender até que plenamente compreenda e se reconheça ser de origem divina; ou, explicando melhor, até que esteja incorporado a Deus e *se reconheça* mergulhado em Deus. O fim de sua longa viagem pelas vidas nos mundos fenomenais da matéria será o começo de tudo, como afirma T. S. Eliot, mas para conhecer o lugar onde está, e quem é, pela primeira vez. Mudando a metáfora, a semente divina se tornou uma planta adulta.

Assim, o homem é, no momento, um ponto de encontro entre o animal e o divino. Enquanto sobe da lama e do lodo, a luz mais alta desce a ele, inspirando e ajudando sua escalada. Todos os homens, ao mesmo tempo, são filhos da Terra e filhos de Deus, como Cristo disse. Mas quando um indivíduo já alcançou o fim da jornada e limpou toda a poeira da terra nos "frios reinos do orvalho celestial", o que acontece? Não haverá mais desejos para trazê-lo de volta à Terra, nenhum karma, nenhum "negócio não terminado" para fazê-lo retornar. Se retorna, se reencarna, é porque tem grande amor pela humanidade e desejo de ajudar seus companheiros na titânica batalha. Grande compaixão pode ser o único motivo para a descida de quem já alcançou a iluminação, liberdade e divindade.

Devemos ter em mente que alguém que tenha vivido como homem e finalmente realizou-se como Deus, funde-se com o solo divino de todo ser, a Divindade. Ele se torna, em termos mitológicos, parte das miríades de olhos, pés e mãos de Narayana. Se ele encarna como um ser humano outra vez na Terra, certamente é Deus encarnado, pois a alma liberta e Deus são uma só coisa.

O metafísico pode tentar engendrar uma distinção entre o homem divino e o divino no homem, a "descida" e a "ascensão".
Mas quando um devoto altamente intelectualizado perguntou-
lhe sobre isto, Baba respondeu-lhe que não há diferença, que
você pode chamá-lo "descida" ou "ascensão", pois ambos estão
incluídos e são verdadeiros. O fato é que nossas mentes finitas
não podem alcançar essa profunda questão obscura. Tudo que
podemos entender é que um Avatar superior, embora homem na
aparência, humano no corpo, é totalmente Deus dentro de si
mesmo.

Quais são os sinais e avisos por meio dos quais poderemos
conhecer um Avatar superior? Os mais óbvios são, naturalmente, os *siddhis*, poderes sobrenormais. Sendo completamente
uno com Deus, terá comando sobre todos os poderes sem o
uso de *mantra*, *tantra*[90] ou *yantra*.[91] Terá, por exemplo, o poder
de criar qualquer coisa no local engendrando-a do *akasha*, isto
é, do aparente nada, de parte alguma. O mesmo poder o habilita a aumentar ou diminuir quantidades e tamanhos, conforme
necessário, bem como fazer sumir objetos ou mudar-lhes a natureza.

Pontos importantes a se notar são que com um Avatar, em
oposição ao mágico, os *siddhis* (poderes) não desaparecem ou

---

[90]*Tantra* — Baba alude ao *tantra* como um meio, um instrumento ritual para
comunicação como estímulo ao mundo invisível (energia *bhakti*). O tantrismo
é uma ciência ritual esotérica, que mediante certas cerimônias e atos conside-
rados sagrados, juntamente com *mantras* (sons) e *yantras* (formas geométricas),
consegue efeitos mágicos para alcançar contato com o transcendente. Infelizmente, entre os sexomaníacos, *tantra* é sinônimo de ato sexual. (*N. do T.*)
[91]*Yantra* — diagramas mandálicos que fazem parte da linguagem tântrica de
comunicação com o invisível. (*N. do T.*)

diminuem não importa quanto sejam usados, e jamais são usados em benefício próprio — sempre para trazer ajuda e bênçãos aos outros, ou para glorificar Deus.

Um outro sinal de Avatar superior é o poder de conceder graça divina. Sai Baba diz que tal graça é realmente uma recompensa pelas boas coisas feitas no passado, talvez numa vida passada. É como economias pessoais depositadas no banco cármico, e de repente são libertadas pelo poder do Avatar. Não nos lembramos dos bons feitos, suas causas, dessa forma o "ganho" é considerado um presente do céu.

Mas, diz Baba, há também a graça especial. Esta não tem nada a ver com as ações passadas. Não há fundos no "banco cármico" para sacar, mas você precisa desesperadamente deles. Um homem rico com compreensão e compaixão pode ser seu fiador, e o banco lhe adiantará o dinheiro. A graça especial pode vir como resultado do arrependimento e entrega a Deus, e é, assim, similar à redenção.

A graça especial pode alterar o destino de uma pessoa, e da mesma forma seu oposto — o poder de cumprir sentenças. Segundo as leis do karma, ou compensação moral, todos os homens sofrerão mais cedo ou mais tarde seus erros e malfeitos. Mas se os crimes são muito grandes, o Avatar pode acelerar e concentrar os efeitos cármicos através de uma sentença. Desta forma Krishna deu a sentença de prolongado perambular, com sofrimento físico e espiritual, a Ashvatthama, o matador de crianças e de pessoas que dormiam.

Se o Avatar mostrar zanga, será uma zanga correta, para superar o mal e promover o bem-estar humano. Por trás dela estará o fermento dulcificante do amor. A personalidade superficial pode algumas vezes mostrar emoções humanas, mas por trás delas está a constante felicidade de alguém que vive o eterno. Das alturas eternas, além da ilusão (*maya*), onde seu centro sempre está com plena consciência, o Avatar vê o passado, presente e futuro. Sem limitações de tempo e espaço, ele, o Avatar, percebe as causas e efeitos muito além da visão e julgamentos humanos. Portanto, suas palavras e ações são muitas vezes difíceis de serem entendidas. Podem parecer enigmáticas, algumas vezes mesmo não razoáveis para os seres humanos que somente podem ver uma pequena parte da grande tapeçaria da vida. Por isso dizemos que o Avatar é inescrutável.

Estes são alguns dos sinais externos por meio dos quais os homens com percepção podem reconhecer Deus em sua forma humana. O Avatar menor, possuindo um pouco de tais características, aparece bem freqüentemente, em particular na Índia. Muitos viveram e ensinaram nos últimos 100 anos. Os grandes Avatares, ao contrário, são muito raros; vários séculos passam entre seus adventos. Eles só surgem quando as condições na Terra alcançam um estágio crítico, quando há grave perigo de as forças malignas, demoníacas e retrógradas vencerem as forças benéficas, dévicas (angelicais) e evolutivas. Eles vêm como um remédio drástico para destruir as toxinas más da humanidade, e dar um arranco na evolução da consciência do homem. O Senhor Krishna, falando como Deus num dos versos da *Bhagavad Gita*, diz: "Sempre que a virtude decai e a perversidade prevalece, Eu me manifesto. Para estabelecer a virtude, para destruir o mal, para salvar o bem, Eu venho de idade a idade."

Não há dúvida de que estamos vivendo hoje uma era de grande crise. "O mundo é o corpo de Deus", diz Baba. "Há um câncer no corpo, e precisa ser removido." O câncer pode ser tratado ou deve ser extirpado por meio de uma cirurgia drástica?

Esta é a questão. Em outras palavras, deve haver uma guerra catastrófica, um Armagedom, antes que a humanidade (o que dela restar) aprenda a viver em fraternidade e paz? Ou uma terapia mais gentil será eficaz?

Há muito tempo, o Senhor Krishna, Avatar celestial e Rei terreno, lutou em primeiro lugar pela paz. Mas, por fim, concluiu que a cirurgia da guerra era necessária para remover o câncer daqueles dias — uma poderosa casta militar que se tornou arrogante e má, e esquecera seu *dharma*.

Também há muitos séculos antes dele o Avatar Rama foi forçado a enfrentar o mesmo problema, da mesma maneira. Teve que lutar para destruir os *rakshasas*, os demônios em forma humana, que então dominavam a Terra, e obstruíram o plano divino da evolução humana.

E hoje em dia, com a raça humana à beira do precipício da hecatombe nuclear, com a ignorância e a gula manobrando as rédeas? Será que os poderes da luz assumirão a tempo a direção? Baba usa uma metáfora diferente: "As formigas brancas estão na árvore novamente. Em tempos passados, a árvore havia de ser cortada. Agora tentamos poupá-la." Talvez assim haja esperança.

"Mas por que um Avatar seria necessário?" — o homem com mente religiosa pode perguntar. "Se a intervenção direta de Deus se faz necessária, por que Ele não pode atuar de onde está? Por que deve encarnar?" Sai Baba disse uma vez: "Um homem desejando salvar alguém que se afoga deve atirar-se no mesmo lugar onde o afogado se debate; o Senhor deve vir aqui na forma humana para ser compreendido pelos homens."

Ao tomar forma humana, devemos notar, o Divino também passa a ter certos padrões e limitações humanos. Tem um corpo físico para o qual, como *Swami* diz, ele "deve pagar imposto". Se estudarmos as vidas de Avatares conhecidos, como Cristo e Rama, encontraremos evidências de certos atributos emocionais mais humanos que divinos — sofrimento, ânsia, parcialidade com certas pessoas, por exemplo.[92]

Podemos nos surpreender com essas características humanas na personalidade do Deus encarnado, mas de fato elas o trazem para mais perto de nós. Devido a elas estamos aptos a compreendê-Lo um pouco, e assim chegar às qualidades divinas além do humano. Portanto, é se tornando um ser humano com suas imperfeições que um Avatar consegue promover o bem-estar humano.

Com relação à sua missão no mundo, Baba tem dito muitas coisas. Eis aqui apenas duas delas:

Eu vim a fim de reparar a antiga estrada que conduz o homem a Deus. Tornem-se sinceros, hábeis engenheiros, vigilantes, trabalhadores, e se juntem a mim. *Vedas, Upanishads* e *Sastras* são o caminho a que me refiro. Vim para revelá-los e revivê-los.[93]"

Vim para semear as sementes da fé na religião e em Deus. Você já ouviu dizer que me tornei Sai Baba quando fui mordido por um escorpião. Bem, eu desafio qualquer um de vocês a se deixar picar pelo "escorpião" e se transformar em um Sai Baba também. Não. O escorpião não teve nada a ver com isso. De fato,

---

[92]Cristo e Rama lutaram contra *princípios* e *idéias* em sua generalidade e abstração — ignorância, egoísmo, o mal. Não lutaram contra "certas pessoas". Rama não combateu Râvana, mas o mal que ele representava. Cristo não guerreou contra os fariseus, mas a hipocrisia religiosa que eles encarnavam. (N. do T.)
[93]"Não cuideis que vim revogar a lei (*dharma*, em sânscrito; *torah*, em hebraico) (...) mas cumprir." (Mt 5:17) (N. do T.)

não havia nem mesmo escorpião. Eu vim em resposta às orações dos sábios, santos e buscadores da restauração do *dharma*.

Praticamente todos os devotos mais chegados de Baba, especialmente aqueles que o conhecem por muitos anos, o consideram um Avatar superior. Suas experiências pessoais, seus sentimentos e intuições mais profundos os convenceram disto.

Algumas pessoas, como o Dr. K. M. Munshi, sentem a divindade de Baba no primeiro contato. Escrevendo em seu jornal, logo após sua entrevista inicial com Baba, o Dr. Munshi disse: "O teste verdadeiro de um ser possuído por Deus é se ele tem a capacidade de plantar a semente da fé no homem — uma semente que, quando brota, os liberta da ambição, ódio e medo. Esta qualidade Baba tem em abundância."

Pessoas do ocidente, bem como da Índia, vêem Baba como uma Divina Encarnação. Após sua primeira visita a Prasanti Nilayam, uma senhora da Alemanha, uma devota e esforçada buscadora do caminho, disse: "Baba é a encarnação da pureza e do amor." Mais tarde, após uma estada mais prolongada com ele, escreveu numa carta: "Cada vez me convenço mais, do fundo de mim mesma, que ele é Jesus Cristo que veio novamente, na plenitude do Cristo, como Sathya Sai Baba."

Algumas pessoas, no entanto, que já visitaram Baba, o consideram um homem santo com poderes paranormais, mas não reconhecem nele uma encarnação da Divindade. O mundo sempre foi assim. Muitos dos contemporâneos de Krishna também o consideravam apenas como um homem; mesmo grandes yoguis de seu tempo parecem ter duvidado que fosse um Avatar. Somente bem poucos perceberam seu divino esplendor e souberam, com certeza, o que ele era. O mesmo deve ter acontecido com

Rama. E quantos aceitaram Cristo como de alta Divindade quando suas sandálias pisaram o chão palestino? Mesmo alguns de seus discípulos não estavam convencidos.

Quando se passa semanas e dias com Sai Baba, estando na atmosfera especial do *ashram* ou num passeio em muitos lugares, logo começa-se a sentir que ele está além das dimensões humanas; além dos milagres que mostram seu comando sobre a Natureza, seu poder de estar em qualquer lugar e saber o que seus devotos estão fazendo ou pensando ("Sou um rádio e posso me sintonizar em sua onda") e sua capacidade de trazer pronta ajuda e proteção com amor e sem ego. Isto, acima de tudo, é um sinal da semelhança com Cristo. No homem, algumas vezes vemos flashes desse amor expressando-se para crianças, doentes e fracos. Em Baba há sempre esse amor, fluindo livremente da divina fonte de sua natureza, envolvendo a todos, coletiva ou individualmente.

Por trás desse amor há uma grande sabedoria, profunda percepção intuitiva, que o vê. Real, além do jogo das sombras. Seus devotos possuem provas incontáveis de que Baba pode ver o passado, presente e futuro. Conhece seus karmas e o sofrimento que eles devem passar para pagar as velhas dívidas a fim de aprender as verdades mais profundas da vida, alcançando assim a libertação. E ele os ajuda a suportar o sofrimento quando este não pode ser removido logo. Ele se torna a mãe gentil, indulgente, delicada, e o pai corajoso, compassivo e misericordioso, até que os corações e os olhos de filhos transbordem com as lágrimas *bhakti* (devotas). Eles ficam a pensar: "O que terei feito para merecer isto? Naturalmente, não mereço tanto."

Se nos pedissem para enumerarmos os atributos, em nossa opinião, de Deus, o Pai espiritual, muitos de nós destacariam:

interesse compassivo por nosso bem-estar; conhecimento verdadeiro do que é esse bem-estar; a austera força para nos fazer tomar o remédio desagradável quando necessário; o poder de nos ajudar e guiar ao longo do estreito caminho de volta à nossa casa espiritual; o perdão e a misericórdia do Pai que acolhe, com alegria, o filho pródigo; o poder de trazer inovações essenciais ao drama humano criado pelo próprio homem e o amor igual para todos os seus filhos humanos. Estas são, certamente, as qualidades evidentes na imagem mental que um homem faz de Deus. E estas qualidades — todas elas —, aqueles que têm "olhos de ver", viram em Baba.

Além do mais, uma árvore é julgada por seus frutos, como a Bíblia diz. Os frutos de Baba são aqueles devotos que têm se rendido completamente à sua influência através dos anos, que vêm sendo por ele moldados. Após encontrar um número deles, vários visitantes ocidentais têm assinalado: "Os devotos de Baba são boa propaganda para ele. Após nos encontrarmos com eles, ficamos certos, mesmo sem ver Baba, que ele é muito especial." Eu mesmo posso dizer que jamais, após anos de experiência em muitos lugares com muitos grupos de buscadores, encontrei pessoas com tamanha fraternidade, generosidade, calor humano e sinceridade. É uma alegria estar com eles, e sempre me lembro das palavras de São João sobre os primeiros seguidores de Cristo: "Nós nos amamos porque primeiro Ele nos amou."

Uma vez perguntei a um devoto de Baba: "Você acha que Baba é um Avatar?" Ele respondeu: "Este é um assunto fora de minha profundidade metafísica. Mas sobre seu amor semelhante ao de Deus, sobre seu poder, infinitude, inescrutabilidade e mistério final, não há dúvida." Eu mesmo me encontro repetindo

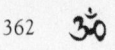

isso. Por que nos aborrecer sobre um rótulo metafísico sobre o qual os homens discutirão de qualquer modo? Há certeza concernente aos atributos divinos, e há, também, a sensação de águas impenetráveis. Como uma vez comentei numa palestra a um colossal público de Baba: "Escrever um livro sobre Baba é como tentar colocar o Universo num pequeno quarto."

Este aspecto pode ser tornado mais evidente por uma história simbólica. Quando Krishna ainda era criança e arranjava todo tipo de confusão, sua madrasta Yasoda tentou amarrá-lo num poste com um pedaço de corda. Ela apanhou um pedaço de corda mas não foi suficientemente comprida. Apanhou outra mais longa, mas também era pequena. Qualquer comprimento que ela obtivesse, nunca seria bastante para circundar a criança divina.

Assim também eu descobri que cada descrição de Sai Baba — de seus milagres, sua personalidade, suas qualidades, seus ensinamentos — nunca será suficiente. Há sempre algo importante que escapa. Sobre este assunto o próprio Baba fala: "Ninguém pode entender meu mistério. O melhor que se tem a fazer é mergulhar nele. Não adianta discutir sobre prós e contras; mergulhe e descubra sua profundidade; comam-no e sintam seu sabor. Depois, então, vocês poderão discutir sobre minha realidade, para a alegria de seus corações. Desenvolvam a verdade e o amor e então não precisarão mais pedir nem mesmo orar por isto ou aquilo. Tudo lhes será concedido."

Numa outra vez ele disse: "Naturalmente, você deve se descartar de todo o mal que há dentro de si antes de poder avaliar o mistério. Não proclame antes de estar convencido; silencie se você ainda está indeciso. Quando a fé surgir, cerque-a com disciplina e autocontrole, o suficiente para que os tenros brotos fiquem a salvo do gado e das cabras — a variegada multidão de cínicos e descrentes. Quando sua fé crescer até se tornar uma grande árvore, as mesmas cabras e o mesmo gado se deitarão à sombra que ela projeta."

POSFÁCIO

Os inusitados poderes (*siddhis*) de Sai Baba têm impressionado centenas de milhares de pessoas, no Brasil e em Portugal, que leram este livro. A partir da fé que Nele depositaram, em horas tormentosas e em crises crônicas que esmagavam suas existências, inúmeros leitores clamaram por ajuda, pediram Sua Graça e foram atendidos. Quase todo dia alguém nos conta um milagre, uma intervenção misericordiosa de *Bhagavan* em suas vidas. Curas de doenças várias e algumas tidas por incuráveis, soluções de prolongados problemas psíquicos, morais e profissionais, clara proteção em crises existenciais dramáticas... finalmente, muitos estranhos fenômenos que inequivocamente indicam que a onipresença e a misericórdia vêm acontecendo com pessoas que só conheceram Sai Baba através da leitura deste livro.

É grande também o número de pessoas que me cobra uma informação maior sobre as relações de Sai Baba com seus devotos, sobre o que Ele propõe como disciplina ou condições de discipulado. Agrada-me encontrar tais pessoas que já não se contentam em simplesmente *receber*, mas desejam oferecer e se oferecerem para uma vida dedicada à conquista da Verdade, da Retidão, do Amor, da Paz e da Não-Violência.

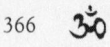

O desejável é que cada vez mais seres humanos não se detenham em considerar Sai Baba somente como mais um *milagreiro* a atender seus rogos, mas que, sabendo o que Ele propõe como *caminho de auto realização*, façam uma opção definitiva que dê verdadeiro significado e sábia direção às suas vidas, nesta hora de convulsão da humanidade.

Tentando atender aos aspirantes ao *sadhana* (disciplina espiritual, prática ascética, método de auto-realização) recomendado por Sai Baba, citarei alguns de seus preceitos:

- Prática do yoga da devoção (*Bhakthi Yoga*) que consiste em escolher um dos *Avatares*, isto é, um nome e uma forma de Deus, que mais fale a seu coração e dedique a Ele seu amor. Baba não veio fazer uma religião para Si. É perfeito Seu ecumenismo. Quem for cristão adore o nome e a forma (imagem) de Jesus. Quem for *vaishnava*,[94] intensifique seu amor-devoção a Krishna. Quem for *shivaita*,[95] que adore Shiva.

- As formas devocionais de maior adequação a esta hora de humanidade (*Kali Yuga*) são os cânticos devocionais (*bhajans*) que exaltem o Divino Nome e a Forma Divina que cada um eleja. São exemplos os cânticos de louvor e ladainhas cristãos que constituem efetivamente *bhajans*, podendo acender o amor nos corações e purificar as mentes dos devotos.

---

[94]*Vaishnava* é o devoto de Vishnu, o Deus preservador na trindade hindu. (*N. do R. T.*)

[95]*Shivaita* é o devoto de Shiva, o aspecto destruidor da Divindade na trindade hindu. (*N. do R. T.*)

- *Namasmarana* (*Nama*, Nome Divino; *smarana*, repetição insistente) consiste naquilo que São Paulo recomendava — "Orai sem cessar" — e que os *hesicastas* ("os padres do deserto") tanto praticavam com ardor total; é outra prática insistentemente recomendada. Repita, repita, repita sempre o nome e, simultaneamente, imagine, com todos os detalhes, a forma (imagem) em sua tela mental. Sinta em seu coração Aquilo que vê, e os lábios pronunciam.

- É infecunda a fé sem as obras. Sai Baba veementemente estimula a prática de *seva*, isto é, serviço. Diz ele que "serviço aos homens é serviço a Deus". Para o serviço ter validade espiritual, o ego-pessoa não pode ter a mínima atitude de desejar para si os frutos da ação, nem mesmo reconhecimento, gratidão ou vaidade de se julgar autor. Ele recomenda que se você se sentar para meditar, e alguém estiver sofrendo, e precisando de você, faça do serviço sua melhor meditação.

- Recomenda que cada um ponha "um teto a seus desejos". Cultivar o contentamento (a melhor terapia contra a ansiedade) purifica o coração para ser ofertado a Deus, ao mesmo tempo em que faz sobrar recursos a serem postos a serviço dos necessitados.

- Todo relacionamento humano, preceitua Sai, deve ser governado por cinco princípios:
  a) *Sathya* (verdade e veracidade);
  b) *Dharma* (retidão, honestidade, hombridade);
  c) *Prema* (amor);
  d) *Shanti* (paz, equanimidade);
  e) *Ahimsa* (não-violência, brandura).

- A conduta humana se santifica com a convicção de que: "Há uma só religião, a Religião do Amor.
Há uma só casta, a Casta da Humanidade.
Há uma só linguagem, a Linguagem do Coração.
Há um só Deus, e Ele é Onipresente."

- Sai Baba recomenda a prática diária da meditação e da oração, como fim de purificar a mente, otimizando-a para manifestação do Amor, da Verdade, da Paz, da Retidão, da Não-violência e, por fim, da gloriosa plenificação do Ser.

- Fundamento de Sua doutrina é que o *Atma* (Deus) é o mesmo em nós e nos outros. Assim, em essência, isto é, libertos de nossa identificação com o corpo e com a mente, somos Um e Único. À luz desta verdade, Ele nos recomenda amor universal, isto é, dado a todos, para os quais ofertaremos o melhor de nossa capacidade de servir. Enfatiza sua reprovação à maledicência ou prática de descobrir falhas, erros e impurezas nos demais e deles falar mal. O erro ainda mais se agrava quando o falar mal é na ausência da vítima.

- Nosso falar deve ser ameno, gentil, amoroso, e sempre a serviço do bem, do amor e da verdade.
Cedamos lugar ao próprio *Swami*. Que ele se expresse:

- Adorem mentalmente. Dêem-Me alguma coisa que seja de vocês, alguma coisa que seja puro e fragrante como o perfume da virtude e da inocência e lavado com as lágrimas de arrependimento. Instalem Deus em seus corações e ofereçam a Mim os frutos de suas ações e as flores de seus pensamentos e sentimentos.

- Tragam-Me aqui o amor de Deus, e tomem com vocês o Divino Poder!... Tragam-Me o que vocês têm: suas dores e aflições, suas preocupações e ansiedades. E tomem de Mim alegria e paz, coragem e confiança.

- Se quiserem Me alcançar, cultivem amor, abandonem o ódio, inveja, animosidade, cinismo e falsidade. O que Eu quero é o seu coração, o fruto da disciplina espiritual e da mente purificada.

- Eu vim para iluminar o coração humano com a Luz Divina e resgatar o homem da ilusão que o desvia do caminho da paz, da perfeita equanimidade e da realização.

- Eu sou de vocês. Vocês são Meus. Nem mesmo espero um convite. Nosso relacionamento não é externo, ele desce ao mais profundo, no reino do Espírito. Eu estou com vocês e em vocês, assim, não preciso de uma convocação especial.

- Vocês Me compreenderão somente através de Minha ação. Eis por que algumas vezes, para revelar quem Eu Sou, mostro-lhes Meu "cartão de visitas" — algo a que vocês chamam milagres. Conheçam o segredo do mistério e cumpram os deveres que lhes designo.

- Não vim para publicidade ou para arrebanhar devotos e discípulos. Eu Sou de vocês e vocês, Meus. Onde então está a necessidade de propaganda? Não faço conferências; ensino um misto de coisas úteis para a saúde mental e regeneração moral de vocês. Tomem Minhas palavras como medicamento necessário à saúde espiritual de vocês.

- Tragam-Me todo mal que está em vocês e o deixem aqui. Depois tomem de Mim aquilo que eu tenho: Amor...

- Não desejo que Me louvem. Estarei satisfeito se se ligarem a Mim. Trago a seus olhos lágrimas de alegria e enxugo as

lágrimas de dissabor. Dizem que enlouqueço as pessoas e também que as curo da loucura. Sim, eu as torno loucas por Deus e pelas disciplinas espirituais necessárias à realização de Deus. Curo a loucura que faz as pessoas correrem freneticamente atrás de prazeres, e as faço pairar além das alegrias exaltadas e das aflições que deprimem.

- Eu estou aqui, a seu lado. Estou dentro de vocês. Estou no coração dos corações. Aqui estou para ajudar e guiar. Voltem-se para Deus. Isto Eu não posso fazer por vocês. É a vocês que isto cabe.

- Cada ato, cada feito, cada palavra que partem de Mim são plenos de significado. São como sementes lançadas — os frutos algum dia virão.

- Eu Sou o servo de todos.

- Mesmo que seja por vocês desprezado, estarei sempre com vocês.

- Estou sempre com vocês, em torno de vocês e em cada célula de seus corpos.

- Minha missão é para toda a humanidade. Todos os homens são de uma única linhagem; são de divina origem. Todos são células no Organismo Divino. Reconheçam em cada ser um irmão; rechacem todo pensamento e preconceito limitador.

- Quando vierem os problemas, olhem o céu azul acima das montanhas. Compreendam que vocês apenas assistem à peça que Eu enceno. Vejam que suas vidas são tão temporárias como o dançar das nuvens. Seu ir e vir são tão-somente partes da representação. Tomem seriamente somente Deus, e cumpram seu papel, aquele que com amor Deus lhes atribui.

- Vou pelo mundo todo sem afã de lucro nem publicidade, porque estou firmado em Minha própria glória, em Minha própria verdade...
- Eu vim para reformá-los. Não os deixarei até que o haja feito. Eu Me aferrarei a vocês... e vocês se apegam a Mim. Não tenho apegos. Sou apegado apenas à tarefa que vim cumprir.
- Eu vim para corrigir o mundo, e assim tenho que juntar todos que estejam doentes e deles tratar em Meu "hospital", restaurar-lhes a sanidade, a força, a sabedoria, e devolvê-los a seus lugares na vida. Em vocês Eu tenho que intensificar a devoção (*Bhakti*), reforçar a fé e reconstruir as bases da natureza moral que têm, tanto que possam se opor às tentações com crescente confiança. Tenho cruzado com pessoas que recitam uma oração e acreditam que estão trazendo o mundo para mais perto da paz a cada hora em que oram. Mas a paz só pode ser alcançada por caminho árduo, pela eliminação da violência e da voracidade de dentro dos corações dos indivíduos.
- Cada homem tem de orar pela paz de todos os homens, mais ainda, para que ela prevaleça através do Universo.
- Continuem adorando o Deus de sua escolha e da forma que lhes é familiar; então se darão conta de que estão cada vez mais se aproximando de Mim, porque todos os nomes são Meus e todas as formas são Minhas. Não há nenhuma necessidade de mudar de Deus e adotar um novo após terem Me visto e conhecido.
- Eu vim para lhes dar a chave do tesouro de *ananda* (bem-aventurança); para dizer-lhes como aproveitar esse manancial, pois vocês esqueceram o caminho que conduz à felicidade.

- Eu sou *anandaswarupa* (encarnação da bem-aventurança). Venham e tomem de Mim a Felicidade (*ananda*). Morem na Felicidade e se encham de Paz (*shanti*).

- Meus atos são os cimentos sobre os quais estou construindo Minha obra — a tarefa para a qual vim. Todos os atos milagrosos que vocês observam devem ser interpretados assim.

- Onde se colete, acumule ou exiba dinheiro não Me apresentarei. Vou somente aonde são valorizadas a sinceridade, a fé e a auto-entrega.

- O estabelecimento do *dharma* (retidão, lei, religiosidade genuína) é para Mim a meta. O ensino e a difusão do *dharma* é Meu objetivo. Esses milagres, como vocês os chamam, são simplesmente meios para lograr esse fim.

- Muitos vêm a Mim com problemas de saúde e preocupações mentais de uma espécie ou de outra, que não são mais que sonhos que os trazem aqui, mas o fim principal é que adquiram a graça e fortaleçam a fé no Divino.

- Os problemas e as preocupações, em realidade, devem ser bem recebidos, pois ensinam a lição de humildade e de reverência.

- O correr atrás das coisas externas produz todo esse descontentamento. Esse gênero de desejo não tem fim. Uma vez que se convertam em escravos dos sentidos, estes não os largarão até que vocês venham a morrer. Eles produzem uma sede insaciável.

- Cultivem proximidade comigo em seus corações e serão recompensados. Então vocês também adquirirão uma fração desse Amor Supremo. Esta é uma grande oportunidade.

- Permitam que assegure que este *dharmaswarupa* (encarnação da justiça, do dever), esse corpo divino, não veio em vão. Terá bom êxito em conjurar a crise que embarga a humanidade.

- Um coração bom é essencial. Com um bom coração pode-se mudar o mundo. É importante dar-se conta de que o homem se desenvolve a partir do coração. Quando o coração se mantém puro e sagrado, o homem se torna humano.

- Sirvam à sociedade de acordo com suas capacidades. Não busquem brilho pessoal. Não se deixem corromper pelo egoísmo. Transformem-se em servidores divinos. Se não servem ao Mestre, não podem chegar a ser mestres. Se não utilizam suas qualidades humanas, não podem chegar a ser Deus.

- Nunca abriguem pensamentos egoístas nem levem a cabo atos em benefício próprio com o nome do serviço. Servir tornou-se um modismo. Não permitam que entrem nele furtivamente o orgulho e a vaidade. O mundo atual está cheio de possessões materiais, e elas são freqüentemente exibidas. Esse desdobramento do ego representa a razão das mudanças que se vêem hoje em dia no mundo. Os efeitos destrutivos produzidos pelo orgulho pomposo e pelo ego fazem com que o serviço desinteressado seja alcançado à condição de meta essencial ao progresso da humanidade.

- Comecem o dia com Amor. Encham o dia com Amor. Passem o dia com Amor. Terminem o dia com Amor.

- Vivam com Amor em todas as situações. O Amor é Deus. Deus é onipresente. Todos são encarnações do Amor. Vivam com Amor; sirvam com Amor; desfrutem do Amor; mergulhem nesse Amor. Tal é o objetivo principal do serviço. Esta é a responsabilidade primordial do serviço.

- Não necessito de templos nem de igrejas. Não necessito de rituais nem de oferendas. Nossas ações representam as oferendas, e o serviço constitui os rituais.

- Comam somente o que necessitam. Não sejam glutões. Não se sirvam de mais do que possam comer, desperdiçando o resto, porque desperdiçar alimento é grande pecado. A comida que sobra pode alimentar outro estômago. Não desperdicem o alimento porque o alimento é Deus. A vida é Deus, e o homem nasce do alimento. O alimento é a fonte principal para a vida, para o corpo, a mente e o caráter do homem.

- O homem é a coroa da Criação, o Monarca, o Senhor de todos os seres na Criação. E se Ele também busca somente alimento e abrigo como o fazem as espécies inferiores, é verdadeiramente deplorável.

- Preencham suas mentes com o desejo de ver Deus, de estar com Ele, de louvá-Lo e glorificá-Lo e saborear Sua glória e majestade. Não há felicidade maior que esta.

- Vivam sem odiar os outros, sem condenar os outros e sem procurar encontrar falta neles.

- Veja Deus em todo mundo, mesmo nas pessoas que você considera inimigas suas. Pratique esse tipo de amor largo e inclusivista.

- Não vitrinize suas práticas espirituais na praça do mercado como fazem alguns tolos. Não anseie por aprovação e admiração partidas do público. Rogue a Deus que aprove, aceite e aprecie seu engatinhar, seu tartamudear.

- Quando alguém insultar, difamar e ignorar você, aceite-o com um sorriso; o mundo é assim mesmo, basicamente ingrato, malévolo.

- O implorar algum benefício ou lucro não deve ser dirigido a Deus, pois isto significaria que Deus espera até ser solicitado. Entregue-se a Ele e Ele proverá conforme sinta o que é melhor para você. Deus não reparte Sua Graça na medida em que recebe louvores. Quando você roga a Deus por uma coisa, está se arriscando a vir a condená-Lo se, por alguma razão, a prece não for correspondida na maneira e na rapidez que você desejou. Isto acontece por conta de você considerar Deus um estranho, estacionado em algum céu ou local santo, distante de você. Deus está em você; está em cada palavra, em cada pensamento e em cada ato seu. Fale, faça e pense como para Seu proveito. Cumpra o dever que Ele lhe designou, faça-o com o maior empenho de sua habilidade e para satisfação de sua consciência. Esta é a adoração mais compensadora.

- Naturalmente, as riquezas são essenciais, mas riquezas excessivas, riquezas que produzem ansiedade e sofrimento são absolutamente indesejáveis. Deve-se buscar riquezas só até este ponto.

- O primeiro sinal de vida espiritual é o desapego... *Vairagyam* (desapego) é o abc do *sadhana* (disciplina ascética, espiritual). O desapego deve tornar-se bastante forte para fazer vocês descartarem a tirania dos sentidos.

- Com a Graça de Deus, o que parece impossível pode ser muito facilmente realizado. Todos são filhos de Deus. Não firam ninguém, pois se o fizerem a injúria muito cedo se voltará contra seu autor. Colhe-se o quê e o quanto se semeia. Você não pode vir a ter uma árvore frutífera se o que plantou foi semente de erva daninha.

- Se você critica a fé dos demais, sua devoção é falsa. Se você fosse sincero, apreciaria a sinceridade dos outros. Você vê erros nos outros é porque você mesmo os tem, não os outros.

- O esforço individual e a Divina Graça são interdependentes. Sem esforço não haverá captação da Graça; sem a Graça deixa de haver sabor no esforço. Para conquistar a Graça você necessita de somente ter fé e virtude.

- Bata, e a porta da Graça lhe será aberta. Aberta a porta, os raios do sol lá fora, expectantes, se infiltrarão silenciosamente e inundarão a sala com sua luz.

- A Graça é semeada sobre aqueles que buscam. Bata, e a porta será aberta. Peça, e o alimento será servido. Busque, e o tesouro será seu.

- O fator fundamental na vida espiritual é a supressão do desejo; a rendição da vontade individual à Divina Vontade elevará todos os pensamentos, palavras e atos em adoração ao Senhor.

- Ninguém vem a Mim sem Minha permissão. As coisas santas só podem ser reconhecidas por pessoas santas.

- O corpo é o templo do *Atman* (o Cristo Interno). Ninguém deve macular o templo com pensamentos, palavras e ações diabólicos.

- Utilize o mundo como uma área de treinamento para o sacrifício, serviço, expansão do coração e purificação das emoções. Este é seu único valor.

- Não importa o mínimo se vocês não têm fé em Mim ou em Deus. Tenham fé em si mesmos, e isto basta. Que são vocês realmente? Cada um é a Divindade; saibam-no ou não.

- Em assunto espiritual não há lugar para a hipocrisia. Você tem de avançar por caminho reto e estreito, tendo por guias e companheiros a Verdade e o Amor.

- Egoísmo e Divindade são incompatíveis. Um egoísta nunca pode aspirar à vida divina. O ego deve ser aniquilado a fim de que se avance no caminho espiritual. Entretanto, a autoconfiança, que é diferente do ego, é de suprema importância no progresso espiritual. Um homem que não tenha fé em si mesmo não pode ter fé em Deus. Autoconfiança e fé em Deus são sempre encontradas em justaposição. Completam-se uma à outra.

- Vocês não podem merecer o Senhor por meio de insinceridade ou subterfúgio. A menos que se corrijam, por desapego e sacrifício, não podem alcançar Deus. Abandonem o egoísmo, e somente então poderão vê-Lo.

- Você pode se dizer um *bhakta* (devoto) e esperar ser reconhecido como tal, mas a não ser que seu egoísmo seja descartado e você ame todos igualmente, o Senhor não reconhecerá sua *bhakthi* (devoção).

- Quando uma casa vai receber o "habite-se", o engenheiro testa as fundações. O Senhor também testa as fundações para verificar se a fé é verdadeira e profunda.

- Minha missão é lhes dar coragem e alegria, e resgatá-los da debilidade e do medo. Não se condenem como pecadores. Pecado é um nome mal empregado ao que realmente são erros.

- Doar alimentos é a mais nobre das doações. E o melhor tipo de serviço é alimentar os famintos.

- Partilhe sua alegria, sua riqueza, seu conhecimento com os desafortunados. Este é o meio mais seguro de ganhar a Divina Graça.
- Atue, aja com todo o seu poder; use plenamente a habilidade, capacidade, coragem e confiança que tenha conquistado. Então Deus o abençoará.

ÍNDICE REMISSIVO

Este livro foi composto na tipologia GoudyOldStyle,
em corpo 11/15, e impresso em papel off-white
$80g/m^2$, no Sistema Digital Instant Duplex
da Divisão Gráfica da Distribuidora Record.